SCRIPTORVM CLASSICORVM

BIBLIOTHECA OXONIENSIS

OXONII

E TYPOGRAPHEO CLARENDONIANO

L. ANNAEI SENECAE

AD LVCILIVM
EPISTVLAE MORALES

RECOGNOVIT
ET ADNOTATIONE CRITICA INSTRVXIT

L. D. REYNOLDS
COLLEGII AENEI NASI APVD
OXONIENSES SOCIVS

TOMVS II
LIBRI XIV–XX

OXONII
E TYPOGRAPHEO CLARENDONIANO

OXFORD
UNIVERSITY PRESS

Great Clarendon Street, Oxford OX2 6DP
Oxford University Press is a department of the University of Oxford.
It furthers the University's objective of excellence in research, scholarship,
and education by publishing worldwide in

Oxford New York

Auckland Cape Town Dar es Salaam Hong Kong Karachi
Kuala Lumpur Madrid Melbourne Mexico City Nairobi
New Delhi Shanghai Taipei Toronto

With offices in
Argentina Austria Brazil Chile Czech Republic France Greece
Guatemala Hungary Italy Japan Poland Portugal Singapore
South Korea Switzerland Thailand Turkey Ukraine Vietnam

Oxford is a registered trade mark of Oxford University Press
in the UK and in certain other countries

Published in the United States
by Oxford University Press Inc., New York

ISBN 978-0-19-814649-0

20

Printed in Great Britain
on acid-free paper by
CPI Group (UK) Ltd,
Croydon, CR0 4YY

SIGLA

IN LIBRIS XIV–XX

B = Bambergensis V. 14	saec. ix

ϕ = consensus codicum $QCDRE$ vel $[Q]CDRE$

Q = Quirinianus B. II. 6	saec. x
$[Q]$ = consensus codicum TU	
T = Vaticanus lat. 2212	saec. xiv
U = Urbinas lat. 219	saec. xv
η = consensus codicum CD	
C = Palatinus lat. 869	saec. xii
D = Baltimorensis 114	saec. xiii
θ = consensus codicum RE	
R = Rotomagensis 931	saec. xii
E = Abrincensis 239	saec. xii

p = Parisinus 8540, ff. 31, 32	saec. x
ψ = consensus codicum WX	
W = Vindobonensis 123	saec. xii
X = Laurentianus 45. 24	saec. xii

G = Sangallensis 878	saec. ix

ω = omnium codicum consensus

rell. = codices reliqui

ς = correcturae vel coniecturae in uno vel pluribus codicibus saeculo xi inferioribus inventae, eis exceptis quos supra nominavi

$p^1 L^1$, etc. = pL, etc., nondum correcti

$p^c L^c$, etc. = pL, etc., a librario ipso ut videtur correcti

$p^2 L^2$, etc. = pL, etc., a secunda manu correcti

89   SENECA LVCILIO SVO SALVTEM

Rem utilem desideras et ad sapientiam properanti neces- 1
sariam, dividi philosophiam et ingens corpus eius in membra
5 disponi; facilius enim per partes in cognitionem totius adducimur. Utinam quidem quemadmodum universa mundi
facies in conspectum venit, ita philosophia tota nobis posset
occurrere, simillimum mundo spectaculum! Profecto enim
omnes mortales in admirationem sui raperet, relictis iis quae
10 nunc magna magnorum ignorantia credimus. Sed quia contingere hoc non potest, est sic nobis aspicienda quemadmodum mundi secreta cernuntur. Sapientis quidem animus 2
totam molem eius amplectitur nec minus illam velociter
obit quam caelum acies nostra; nobis autem, quibus perrum-
15 penda caligo est et quorum visus in proximo deficit, singula
quaeque ostendi facilius possunt, universi nondum capacibus.
Faciam ergo quod exigis et philosophiam in partes, non in
frusta dividam. Dividi enim illam, non concidi, utile est; nam
conprehendere quemadmodum maxima ita minima difficile
20 est. Discribitur in tribus populus, in centurias exercitus; 3
quidquid in maius crevit facilius agnoscitur si discessit in
partes, quas, ut dixi, innumerabiles esse et parvulas non
oportet. Idem enim vitii habet nimia quod nulla divisio:
simile confuso est quidquid usque in pulverem sectum est.
25   Primum itaque, si [ut] videtur tibi, dicam inter sapientiam 4

---

1 L. ANNAEI SENECAE EPISTVLARVM (-TOLARVM Q) MORALIVM LIBER
XIIII INCIPIT BQ: om. W: varie rell.   3 ad sapientiam EX^2: sapientem
rell.   5 cognitionem DEX^2: cogitat- rell.   7 posset BE: -sit
rell.   10 quia om. ψ 11 est ς: et ω aspicienda E: abscienda
$BQDR$: abscindendum W: id sciendum X 14 ambit ψ 15 et
om. Hense[1], del. Hauck   18 frustra $BQDE^1$ 20 describitur ω
25 ut om. $\psi\varsigma$

et philosophiam quid intersit. Sapientia perfectum bonum est
mentis humanae; philosophia sapientiae amor est et adfectatio: haec eo tendit quo illa pervenit. Philosophia unde dicta
5 sit apparet; ipso enim nomine fatetur quid amet. Sapientiam
quidam ita finierunt ut dicerent divinorum et humanorum 5
scientiam; quidam ita: sapientia est nosse divina et humana
et horum causas. Supervacua mihi haec videtur adiectio, quia
causae divinorum humanorumque pars divinorum sunt. Philosophiam quoque fuerunt qui aliter atque aliter finirent: alii
studium illam virtutis esse dixerunt, alii studium corrigendae 10
6 mentis; a quibusdam dicta est adpetitio rectae rationis. Illud
quasi constitit, aliquid inter philosophiam et sapientiam
interesse; neque enim fieri potest ut idem sit quod adfectatur
et quod adfectat. Quomodo multum inter avaritiam et
pecuniam interest, cum illa cupiat, haec concupiscatur, sic 15
inter philosophiam et sapientiam. Haec enim illius effectus
7 ac praemium est; illa venit, ad hanc itur. Sapientia est quam
Graeci σοφίαν vocant. Hoc verbo Romani quoque utebantur,
sicut philosophia nunc quoque utuntur; quod et togatae tibi
antiquae probabunt et inscriptus Dossenni monumento 20
titulus:

> hospes resiste et sophian Dossenni lege.

8 Quidam ex nostris, quamvis philosophia studium virtutis
esset et haec peteretur, illa peteret, tamen non putaverunt
illas distrahi posse; nam nec philosophia sine virtute est nec 25
sine philosophia virtus. Philosophia studium virtutis est, sed

22 *cf. Afranius com. Rom. frg., pp. 241 et 265 Ribb.*[3]

---

2 adfectatio (aff- *D*) *BD*: adfectio (aff- θψ) *rell.*   3 eo tendit *Cornelissen*: ostendit ω   4 quid amet *Madvig*: quidam et ω   5 quidam
B: *om.* φψ   17–22 sapientia est . . . Dossenni lege *in* § 4 *post* quo
illa pervenit *traicienda esse coni. Schulz*; *melius post* quid amet, *ut monuit
Albertini*

per ipsam virtutem; nec virtus autem esse sine studio sui
potest nec virtutis studium sine ipsa. Non enim quemadmodum in iis qui aliquid ex distanti loco ferire conantur alibi
est qui petit, alibi quod petitur; nec quemadmodum itinera
5 quae ad urbes perducunt ⟨extra urbes sunt, sic viae ad virtu-
tem⟩ extra ipsam: ad virtutem venitur per ipsam, cohaerent
inter se philosophia virtusque.

   Philosophiae tres partes esse dixerunt et maximi et plurimi 9
auctores: moralem, naturalem, rationalem. Prima componit
10 animum; secunda rerum naturam scrutatur; tertia proprietates verborum exigit et structuram et argumentationes, ne
pro vero falsa subrepant. Ceterum inventi sunt et qui in
pauciora philosophiam et qui in plura diducerent. Quidam 10
ex Peripateticis quartam partem adiecerunt civilem, quia
15 propriam quandam exercitationem desideret et circa aliam
materiam occupata sit; quidam adiecerunt his partem quam
οἰκονομικὴν vocant, administrandae familiaris rei scientiam;
quidam et de generibus vitae locum separaverunt. Nihil
autem horum non in illa parte morali reperietur. Epicurei 11
20 duas partes philosophiae putaverunt esse, naturalem atque
moralem: rationalem removerunt. Deinde cum ipsis rebus
cogerentur ambigua secernere, falsa sub specie veri latentia
coarguere, ipsi quoque locum quem 'de iudicio et regula'
appellant—alio nomine rationalem—induxerunt, sed eum
25 accessionem esse naturalis partis existimant. Cyrenaici natu- 12
ralia cum rationalibus sustulerunt et contenti fuerunt moralibus, sed hi quoque quae removent aliter inducunt; in quinque

   19 *Epicur. frg. 242 Us.*   25 *Cyren. frg. 147 B Mannebach*

---

   2 virtutis] virtus *QE*[1] *et in ras. B*   5 extra urbes ... virtutem *supplevi exempli gratia*: sic viae ad virtutem sunt *iam Buech.* (*cf. p. 313. 8*)
6 ad virtutem] ad virtute sunt *B*[1]: sunt. ad virtutem *B*[c]*φψ*   13 dedu-
cerent *B*[1]*QDR*   14 adicerent *BQR*   16 bis *B*[1]*Q*   19 non
in illa *ς*: non illa *Bψ*: illa non illa *Qθ*: in illa *D*

enim partes moralia dividunt, ut una sit de fugiendis et
petendis, altera de adfectibus, tertia de actionibus, quarta de
causis, quinta de argumentis. Causae rerum ex naturali
13 parte sunt, argumenta ex rationali. Ariston Chius non
tantum supervacuas esse dixit naturalem et rationalem sed 5
etiam contrarias; moralem quoque, quam solam relique-
rat, circumcidit. Nam eum locum qui monitiones continet
sustulit et paedagogi esse dixit, non philosophi, tamquam
quidquam aliud sit sapiens quam generis humani paedagogus.

14   Ergo cum tripertita sit philosophia, moralem eius partem 10
primum incipiamus disponere. Quam in tria rursus dividi
placuit, ut prima esset inspectio suum cuique distribuens et
aestimans quanto quidque dignum sit, maxime utilis—quid
enim est tam necessarium quam pretia rebus inponere?—
secunda de impetu, de actionibus tertia. Primum enim est ut 15
quanti quidque sit iudices, secundum ut impetum ad illa
capias ordinatum temperatumque, tertium ut inter impetum
tuum actionemque conveniat, ut in omnibus istis tibi ipse
15 consentias. Quidquid ex tribus defuit turbat et cetera. Quid
enim prodest inter ⟨se⟩ aestimata habere omnia, si sis in 20
impetu nimius? quid prodest impetus repressisse et habere
cupiditates in sua potestate, si in ipsa rerum actione tempora
ignores nec scias quando quidque et ubi et quemadmodum
agi debeat? Aliud est enim dignitates et pretia rerum nosse,
aliud articulos, aliud impetus refrenare et ad agenda ire, non 25

4–9 *Aristo Chius frg. 357 ab Arnim.*

  1 dividuntur ϕ 2 petendis B^1: expet- $B^c\phi\psi$ 4 rationali ς: morali
ω (*cf. Mannebach, frg. 147 A*)   5 rationalem ς: formalem $B\phi$: moralem
ψ 9 quidquam B^1: quic- B^cD: quis- $Q\theta$ 15 impetu
de actionibus tertia (imp- ter- de act- iam *Eras.*²) *Buech.*: actionibus
tertia de impetu ω 16 quanti *Mur.*: -tum ω 19 defuit B^1:
defuerit $B^c\phi\psi$: deficit *Hauck*   20 se *suppl. Gloeckner* (*cf. p. 396. 24*)
22 sua] tua *DE edd. plerique, sed confert Axelson pp. 429. 26, 532. 14,
dial. 7. 15. 6*

ruere. Tunc ergo vita concors sibi est ubi actio non destituit
impetum, impetus ex dignitate rei cuiusque concipitur,
proinde remissus ⟨aut⟩ acrior prout illa digna est peti.

Naturalis pars philosophiae in duo scinditur, corporalia et   **16**
5 incorporalia; utraque dividuntur in suos, ut ita dicam, gradus.
Corporum locus in hos primum, in ea quae faciunt et quae ex
his gignuntur—gignuntur autem elementa. Ipse ⟨de⟩ elemen-
tis locus, ut quidam putant, simplex est, ut quidam, in materiam et causam omnia moventem et elementa dividitur.

10 Superest ut rationalem partem philosophiae dividam. Omnis   **17**
oratio aut continua est aut inter respondentem et interrogan-
tem discissa; hanc διαλεκτικήν, illam ῥητορικὴν placuit vocari.
Ῥητορικὴ verba curat et sensus et ordinem; διαλεκτικὴ in
duas partes dividitur, in verba et significationes, id est in res
15 quae dicuntur et vocabula quibus dicuntur. Ingens deinde
sequitur utriusque divisio. Itaque hoc loco finem faciam et

> summa sequar fastigia rerum;

alioqui, si voluero facere partium partes, quaestionum liber
fiet.

20 Haec, Lucili virorum optime, quominus legas non deterreo,   **18**
dummodo quidquid legeris ad mores statim referas. Illos con-
pesce, marcentia in te excita, soluta constringe, contumacia
doma, cupiditates tuas publicasque quantum potes vexa; et
istis dicentibus 'quousque eadem?' responde:

25 'Ego debebam dicere "quousque eadem peccabitis?" Reme-   **19**
dia ante vultis quam vitia desinere? Ego vero eo magis dicam,
et quia recusatis perseverabo; tunc incipit medicina proficere
ubi in corpore alienato dolorem tactus expressit. Dicam etiam
invitis profutura. Aliquando aliqua ad vos non blanda vox

17 *Verg. Aen. 1. 342.*

3 aut acrior *scripsi* (*cf. nat. 4. 2. 2*): acrior *BQR*: vel acrior ψ: acrior-
que *DE*   7 de *suppl.* ς   10 dividamus *Qθ*   12 discisa *BQ*¹
15 deinde *om. Qθ*   21 elegeris (elig- *Q*¹) *BQ*   25 debeam *QD*

veniat, et quia verum singuli audire non vultis, publice audite.

20   'Quousque fines possessionum propagabitis? Ager uni domino qui populum cepit angustus est? Quousque arationes
vestras porrigetis, ne provinciarum quidem spatio contenti circumscribere praediorum modum? Inlustrium fluminum per 5
privatum decursus est et amnes magni magnarumque gentium
termini usque ad ostium a fonte vestri sunt. Hoc quoque
parum est nisi latifundiis vestris maria cinxistis, nisi trans
Hadriam et Ionium Aegaeumque vester vilicus regnat, nisi
insulae, ducum domicilia magnorum, inter vilissima rerum 10
numerantur. Quam vultis late possidete, sit fundus quod
aliquando imperium vocabatur, facite vestrum quidquid
potestis, dum plus sit alieni.

21   'Nunc vobiscum loquor quorum aeque spatiose luxuria
quam illorum avaritia diffunditur. Vobis dico: quousque 15
nullus erit lacus cui non villarum vestrarum fastigia inmi-
neant? nullum flumen cuius non ripas aedificia vestra prae-
texant? Ubicumque scatebunt aquarum calentium venae,
ibi nova deversoria luxuriae excitabuntur. Ubicumque in
aliquem sinum litus curvabitur, vos protinus fundamenta 20
iacietis, nec contenti solo nisi quod manu feceritis, mare agetis
introrsus. Omnibus licet locis tecta vestra resplendeant, aliubi
inposita montibus in vastum terrarum marisque prospectum,
aliubi ex plano in altitudinem montium educta, cum multa
aedificaveritis, cum ingentia, tamen et singula corpora estis 25
et parvola. Quid prosunt multa cubicula? in uno iacetis. Non
est vestrum ubicumque non estis.

3 est? *dist. Buech.*   3–4 arationes vestras *Eras.*[2]: a rationibus vestris
ω   4 spatio *von Jan (conl. p. 343. 9)*: statio *B*[1]: statione *B*[c]*φψ*
· 6 privata *ψ*   -que *om. ς, susp. Gemoll*   8 latifundis *B*[1]*Q*[1]
11 numerentur *Dψ*   19 deversoria *B*[1]: div- *B*[c]*φψ*   21 iacietis *ψ*:
fac- *Bφ*   mare *ς*: arme *BQR*: arm *ψ*: arma *DE*   26 parvola
B: -vula *φψ (in codd. utrumque invenitur: cf. pp. 113. 15, 325. 22, 340. 3,
410. 8, 415. 8, dial. 5. 22. 4)*

'Ad vos deinde transeo quorum profunda et insatiabilis **22**
gula hinc maria scrutatur, hinc terras, alia hamis, alia laqueis,
alia retium variis generibus cum magno labore persequitur:
nullis animalibus nisi ex fastidio pax est. Quantulum [est] ex
5 istis epulis [quae] per tot comparatis manus fesso voluptatibus
ore libatis? quantulum ex ista fera periculose capta dominus
crudus ac nauseans gustat? quantulum ex tot conchyliis tam
longe advectis per istum stomachum inexplebilem labitur?
Infelices, ecquid intellegitis maiorem vos famem habere
10 quam ventrem?'

Haec aliis dic, ut dum dicis audias ipse, scribe, ut dum **23**
scribis legas, omnia ad mores et ad sedandam rabiem adfectuum referens. Stude, non ut plus aliquid scias, sed ut melius.
Vale.

15 **90**   SENECA LVCILIO SVO SALVTEM

Quis dubitare, mi Lucili, potest quin deorum inmortalium **1**
munus sit quod vivimus, philosophiae quod bene vivimus?
Itaque tanto plus huic nos debere quam dis quanto maius
beneficium est bona vita quam vita pro certo haberetur, nisi
20 ipsam philosophiam di tribuissent; cuius scientiam nulli
dederunt, facultatem omnibus. Nam si hanc quoque bonum **2**
vulgare fecissent et prudentes nasceremur, sapientia quod in
se optimum habet perdidisset, inter fortuita non esse. Nunc
enim hoc in illa pretiosum atque magnificum est, quod non
25 obvenit, quod illam sibi quisque debet, quod non ab alio
petitur. Quid haberes quod in philosophia suspiceres si bene-

3 prosequitur *φ*   4 est *om. ψς, secl. Hense*   5 quae *secl. Haase*
9 ecquid *Gronovius*: esse quid *B*: esse quod *φ*: quid *ψ*   18 dis (dis
BR) *BQR*: diis *rell.*   20 di *B*: dii *φψ*   nulli *θψ*: ulli *BQD*
22 fecissent *Dψ*: -set *BQθ, def. Bourgery (cf. quae adnotavit Hermes ad
dial. 1. 2. 7)*   23 non esse *Gloeckner (conl. pp. 23. 8–9, 185. 6–7)*:
non esset *ω*: esset *ς*   26 si] si ibi *QE*: sibi *R*

3 ficiaria res esset ? Huius opus unum est de divinis humanisque
verum invenire; ab hac numquam recedit religio, pietas,
iustitia et omnis alius comitatus virtutum consertarum et
inter se cohaerentium. Haec docuit colere divina, humana
diligere, et penes deos imperium esse, inter homines consor- 5
tium. Quod aliquamdiu inviolatum mansit, antequam socie-
tatem avaritia distraxit et paupertatis causa etiam iis quos
fecit locupletissimos fuit; desierunt enim omnia possidere,
4 dum volunt propria. Sed primi mortalium quique ex his
geniti naturam incorrupti sequebantur eundem habebant et 10
ducem et legem, commissi melioris arbitrio; naturaest enim
potioribus deteriora summittere. Mutis quidem gregibus aut
maxima corpora praesunt aut vehementissima: non praecedit
armenta degener taurus, sed qui magnitudine ac toris ceteros
mares vicit; elephantorum gregem excelsissimus ducit: inter 15
homines pro maximo est optimum. Animo itaque rector
eligebatur, ideoque summa felicitas erat gentium in quibus
non poterat potentior esse nisi melior; tuto enim quantum
vult potest qui se nisi quod debet non putat posse.
5   Illo ergo saeculo quod aureum perhibent penes sapientes 20
fuisse regnum Posidonius iudicat. Hi continebant manus et
infirmiorem a validioribus tuebantur, suadebant dissuade-
bantque et utilia atque inutilia monstrabant; horum prudentia ne quid deesset suis providebat, fortitudo pericula
arcebat, beneficentia augebat ornabatque subiectos. Officium 25

---

2 invenire ψϛ: -ri Bφ   recidit ψ   8 desierunt (vel de-
sinent) ϛ: desiderium B¹: desiderant Bᶜφψ   10 eundem BQ: ean-
rell.   11 naturaest coni. Beltrami dub.: naturae est BD: natura est
rell.   12 summittere mutis B²DE: -tem utis B¹: -tere ut his QR:
-tere uti ψ   14 magnitudinem BQ   ac toris] roboris ψ   16 pro
maximo est ϛ (cf. clem. I. 19. 9): proximo est Bφ: proximorum (optimus)
ψ: pro summo est ϛ (cf. p. 227. 10–11)   18 tuto Buech.: toto BQ:
totum ψ: tantum Dθ   19 posse ψϛ: esse Bφ   21 indicat ψ
22 infirmiorem B¹: -res Bᶜφψ   24 providebant B¹   25 arcebat
(acerb- Q) pericula φ   augebat θ: ag- rell.

erat imperare, non regnum. Nemo quantum posset adversus
eos experiebatur per quos coeperat posse, nec erat cuiquam
aut animus in iniuriam aut causa, cum bene imperanti bene
pareretur, nihilque rex maius minari male parentibus posset
5 quam ut abiret e regno. Sed postquam subrepentibus vitiis 6
in tyrannidem regna conversa sunt, opus esse legibus coepit,
quas et ipsas inter initia tulere sapientes. Solon, qui Athenas
aequo iure fundavit, inter septem fuit sapientia notos;
Lycurgum si eadem aetas tulisset, sacro illi numero accessisset
10 octavus. Zaleuci leges Charondaeque laudantur; hi non in
foro nec in consultorum atrio, sed in Pythagorae tacito illo
sanctoque secessu didicerunt iura quae florenti tunc Siciliae
et per Italiam Graeciae ponerent.

Hactenus Posidonio adsentior: artes quidem a philosophia 7
15 inventas quibus in cotidiano vita utitur non concesserim, nec
illi fabricae adseram gloriam. 'Illa' inquit 'sparsos et aut casis
tectos aut aliqua rupe suffossa aut exesae arboris trunco docuit
tecta moliri.' Ego vero philosophiam iudico non magis ex-
cogitasse has machinationes tectorum supra tecta surgentium
20 et urbium urbes prementium quam vivaria piscium in hoc
clausa ut tempestatum periculum non adiret gula et quamvis acerrime pelago saeviente haberet luxuria portus suos in
quibus distinctos piscium greges saginaret. Quid ais? philo- 8
sophia homines docuit habere clavem et seram? Quid aliud
25 erat avaritiae signum dare? Philosophia haec cum tanto

---

5 abirent *ς, edd. multi, non recte*   6 coepit legibus *φ*   8 fuit
Madvig: evi *Bφ*: cui *W*: quoque *X*   10 octavus *ς*: -vi (-vio *D*) *ω*
zalluci *BQDψ*: tall- *θ*   Chorondaeque (-nidaeque *E*) *BQDE*: choren-
Rψ   14 adsentior: artes *Eras.*[1]: adsentio partes *ω*   15 cotidiana
vita utimur *ψ*   16 sparsos et aut casis *Summers*: sparsose caucasis *B*:
sparsosecavi/casis *Q*: sparsos ē caucasis *Dθ*: sparsos e causis (*in casis corr.*
WX) *ψ*: sparsos et aut cavis *Lips.*: *alii alia*   17 tectos *ς*: lec- *ω*
22 pelagos(a)e veniente *B*[1]*Q*[1]   23 ais] agis *φ*   24 quid *ς*: quidquid *B*: quicquid *φψ* (*cf. p. 19. 11*)

habitantium periculo inminentia tecta suspendit? Parum
enim erat fortuitis tegi et sine arte et sine difficultate naturale
9 invenire sibi aliquod receptaculum. Mihi crede, felix illud
saeculum ante architectos fuit, ante tectores. Ista nata sunt
iam nascente luxuria, in quadratum tigna decidere et serra 5
per designata currente certa manu trabem scindere;

> nam primi cuneis scindebant fissile lignum.

Non enim tecta cenationi epulum recepturae parabantur,
nec in hunc usum pinus aut abies deferebatur longo vehi-
culorum ordine vicis intrementibus, ut ex illa lacunaria auro 10
10 gravia penderent. Furcae utrimque suspensae fulciebant
casam; spissatis ramalibus ac fronde congesta et in proclive
disposita decursus imbribus quamvis magnis erat. Sub his
tectis habitavere [sed] securi: culmus liberos texit, sub marmore atque auro servitus habitat. 15
11 In illo quoque dissentio a Posidonio, quod ferramenta
fabrilia excogitata a sapientibus viris iudicat; isto enim modo
dicat licet sapientes fuisse per quos

> tunc laqueis captare feras et fallere visco
> inventum et magnos canibus circumdare saltus. 20

Omnia enim ista sagacitas hominum, non sapientia invenit.
12 In hoc quoque dissentio, sapientes fuisse qui ferri metalla

7 *Verg. georg. I. 144.*   19 *Verg. georg. I. 139–40.*

---

3 sibi invenire ψ   aliquid Qθ   4 ante architectos *superscr.*
D, ς: antea PKIANKTOC B, *qui superscr.* APXITEKTOC: ante
APXITEKTOC φ: ante saeculum APXITEKTOC W   ante tectores
om. vulg., sed cf. v. 10, p. 343. 26, epist. 86. 6 et 10   7 primum B[1]
8 cenationis ψ: -nia D   10 vicis ψς: vicit Bφ   11 suspensam
coni. Lips., fort. recte   14 sed *om.* ς, *secl. Axelson*   17 isto *vulg.*:
iusto ω   18 dicat] dicas *maluerit Buecb., fort. recte (cf. pp. 369. 4, 462. I)*
sapientis B[1]   19 tunc] tum *codd. plurimi Vergili, sed* tunc M *man.
prima*

et aeris invenerint, cum incendio silvarum adusta tellus in
summo venas iacentis liquefacta fudisset: ista tales inveniunt
quales colunt. Ne illa quidem tam subtilis mihi quaestio 13
videtur quam Posidonio, utrum malleus in usu esse prius an
5 forcipes coeperint. Utraque invenit aliquis excitati ingenii,
acuti, non magni nec elati, et quidquid aliud corpore incur-
vato et animo humum spectante quaerendum est. Sapiens
facilis victu fuit. Quidni? cum hoc quoque saeculo esse quam
expeditissimus cupiat. Quomodo, oro te, convenit ut et 14
10 Diogenen mireris et Daedalum? Uter ex his sapiens tibi
videtur? qui serram commentus est, an ille qui, cum vidisset
puerum cava manu bibentem aquam, fregit protinus exem-
ptum e perula calicem ⟨cum⟩ hac obiurgatione sui: 'quamdiu
homo stultus supervacuas sarcinas habui!', qui se conplicuit
15 in dolio et in eo cubitavit? Hodie utrum tandem sapien- 15
tiorem putas qui invenit quemadmodum in immensam altitudinem crocum latentibus fistulis exprimat, qui euripos subito
aquarum impetu implet aut siccat et versatilia cenationum
laquearia ita coagmentat ut subinde alia facies atque alia
20 succedat et totiens tecta quotiens fericula mutentur, an eum
qui et aliis et sibi hoc monstrat, quam nihil nobis natura
durum ac difficile imperaverit, posse nos habitare sine mar-
morario ac fabro, posse nos vestitos esse sine commercio
sericorum, posse nos habere usibus nostris necessaria si con-
25 tenti fuerimus iis quae terra posuit in summo? Quem si
audire humanum genus voluerit, tam supervacuum sciet
sibi cocum esse quam militem.

Illi sapientes fuerunt aut certe sapientibus similes quibus 16

2 iacentis B^1: -tes $B^c\phi\psi$ liquefactas ς   ista *Pinc.*: ipsa ω
4 esse $E^2\psi$: esset $B\phi$ 5 coeperunt ϕ exercitati ς, *sed cf. Val. Max.*
3. 3, *ext. 7*   7 animo Q^cR^2E: antimo (anumo B^1) $BQ^1R^1\psi$: intimo
D: tantum *Buech.*   8 quam] quamquam *QDR*: quis- *in marg.* R, E
11 serram *D*: seram *rell.*   13 cum *suppl.* E. *Baehrens*   20 fericula
B^1: ferc- $B^c\phi\psi$ 24 sericorum *Fick.*: servorum ω

expedita erat tutela corporis. Simplici cura constant necessaria: in delicias laboratur. Non desiderabis artifices: sequere
naturam. Illa noluit esse districtos; ad quaecumque nos
cogebat instruxit. 'Frigus intolerabilest corpori nudo.' Quid
ergo? non pelles ferarum et aliorum animalium a frigore satis 5
abundeque defendere queunt? non corticibus arborum pleraeque gentes tegunt corpora? non avium plumae in usum vestis
conseruntur? non hodieque magna Scytharum pars tergis
vulpium induitur ac murum, quae tactu mollia et inpenetra-
bilia ventis sunt? Quid ergo? non quilibet virgeam cratem 10
texuerunt manu et vili obliverunt luto, deinde [de] stipula
aliisque silvestribus operuere fastigium et pluviis per devexa
17 labentibus hiemem transiere securi? 'Opus est tamen calorem
solis aestivi umbra crassiore propellere.' Quid ergo? non vetustas multa abdidit loca quae vel iniuria temporis vel alio quo- 15
libet casu excavata in specum recesserunt? Quid ergo? non in
defosso latent Syrticae gentes quibusque propter nimios solis
ardores nullum tegimentum satis repellendis caloribus soli-
18 dum est nisi ipsa arens humus? Non fuit tam iniqua natura
ut, cum omnibus aliis animalibus facilem actum vitae daret, 20
homo solus non posset sine tot artibus vivere; nihil durum
ab illa nobis imperatum est, nihil aegre quaerendum, ut

2 sequere *B*¹: si sequare *B*ᶜ*D*ψ: si sequere *Q*: si sequeris *θ*   4 intolerabilest *B*: intollerabilis (-bile *Q*ᶜ) est *Q*: intolerabile est *rell.*
5 aliorum *Q*ᶜ*R*²*EX*: aliarum *rell.*   9 murum *BQ*¹*R*: -ium *rell.*
10–13 quid ergo ... transiere securi *post* recesserunt (*v. 16*) *collocant codd.*:
traiecit Gemoll   10 quilibet *DE*ψ: quael- *BQR*: quaml- ϛ: qua libuit
Summers   quaelibet virgea in cratem (in cratem *iam* ϛ) *Haase*   11 obliverunt *B*¹*Q*ᶜ: oblimerunt *Q*¹: oblinierunt *B*ᶜ*D*θψ   de *om.* ϛ, *secl.*
Hense   despicula *BQ*¹*D*   12 aliisque] foliisque *coni. Buech.*:
ramisque *Hense*   pluviis *D*: cluv- *BQ*θ: eluv- ψ   13 labentibus ψ:
latent- *BQD*: iacent- *θ*   transire *BQ*¹   15 ⟨se in⟩ multa *coni. Buech.*
abdidit] adedit *coni. Lips.*: dedit *Madvig*   19 arens] parens ψ
iniqua *Gronovius*: inimica ω (*confert Axelson p. 181. 4–5, ben. 4. 22. 3, nat.
5. 9. 4 al.*)   20 facilem *D*: -le *rell.*   21 durum *Hermes* (*conl.
p. 335. 22*): horum ω

possit vita produci. Ad parata nati sumus: nos omnia nobis
difficilia facilium fastidio fecimus. Tecta tegimentaque et
fomenta corporum et cibi et quae nunc ingens negotium facta
sunt obvia erant et gratuita et opera levi parabilia; modus
5 enim omnium prout necessitas erat: nos ista pretiosa, nos
mira, nos magnis multisque conquirenda artibus fecimus.
Sufficit ad id natura quod poscit. A natura luxuria descivit, **19**
quae cotidie se ipsa incitat et tot saeculis crescit et ingenio
adiuvat vitia. Primo supervacua coepit concupiscere, inde
10 contraria, novissime animum corpori addixit et illius deser-
vire libidini iussit. Omnes istae artes quibus aut circitatur
civitas aut strepit corpori negotium gerunt, cui omnia olim
tamquam servo praestabantur, nunc tamquam domino paran-
tur. Itaque hinc textorum, hinc fabrorum officinae sunt, hinc
15 odores coquentium, hinc molles corporis motus docentium
mollesque cantus et infractos. Recessit enim ille naturalis
modus desideria ope necessaria finiens; iam rusticitatis et
miseriae est velle quantum sat est.

Incredibilest, mi Lucili, quam facile etiam magnos viros **20**
20 dulcedo orationis abducat a vero. Ecce Posidonius, ut mea
fert opinio, ex iis qui plurimum philosophiae contulerunt,
dum vult describere primum quemadmodum alia torquean-
tur fila, alia ex molli solutoque ducantur, deinde quemadmodum tela suspensis ponderibus rectum stamen extendat,
25 quemadmodum subtemen insertum, quod duritiam utrimque
conprimentis tramae remolliat, spatha coire cogatur et iungi,
textrini quoque artem a sapientibus dixit inventam, oblitus
postea repertum hoc subtilius genus in quo

5 prout *del. Madvig*   6 mira ς: misera ω: misere *coni. Summers*
(*conl. p. 510. 15*)   10 corpori animum φ   12 corporis ς, *sed*
confert Summers clem. I. 3. 5   18 miseriaest Q   sat] fas B¹
19 incredibilest B: incredibile est φψ   20 a vero Q *man. rec.*, D: vero
BQ¹θ: *om.* ψ   21 iis *scripsi*: hiis W: his *rell.*   25 utriumque B¹:
utrumque BᶜQ

> tela iugo vincta est, stamen secernit harundo,
> inseritur medium radiis subtemen acutis,
> quod lato paviunt insecti pectine dentes.

Quid si contigisset illi videre has nostri temporis telas, in
quibus vestis nihil celatura conficitur, in qua non dico nullum 5
21 corpori auxilium, sed nullum pudori est? Transit deinde ad
agricolas nec minus facunde describit proscissum aratro solum
et iteratum quo solutior terra facilius pateat radicibus, tunc
sparsa semina et collectas manu herbas ne quid fortuitum et
agreste succrescat quod necet segetem. Hoc quoque opus ait 10
esse sapientium, tamquam non nunc quoque plurima cultores
22 agrorum nova inveniant per quae fertilitas augeatur. Deinde
non est contentus his artibus, sed in pistrinum sapientem
summittit; narrat enim quemadmodum rerum naturam imitatus panem coeperit facere. 'Receptas' inquit 'in os fruges 15
concurrens inter se duritia dentium frangit, et quidquid excidit ad eosdem dentes lingua refertur; tunc umore miscetur
ut facilius per fauces lubricas transeat; cum pervenit in ventrem, aequali eius fervore concoquitur; tunc demum corpori
23 accedit. Hoc aliquis secutus exemplar lapidem asperum aspero 20
inposuit ad similitudinem dentium, quorum pars immobilis
motum alterius expectat; deinde utriusque adtritu grana
franguntur et saepius regeruntur donec ad minutiam frequenter trita redigantur; tum farinam aqua sparsit et adsidua

---

1 *Ov. met.* 6. 55–58, *sed ibi* subtemen acutis, | quod digiti expediunt,
atque inter stamina ductum | percusso feriunt insecti pectine dentes.

---

1 vincta 5 *Ov.*: iuncta ω   3 paviunt *Gruter idque in Ovidi textum
recepit Korn, ubi* pavent β¹: pariunt Bφ: feriunt ψ *et sic* β³ *cum codd. pluribus Ovidi*   4 videre *Eras.*¹: addere ω: adire 5   8 iteratum
Pinc.: inter aratrum ω   17 tunc umore *Hauck*: tunc vero ω: et
umore *coni. Buech.*   19 aequali eius B¹: aequaliculi BᶜQD: aqualiculi
θ: aequali ψ   24 tunc Qθ

tractatione perdomuit finxitque panem, quem primo cinis
calidus et fervens testa percoxit, deinde furni paulatim reperti
et alia genera quorum fervor serviret arbitrio.' Non multum
afuit quin sutrinum quoque inventum a sapientibus diceret.

5 Omnia ista ratio quidem, sed non recta ratio commenta **24**
est. Hominis enim, non sapientis inventa sunt, tam mecher-
cules quam navigia quibus amnes quibusque maria transimus, aptatis ad excipiendum ventorum impetum velis et
additis a tergo gubernaculis quae huc atque illuc cursum
10 navigii torqueant. Exemplum a piscibus tractum est, qui
cauda reguntur et levi eius in utrumque momento velocitatem suam flectunt. 'Omnia' inquit 'haec sapiens quidem **25**
invenit, sed minora quam ut ipse tractaret sordidioribus
ministris dedit.' Immo non aliis excogitata ista sunt quam
15 quibus hodieque curantur. Quaedam nostra demum prodisse
memoria scimus, ut speculariorum usum perlucente testa
clarum transmittentium lumen, ut suspensuras balneorum
et inpressos parietibus tubos per quos circumfunderetur calor
qui ima simul ac summa foveret aequaliter. Quid loquar
20 marmora quibus templa, quibus domus fulgent? quid lapi-
deas moles in rotundum ac leve formatas quibus porticus et
capacia populorum tecta suscipimus? quid verborum notas
quibus quamvis citata excipitur oratio et celeritatem linguae
manus sequitur? Vilissimorum mancipiorum ista commenta
25 sunt: sapientia altius sedet nec manus edocet: animorum **26**
magistra est. Vis scire quid illa eruerit, quid effecerit? Non
decoros corporis motus nec varios per tubam ac tibiam
cantus, quibus exceptus spiritus aut in exitu aut in transitu
formatur in vocem. Non arma nec muros nec bello utilia

4 adfuit $Q\theta$ 11 momento] motu ψ 15 prodisse $D\varsigma$: -didisse
(-disse Q) $BQ\theta$: -diisse ψ 22 suscepimus B^1 26 erudierit ψ
27 decoros $R\psi$: dedec- $BQDE$ turbam B^1Q 28 cantus] cantis
aliqui B^1: canalis *Madvig*   29 bello ς: bella ω

339

molitur: paci favet et genus humanum ad concordiam vocat.

27 Non est, inquam, instrumentorum ad usus necessarios opifex.
Quid illi tam parvola adsignas? artificem vides vitae. Alias
quidem artes sub dominio habet; nam cui vita, illi vitae
quoque ornantia serviunt: ceterum ad beatum statum tendit, 5

28 illo ducit, illo vias aperit. Quae sint mala, quae videantur
ostendit; vanitatem exuit mentibus, dat magnitudinem
solidam, inflatam vero et ex inani speciosam reprimit, nec
ignorari sinit inter magna quid intersit et tumida; totius
naturae notitiam ac sui tradit. Quid sint di qualesque 10
declarat, quid inferi, quid lares et genii, quid in secundam
numinum formam animae perpetitae, ubi consistant, quid
agant, quid possint, quid velint. Haec eius initiamenta sunt,
per quae non municipale sacrum sed ingens deorum omnium
templum, mundus ipse, reseratur, cuius vera simulacra 15
verasque facies cernendas mentibus protulit; nam ad spe-

29 ctacula tam magna hebes visus est. Ad initia deinde rerum
redit aeternamque rationem toti inditam et vim omnium
seminum singula proprie figurantem. Tum de animo coepit
inquirere, unde esset, ubi, quamdiu, in quot membra divisus. 20
Deinde a corporibus se ad incorporalia transtulit veritatem-
que et argumenta eius excussit; post haec quemadmodum
discernerentur vitae aut vocis ambigua; in utraque enim
falsa veris inmixta sunt.

30 Non abduxit, inquam, se (ut Posidonio videtur) ab istis 25
artibus sapiens, sed ad illas omnino non venit. Nihil enim
dignum inventu iudicasset quod non erat dignum perpetuo

31 usu iudicaturus; ponenda non sumeret. 'Anacharsis' inquit
'invenit rotam figuli, cuius circuitu vasa formantur.' Deinde

3 artifices *QW*   4 vitae] vitam *ς*   5 ornamenta *Eψ*   10 sui *ψ*:
suae *Bφ*   di (dî *B*) *BW*: dii *φX*   12 numinum *E²ψ*: nom- *Bφ*
perpetitae *BQDW*: perpetuae *θX*: provectae *coni. Gothofredus*: receptae
Madvig   16 cernendas *ψς*: -dis *BDθ*: -di *Q*   21 a *BDE: om. rell.*

quia apud Homerum invenitur figuli rota, maluit videri
versus falsos esse quam fabulam. Ego nec Anacharsim auctorem huius rei fuisse contendo et, si fuit, sapiens quidem hoc
invenit, sed non tamquam sapiens, sicut multa sapientes
5 faciunt qua homines sunt, non qua sapientes. Puta velocissi-
mum esse sapientem: cursu omnis anteibit qua velox est, non
qua sapiens. Cuperem Posidonio aliquem vitrearium ostisn-
dere, qui spiritu vitrum in habitus plurimos format qui vix
diligenti manu effingerentur. Haec inventa sunt postquam
10 sapientem invenire desimus. 'Democritus' inquit 'invenisse 32
dicitur fornicem, ut lapidum curvatura paulatim inclina-
torum medio saxo alligaretur.' Hoc dicam falsum esse;
necesse est enim ante Democritum et pontes et portas fuisse,
quarum fere summa curvantur. Excidit porro vobis eundem 33
15 Democritum invenisse quemadmodum ebur molliretur,
quemadmodum decoctus calculus in zmaragdum conver-
teretur, qua hodieque coctura inventi lapides (in) hoc utiles
colorantur. Ista sapiens licet invenerit, non qua sapiens erat
invenit; multa enim facit quae ab inprudentissimis aut aeque
20 fieri videmus aut peritius atque exercitatius.

Quid sapiens investigaverit, quid in lucem protraxerit 34
quaeris? Primum verum naturamque, quam non ut cetera
animalia oculis secutus est, tardis ad divina; deinde vitae
legem, quam ad universa derexit, nec nosse tantum sed sequi
25 deos docuit et accidentia non aliter excipere quam imperata.
Vetuit parere opinionibus falsis et quanti quidque esset
vera aestimatione perpendit; damnavit mixtas paenitentia

---

1 *Hom. Il. 18. 600–1.*

---

1 maluit *Summers emend. ined.*: malunt *Bϕ*: mavult ψ 6 omnis *B*[1]:
omnes *B^c$\phi\psi$*   10 sapientiam *Buech.*   desimus *B*[1]: -ivimus *B^c$\phi\psi$*
(*cf. p. 145. 1*)   12 alligarentur *B*[1]   16 zmaragdum *B*: sma- $\phi\psi$
17 in *suppl. Schweigh.*: ad ς 20 videmus ς: vidimus ω atque *B*:
aut $\phi\psi$ 25 accipere *Dψ*   27 paenitentiae ϕ

voluptates et bona semper placitura laudavit et palam fecit
felicissimum esse cui felicitate non opus est, potentissimum
35 esse qui se habet in potestate. Non de ea philosophia loquor
quae civem extra patriam posuit, extra mundum deos, quae
virtutem donavit voluptati, sed ⟨de⟩ illa quae nullum bonum 5
putat nisi quod honestum est, quae nec hominis nec fortunae
muneribus deleniri potest, cuius hoc pretium est, non posse
pretio capi.

Hanc philosophiam fuisse illo rudi saeculo quo adhuc
artificia deerant et ipso usu discebantur utilia non credo. 10
36 †Sicut aut† fortunata tempora, cum in medio iacerent bene-
ficia naturae promiscue utenda, antequam avaritia atque
luxuria dissociavere mortales et ad rapinam ex consortio
⟨docuere⟩ discurrere: non erant illi sapientes viri, etiam si
37 faciebant facienda sapientibus. Statum quidem generis hu- 15
mani non alium quisquam suspexerit magis, nec si cui per-
mittat deus terrena formare et dare gentibus mores, aliud
probaverit quam quod apud illos fuisse memoratur apud quos

> nulli subigebant arva coloni;
> ne signare quidem aut partiri limite campum   20
> fas erat: in medium quaerebant, ipsaque tellus
> omnia liberius nullo poscente ferebat.

38 Quid hominum illo genere felicius? In commune rerum
natura fruebantur; sufficiebat illa ut parens in tutelam

19 *Verg. georg.* *I. 125–8.*

---

5 de *suppl. Pinc. e quodam cod.*   7 deleniri *Mur.*: deleri ω   10 di-
scebant *Dθ*: discedebant *Q*   11 sicuta ut *B*: sicut aut *φ*: sicut ante *ψ*:
secutast *Buech.*: sint licet *Haase*, si erant autem *Rossbach, qui leniter inter-
pungunt post* discurrere (*cf. p. 344. 15*): *alii alia*   14 ⟨docuere⟩ discurrere
coni. Hense (discurrere ⟨docuere⟩ *iam Buech.*): discurrere ⟨coegerunt⟩
P. Thomas (*conl. p. 124. 2*): discussere *ς, def. Busche*   20 ne signare *ς*
Verg.: ne sperare *Bφ*: nec separare *ψ*   24 tutelam *ς* (*cf. ben. 4. 18. 2,
dial. 12. 10. 1 al.*): -la ω

omnium; haec erat publicarum opum secura possessio. Quidni ego illud locupletissimum mortalium genus dixerim in quo
pauperem invenire non posses? Inrupit in res optime positas
avaritia et, dum seducere aliquid cupit atque in suum ver-
5 tere, omnia fecit aliena et in angustum se ex inmenso redegit.
Avaritia paupertatem intulit et multa concupiscendo omnia
amisit. Licet itaque nunc conetur reparare quod perdidit, **39**
licet agros agris adiciat vicinum vel pretio pellens vel iniuria,
licet in provinciarum spatium rura dilatet et possessionem
10 vocet per sua longam peregrinationem: nulla nos finium
propagatio eo reducet unde discessimus. Cum omnia fecerimus, multum habebimus: universum habebamus. Terra ipsa **40**
fertilior erat inlaborata et in usus populorum non diripien-
tium larga. Quidquid natura protulerat, id non minus in-
15 venisse quam inventum monstrare alteri voluptas erat; nec
ulli aut superesse poterat aut deesse: inter concordes divide-
batur. Nondum valentior inposuerat infirmiori manum, nondum avarus abscondendo quod sibi iaceret alium necessariis
quoque excluserat: par erat alterius ac sui cura. Arma cessa- **41**
20 bant incruentaeque humano sanguine manus odium omne in
feras verterant. Illi quos aliquod nemus densum a sole pro-
texerat, qui adversus saevitiam hiemis aut imbris vili re-
ceptaculo tuti sub fronde vivebant, placidas transigebant sine
suspirio noctes. Sollicitudo nos in nostra purpura versat et
25 acerrimis excitat stimulis: at quam mollem somnum illis
dura tellus dabat! Non inpendebant caelata laquearia, sed in **42**
aperto iacentis sidera superlabebantur et, insigne spectaculum

---

3 possis $Q\theta$ 5 ex inmenso] ex in mense ex inmenso BQ^1: *sim. RW*
redegit ς: redacti $BQRW$: -cta DEX 7 conetur reparare *Buech.*
et Gloeckner: concurrere parare BQR: concurrere reparare E: concurrere
et reparare D: curet reparare ψ (*ut coni. Madvig*)   8 pellens ψ:
-eris BQ: -erit R: pellat eris DE 10 sua E^2: suam ω 21 verterunt
$Q\theta$ 24 nostram $B^1QD^1R^1\psi$ purpuram B^1Q *man. rec.*, W
27 iacentis B^1: -tes $B^c\phi\psi$

noctium, mundus in praeceps agebatur, silentio tantum
opus ducens. Tam interdiu illis quam nocte patebant pro-
spectus huius pulcherrimae domus; libebat intueri signa ex
media caeli parte vergentia, rursus ex occulto alia surgentia.

43 Quidni iuvaret vagari inter tam late sparsa miracula? At vos 5
ad omnem tectorum pavetis sonum et inter picturas vestras,
si quid increpuit, fugitis attoniti. Non habebant domos instar
urbium: spiritus ac liber inter aperta perflatus et levis umbra
rupis aut arboris et perlucidi fontes rivique non opere nec
fistula nec ullo coacto itinere obsolefacti sed sponte currentes 10
et prata sine arte formosa,. inter haec agreste domicilium
rustica politum manu—haec erat secundum naturam domus,
in qua libebat habitare nec ipsam nec pro ipsa timentem:
nunc magna pars nostri metus tecta sunt.

44   Sed quamvis egregia illis vita fuerit et carens fraude, non 15
fuere sapientes, quando hoc iam in opere maximo nomen est.
Non tamen negaverim fuisse alti spiritus viros et, ut ita
dicam, a dis recentes; neque enim dubium est quin meliora
mundus nondum effetus ediderit. Quemadmodum autem
omnibus indoles fortior fuit et ad labores paratior, ita non 20
erant ingenia omnibus consummata. Non enim dat natura

45 virtutem: ars est bonum fieri. Illi quidem non aurum nec
argentum nec perlucidos (lapides in) ima terrarum faece
quaerebant parcebantque adhuc etiam mutis animalibus:
tantum aberat ut homo hominem non iratus, non timens, 25
tantum spectaturus occideret. Nondum vestis illis erat picta,

46 nondum texebatur aurum, adhuc nec eruebatur. Quid ergo
⟨est⟩? Ignorantia rerum innocentes erant; multum autem
interest utrum peccare aliquis nolit an nesciat. Deerat illis

2 ducens ς: dicens *BQD*: dicentes ψ: *om. θ*   8 perflatus *B*¹: fla-
tus *B*ᶜφψ   18 dis *B*: diis φψ   19 effetus *B*ᶜ*E*ᶜ*WX*ᶜ: -ctus *rell.*
23 lapides *suppl. D,* in *Schweigh.*   24 mutis ς: multis ω   25 ut
θ: om. rell.   27 nec *om. Q*: non *Dθ*   28 est *add. A. Feige (cf.
quae adnot. Gertz ad dial. 4. 5. 3, 36. 3)*   29 an *E*: aut *rell.*

344

iustitia, deerat prudentia, deerat temperantia ac fortitudo.
Omnibus his virtutibus habebat similia quaedam rudis vita:
virtus non contingit animo nisi instituto et edocto et ad
summum adsidua exercitatione perducto. Ad hoc quidem,
5 sed sine hoc nascimur, et in optimis quoque, antequam erudias,
virtutis materia, non virtus est. Vale.

91   SENECA LVCILIO SVO SALVTEM

Liberalis noster nunc tristis est nuntiato incendio quo 1
Lugdunensis colonia exusta est; movere hic casus quemlibet
10 posset, nedum hominem patriae suae amantissimum. Quae
res effecit ut firmitatem animi sui quaerat, quam videlicet
ad ea quae timeri posse putabat exercuit. Hoc vero tam
inopinatum malum et paene inauditum non miror si sine
metu fuit, cum esset sine exemplo; multas enim civitates
15 incendium vexavit, nullam abstulit. Nam etiam ubi hostili
manu in tecta ignis inmissus est, multis locis deficit, et quamvis subinde excitetur, raro tamen sic cuncta depascitur ut
nihil ferro relinquat. Terrarum quoque vix umquam tam
gravis et perniciosus fuit motus ut tota oppida everteret.
20 Numquam denique tam infestum ulli exarsit incendium ut
nihil alteri superesset incendio. Tot pulcherrima opera, quae 2
singula inlustrare urbes singulas possent, una nox stravit, et
in tanta pace quantum ne bello quidem timeri potest accidit.
Quis hoc credat ? ubique armis quiescentibus, cum toto orbe
25 terrarum diffusa securitas sit, Lugudunum, quod ostende-
batur in Gallia, quaeritur. Omnibus fortuna quos publice
adflixit quod passuri erant timere permisit; nulla res magna
non aliquód habuit ruinae suae spatium: in hac una nox

---

3 edicto *B¹QR*   11 effecit *Bᶜψ*: -ficit *B¹φ*   16 in tecta *Eras.*ᵃ:
iniecta ω   deficit *φ*: -fecit *Bψ*   17 subinde *BD*: inde *Qθ*: hinc
inde *ψ*

interfuit inter urbem maximam et nullam. Denique diutius
illam tibi perisse quam perit narro.

3   Haec omnia Liberalis nostri adfectum inclinant, adversus
sua firmum et erectum. Nec sine causa concussus est: inex-
pectata plus adgravant; novitas adicit calamitatibus pondus, 5
nec quisquam mortalium non magis quod etiam miratus est
4 doluit. Ideo nihil nobis inprovisum esse debet; in omnia
praemittendus animus cogitandumque non quidquid solet sed
quidquid potest fieri. Quid enim est quod non fortuna, cum
voluit, ex florentissimo detrahat? quod non eo magis adgre- 10
diatur et quatiat quo speciosius fulget? Quid illi arduum
5 quidve difficile est? Non una via semper, ne trita quidem
incurrit: modo nostras in nos manus advocat, modo suis
contenta viribus invenit pericula sine auctore. Nullum
tempus exceptum est: in ipsis voluptatibus causae doloris 15
oriuntur. Bellum in media pace consurgit et auxilia securitatis
in metum transeunt: ex amico ⟨fit⟩ inimicus, hostis ex socio. In
subitas tempestates hibernisque maiores agitur aestiva tranquillitas. Sine hoste patimur hostilia, et cladis causas, si alia
deficiunt, nimia sibi felicitas invenit. Invadit temperantis- 20
simos morbus, validissimos pthisis, innocentissimos poena,
secretissimos tumultus; eligit aliquid novi casus per quod velut
6 oblitis vires suas ingerat. Quidquid longa series multis laboribus, multa deum indulgentia struxit, id unus dies spargit
ac dissipat. Longam moram dedit malis properantibus qui 25
diem dixit: hora momentumque temporis evertendis im-
peris sufficit. Esset aliquod inbecillitatis nostrae solacium
rerumque nostrarum si tam tarde perirent cuncta quam

2 perit *B¹QRE¹*: -iit *rell.*   3 inclinant *E²ς*: -andum *Bφ*: -arunt *ψ*
4 sua] sueta *Lips.*   8 praemittendus *R²E*: perm- *rell.*   10 plo-
rentissimo *B¹Q*   12 ne] ni *B¹Q*: in *R*   trita *Préchac (conl. p. 525. 17)*:
tota *ω*: nota *Hermes*   17 fit *addidi*   26 hora *ψ*: horam *Bφ*   im-
periis *ω*   27 sufficit *B¹*: -ficere *Bᶜφ*: -ficere potest *ψ*   28 tam tarde
perirent *ς*: tanta reperirent *BQθ*: *varie rell.*

fiunt: nunc incrementa lente exeunt, festinatur in damnum.
Nihil privatim, nihil publice stabile est; tam hominum quam **7**
urbium fata volvuntur. Inter placidissima terror existit
nihilque extra tumultuantibus causis mala unde minime
5 expectabantur erumpunt. Quae domesticis bellis steterant
regna, quae externis, inpellente nullo ruunt: quota quaeque
felicitatem civitas pertulit! Cogitanda ergo sunt omnia et
animus adversus ea quae possunt evenire firmandus. Exilia, **8**
tormenta [morbi], bella, naufragia meditare. Potest te patriae,
10 potest patriam tibi casus eripere, potest te in solitudines
abigere, potest hoc ipsum in quo turba suffocatur fieri solitudo. Tota ante oculos sortis humanae condicio ponatur, nec
quantum frequenter evenit sed quantum plurimum potest
evenire praesumamus animo, si nolumus opprimi nec illis
15 inusitatis velut novis obstupefieri; in plenum cogitanda fortuna est. Quotiens Asiae, quotiens Achaiae urbes uno tremore **9**
ceciderunt! Quot oppida in Syria, quot in Macedonia devora-
ta sunt! Cypron quotiens vastavit haec clades! Quotiens in se
Paphus corruit! Frequenter nobis nuntiati sunt totarum ur-
20 bium interitus, et nos inter quos ista frequenter nuntiantur,
quota pars omnium sumus! Consurgamus itaque adversus
fortuita et quidquid inciderit sciamus non esse tam magnum
quam rumore iactetur. Civitas arsit opulenta ornamentum- **10**
que provinciarum quibus et inserta erat et excepta, uni
25 tamen inposita et huic non latissimo monti: omnium istarum
civitatium quas nunc magnificas ac nobiles audis vestigia
quoque tempus eradet. Non vides quemadmodum in Achaia

1 fiunt *RE²*: finiunt *BE¹ψ*: finiuntur *QD*   2 privatum *B¹Q*
9 morbi *Bφ*: -bos *ψs*: *glossema susp. Hense*   meditare *Dψ*: -ri *BQθ*
10 solitudine *Q*: -nem *Dθ*   11 abigere *F. Chr. Matthiae*: abic- *ω*
15 invisitatis *Q*: usitatis *θ*   17 quod . . . quod *B¹Q*   18 vastabit *θ*:
-abat *Q*: -abunt *D*   21–23 consurgamus . . . iactetur *post* rumoribus
sparsus (*p. 350. 24*) *traiciendum esse putat Ribbeck*   25 latissimo *Buech.*:
alt- *ω*   26 civitatum *φ*

clarissimarum urbium iam fundamenta consumpta sint nec
11 quicquam extet ex quo appareat illas saltem fuisse? Non
tantum manu facta labuntur, nec tantum humana arte atque
industria posita vertit dies: iuga montium diffluunt, totae
desedere regiones, operta sunt fluctibus quae procul a con- 5
spectu maris stabant; vasta vis ignium colles per quos relu-
cebat erosit et quondam altissimos vertices, solacia navigan-
tium ac speculas, ad humile deduxit. Ipsius naturae opera
vexantur et ideo aequo animo ferre debemus urbium excidia.

12 Casurae stant; omnis hic exitus manet, sive ⟨ventorum⟩ 10
interna vis flatusque per clusa violenti pondus sub quo
tenentur excusserint, sive torrentium ⟨impetus⟩ in abdito
vastior obstantia effregerit, sive flammarum violentia con-
paginem soli ruperit, sive vetustas, a qua nihil tutum est,
expugnaverit minutatim, sive gravitas caeli egesserit populos 15
et situs deserta corruperit. Enumerare omnes fatorum vias
longum est. Hoc unum scio: omnia mortalium opera mortali-
tate damnata sunt, inter peritura vivimus.

13 Haec ergo atque eiusmodi solacia admoveo Liberali nostro
incredibili quodam patriae suae amore flagranti, quae for- 20
tasse consümpta est ut in melius excitaretur. Saepe maiori
fortunae locum fecit iniuria: multa ceciderunt ut altius
surgerent. Timagenes, felicitati urbis inimicus, aiebat Romae

2 exstet φ   ex quo θψ: ex qua *BD*: et qua *Q*   saltim *Bᶜφ* (*cf. p.*
15. 11)   4 evertit ψ   6 vasta vis ignium *Haupt* (*cf. nat. 6. 32. 5*):
vastavit ignium *B*¹: vastavit ignis *Bᶜφψ*   8 humile ς: humilem *Bφ*:
ima ψ   10 casurae stant *Haupt*: casura extant (exst- *B*) ω: casurae extant
Linde   omnis *B*¹: omnes *BᶜQθψ*: omnibus *D*   hic *om.* φ   ventorum
suppl. censor ed. Rubkopfii   11 interna] in terra *QD*   per clusa *B*¹:
praeclusa *Bᶜφψ*   12 impetus *hic suppl. Buech.* (*cf. p. 65. 17–18*): turbo
post vastior *add. Brakman* (*conl. p. 256. 21*)   14 a *Eras.*²: in ω
23 surgerent. Timagines] surgerent et imagines (*sed supra* imagines *add.* in
malus (*vel* in malas)) *B*: surgerent. et in malas imagines φ: surgerent et
in maius ymagines *W*: surgerent et in maius. Meginas *X*: surgerent
et in maius. Timagenes ς, *edd. multi post N. Fabrum*: et in maius *secl.*
von Jan   aiebat *R*²*Eψ*: aievat *B*¹: alevat *BᶜQ*: allevat *DR*¹

sibi incendia ob hoc unum dolori esse, quod sciret meliora
surrectura quam arsissent. In hac quoque urbe veri simile 14
est certaturos omnes ut maiora celsioraque quam amisere
restituant. Sint utinam diuturna et melioribus auspiciis, in
5 aevum longius condita! Nam huic coloniae ab origine sua
centensimus annus est, aetas ne homini quidem extrema.
A Planco deducta in hanc frequentiam loci opportunitate
convaluit: quot tamen gravissimos casus intra spatium humanae (pertulit) senectutis! Itaque formetur animus ad intel- 15
10 lectum patientiamque sortis suae et sciat nihil inausum esse
fortunae, adversus imperia illam idem habere iuris quod
adversus imperantis, adversus urbes idem posse quod adversus
homines. Nihil horum indignandum est: in eum intravimus
mundum in quo his legibus vivitur. Placet: pare. Non placet:
15 quacumque vis exi. Indignare si quid in te iniqui proprie
constitutum est; sed si haec summos imosque necessitas
alligat, in gratiam cum fato revertere, a quo omnia resolvun-
tur. Non est quod nos tumulis metiaris et his monumentis 16
quae viam disparia praetexunt: aequat omnis cinis. Inpares
20 nascimur, pares morimur. Idem de urbibus quod de urbium
incolis dico: tam Ardea capta quam Roma est. Conditor ille
iuris humani non natalibus nos nec nominum claritate di-
stinxit, nisi dum sumus: ubi vero ad finem mortalium ventum
est, 'discede' inquit 'ambitio: omnium quae terram premunt
25 siremps lex esto'. Ad omnia patienda pares sumus; nemo
altero fragilior est, nemo in crastinum sui certior.

1 ob] ab QD: ad R 3 celsioraque ς: certior- (*om. W*) ω 4 restituant B: -antur $\phi\psi$ diuturna X^2: diurna (-nam Q^1) ω 6 centensimus B^1: centes- $B^c\phi\psi$ (*cf. p. 141. 6*)   *accuratius fuit* centensimus
septimus   7 hanc frequentiam ς: hac -tia ω 8 quot *Weidner*:
quod $BQD\psi$: quae θ 9 pertulit *suppl.* ς: sustinuit *Walter*   10 sciat
$\psi\varsigma$: sciant $B\phi$ 12 imperantis B^1: -tes $B^c\phi\psi$ 15 iniqui ς: inique
(nique B^1) $B\theta D\psi$: inique qui Q 18 stimulis B^1Q 19 texunt $Q\theta$
omnis B^1: omnes $B^c\phi\psi$ 22 natalibus ς: tal- ω 25 siremps lex
Cuiacius: sere miles ω

17   Alexander Macedonum rex discere geometriam coeperat,
infelix, sciturus quam pusilla terra esset, ex qua minimum
occupaverat. Ita dico: 'infelix' ob hoc quod intellegere
debebat falsum se gerere cognomen: quis enim esse magnus
in pusillo potest? Erant illa quae tradebantur subtilia et 5
diligenti intentione discenda, non quae perciperet vesanus
homo et trans oceanum cogitationes suas mittens. 'Facilia'
inquit 'me doce'. Cui praeceptor 'ista' inquit 'omnibus eadem
18 sunt, aeque difficilia'. Hoc puta rerum naturam dicere: 'ista
de quibus quereris omnibus eadem sunt; nulli dare faciliora 10
possum, sed quisquis volet sibi ipse illa reddet faciliora'.
Quomodo? aequanimitate. Et doleas oportet et sitias et
esurias et senescas (si tibi longior contigerit inter homines
19 mora) et aegrotes et perdas aliquid et pereas. Non est tamen
quod istis qui te circumstrepunt credas: nihil horum malum 15
est, nihil intolerabile aut durum. Ex consensu istis metus est.
Sic mortem times quomodo famam: quid autem stultius
homine verba metuente? Eleganter Demetrius noster solet
dicere eodem loco sibi esse voces inperitorum quo ventre
redditos crepitus. 'Quid enim' inquit 'mea, susum isti an 20
20 deosum sonent?' Quanta dementia est vereri ne infameris
ab infamibus! Quemadmodum famam extimuisti sine causa,
sic et illa quae numquam timeres nisi fama iussisset. Num
quid detrimenti faceret vir bonus iniquis rumoribus sparsus?
21 Ne morti quidem hoc apud nos noceat: et haec malam 25
opinionem habet. Nemo eorum qui illam accusat expertus
est: interim temeritas est damnare quod nescias. At illud

6 percipere posset φ   9 aeque difficilia *secl. Haase*   10 dari *Eς*
11 possum *Buech.*: -sunt ω   ipse *Haase*: ipsi ω   12 ut sitias *Qθ*
20 mea *B¹* (*cf. p. 37. 2–3*): mea refert *Bᶜφψ*   sursum φ   21 deosum
B: deorsum φψ   22–23 extimuisti . . . timeres *Russell*: –istis . . .
–eretis ω   25 nos *ς*: vos ω   malam opinionem *Gronovius*: mala
molitionem *BQψ*: malam molit- *DE*: malam olit- *R*   26 illum *Qθ*
accusant *Wς edd., sed confert Axelson Cic. Balb. 48 al.*

scis, quam multis utilis sit, quam multos liberet tormentis,
egestate, querellis, supplicîs, taedio. Non sumus in ullius
potestate, cum mors in nostra potestate sit. Vale.

92   SENECA LVCILIO SVO SALVTEM

5   Puto, inter me teque conveniet externa corpori adquiri, **1**
corpus in honorem animi coli, in animo esse partes ministras,
per quas movemur alimurque, propter ipsum principale nobis
datas. In hoc principali est aliquid inrationale, est et rationale;
illud huic servit, hoc unum est quod alio non refertur sed
10 omnia ad se refert. Nam illa quoque divina ratio omnibus
praeposita est, ipsa sub nullo est; et haec autem nostra eadem
est, quae ex illa est.

   Si de hoc inter nos convenit, sequitur ut de illo quoque **2**
conveniat, in hoc uno positam esse beatam vitam, ut in nobis
15 ratio perfecta sit. Haec enim sola non summittit animum,
stat contra fortunam; in quolibet rerum habitu †servitus†
servat. Id autem unum bonum est quod numquam defrin-
gitur. Is est, inquam, beatus quem nulla res minorem facit;
tenet summa, et ne ulli quidem nisi sibi innixus; nam qui
20 aliquo auxilio sustinetur potest cadere. Si aliter est, incipient
multum in nobis valere non nostra. Quis autem vult constare
fortuna aut quis se prudens ob aliena miratur? Quid est **3**
beata vita? securitas et perpetua tranquillitas. Hanc dabit
animi magnitudo, dabit constantia bene iudicati tenax. Ad
25 haec quomodo pervenitur? si veritas tota perspecta est; si
servatus est in rebus agendis ordo, modus, decor, innoxia
voluntas ac benigna, intenta rationi nec umquam ab illa

2 supplicîs *B*[1]: -iis *B*[c]φψ   5 conveniat *QD*   8 principali est]
principalest *B*: principale est *QD*   10 se refert ς: se perfert *BD*θψ:
semper fert *Q* (*cf. p. 393. 16*)   12 quae] quia ς   16 securos ς: suum
ius *vel* se sui iuris *E. Thomas*: se interritam *Koch*: interritum *Russell*
26 modus *BD*: *om. rell.*

recedens, amabilis simul mirabilisque. Denique ut breviter
tibi formulam scribam, talis animus esse sapientis viri debet
4 qualis deum deceat. Quid potest desiderare is cui omnia
honesta contingunt? Nam si possunt aliquid non honesta
conferre ad optimum statum, in his erit beata vita sine quibus 5
non est. Et quid turpius stultiusve quam bonum rationalis
animi ex inrationalibus nectere?

5   Quidam tamen augeri summum bonum iudicant, quia
parum plenum sit fortuitis repugnantibus. Antipater quoque
inter magnos sectae huius auctores aliquid se tribuere dicit 10
externis, sed exiguum admodum. Vides autem quale sit die
non esse contentum nisi aliquis igniculus adluxerit: quod
6 potest in hac claritate solis habere scintilla momentum? Si
non es sola honestate contentus, necesse est aut quietem adici
velis, quam Graeci ἀοχλησίαν vocant, aut voluptatem. 15
Horum alterum utcumque recipi potest; vacat enim animus
molestia liber ad inspectum universi, nihilque illum avocat
a contemplatione naturae. Alterum illud, voluptas, bonum
pecoris est: adicimus rationali inrationale, honesto inhone-
7 stum, magno * * * vitam facit titillatio corporis? Quid ergo 20
dubitatis dicere bene esse homini, si palato bene est? Et
hunc tu, non dico inter viros numeras, sed inter homines,
cuius summum bonum saporibus et coloribus et sonis constat? Excedat ex hoc animalium numero pulcherrimo ac dis
8 secundo; mutis adgregetur animal pabulo laetum. Inrationalis 25
pars animi duas habet partes, alteram animosam, ambitiosam,

9 *Antip. Stoic. frg. 53 ab Arnim.*   18 sqq. *cf. Epicur. frg. 412 Us.*

11–12 die non *Eras.*²: zenon *BQ*ψ, *sed ze punct. ut vid. in B*: et te non *D*:
te non θ   13 scintillae φ   14 honesta *B¹Q¹*   15 ἀοχλησίαν *Schweigh.*:
ΛΟΧΛΗϹΙΝ *B*: ΛΟΧΔΗϹΙΝ *Q*: *corruptius rell.*   20 pusillum.
Beatam *vel aliquid huiusmodi supplendum censeo*   21 bene esse] beesse
B¹: necesse *Q*   23 coloribus θψ: cal- *BQD*   et sonis θψ: sonis *BQ*:
ac senis *D*: sonisque *Windhaus*: solis ς   25 adgregaretur *BQR¹*

inpotentem, positam in adfectionibus, alteram humilem, lan-
guidam, voluptatibus deditam: illam effrenatam, meliorem
tamen, certe fortiorem ac digniorem viro, reliquerunt, hanc
necessariam beatae vitae putaverunt, enervem et abiectam.
5 Huic rationem servire iusserunt, et fecerunt animalis ge- 9
nerosissimi summum bonum demissum et ignobile, praeterea
mixtum portentosumque et ex diversis ac male congruen-
tibus membris. Nam ut ait Vergilius noster in Scylla,

> prima hominis facies et pulchro pectore virgo
> 10 pube tenus, postrema inmani corpore pistrix
> delphinum caudas utero commissa luporum.

Huic tamen Scyllae fera animalia adiuncta sunt, horrenda,
velocia: at isti sapientiam ex quibus composuere portentis?
Prima pars hominis est ipsa virtus; huic committitur inutilis 10
15 caro et fluida, receptandis tantum cibis habilis, ut ait Posidonius. Virtus illa divina in lubricum desinit et superioribus
eius partibus venerandis atque caelestibus animal iners ac
marcidum adtexitur. Illa utcumque altera quies nihil quidem
ipsa praestabat animo, sed inpedimenta removebat: voluptas
20 ultro dissolvit et omne robur emollit. Quae invenietur tam
discors inter se iunctura corporum? Fortissimae rei inertis-
sima adstruitur, severissimae parum seria, sanctissimae in-
temperans usque ad incesta.

'Quid ergo?' inquit 'si virtutem nihil inpeditura sit bona 11
25 valetudo et quies et dolorum vacatio, non petes illas?' Quidni
petam? non quia bona sunt, sed quia secundum naturam

9 *Verg. Aen. 3. 426–8.*

4 enervem *ψς*: inenervem *BQD*: in enervam *θ*   5–6 generosissimi
summum *Buech.*: generosissimum *ω*: -simi *ς*   6 dimissum *Qθ*   7 ac
male *Schweigh.*: amalis *B¹*: animalis *BᶜφX*: animalibus *W*   incongruenti-
bus *ψ*   13 istis *B¹Q*   14 pars] ars *BQ¹D*   22 adstruitur *sed*
ads *in ras.* *B*: inst- *φψ*   23 ad *BηE*: *om.* *QRψ*   incesta *Gruter*:
ing- *ω*   25 vacatio *θψ*: vag- *BQη*

sunt, et quia bono a me iudicio sumentur. Quid erit tunc in
illis bonum? hoc unum, bene eligi. Nam cum vestem qualem
decet sumo, cum ambulo ut oportet, cum ceno quemadmodum debeo, non cena aut ambulatio aut vestis bona sunt, sed
meum in iis propositum servantis in quaque re rationi con- 5
12 venientem modum. Etiamnunc adiciam: mundae vestis
electio adpetenda est homini; natura enim homo mundum
et elegans animal est. Itaque non est bonum per se munda
vestis sed mundae vestis electio, quia non in re bonum est
sed in electione quali; actiones nostrae honestae sunt, non 10
13 ipsa quae aguntur. Quod de veste dixi, idem me dicere de
corpore existima. Nam hoc quoque natura ut quandam
vestem animo circumdedit; velamentum eius est. Quis autem
umquam vestimenta aestimavit arcula? nec bonum nec
malum vagina gladium facit. Ergo de corpore quoque idem 15
tibi respondeo: sumpturum quidem me, si detur electio, et
sanitatem et vires, bonum autem futurum iudicium de illis
meum, non ipsa.

14   'Est quidem' inquit 'sapiens beatus; summum tamen illud
bonum non consequitur nisi illi et naturalia instrumenta 20
respondeant. Ita miser quidem esse qui virtutem habet non
potest, beatissimus autem non est qui naturalibus bonis
15 destituitur, ut valetudine, ut membrorum integritate.' Quod
incredibilius videtur, id concedis, aliquem in maximis et
continuis doloribus non esse miserum, esse etiam beatum: 25
quod levius est negas, beatissimum esse. Atqui si potest virtus efficere ne miser aliquis sit, facilius efficiet ut beatissimus
sit; minus enim intervalli a beato ad beatissimum restat quam
a misero ad beatum. An quae res tantum valet ut ereptum

1–2 in illis tunc φ   2 eligi *B*^cηE: elegi *B*¹QRψ   cum om. *B*¹Q
7 mundum Q man. rec., ψ: -dus Bφ   10 electione quali *primus recte*
iunxit Madvig   28 a φ: om. Bψ: omissionem def. W. A. Baebrens (conl.
pp. 482. 1, 483. 15, 535. 24, dial. 9. 12. 4)

calamitatibus inter beatos locet non potest adicere quod
superest, ut beatissimum faciat? in summo deficit clivo?
Commoda sunt in vita et incommoda, utraque extra nos. Si **16**
non est miser vir bonus quamvis omnibus prematur incom-
5 modis, quomodo non est beatissimus si aliquibus commodis
deficitur? Nam quemadmodum incommodorum onere usque
ad miserum non deprimitur, sic commodorum inopia non
deducitur a beatissimo, sed tam sine commodis beatissimus
est quam non est sub incommodis miser; aut potest illi eripi
10 bonum suum, si potest minui. Paulo ante dicebam igniculum **17**
nihil conferre lumini solis; claritate enim eius quidquid sine
illo luceret absconditur. 'Sed quaedam' inquit 'soli quoque
opstant.' At sol integer est etiam inter opposita, et quamvis
aliquid interiacet quod nos prohibeat eius aspectu, in opere
15 est, cursu suo fertur; quotiens inter nubila eluxit, non est
sereno minor, ne tardior quidem, quoniam multum interest
utrum aliquid obstet tantum an inpediat. Eodem modo **18**
virtuti opposita nihil detrahunt: non est minor, sed minus
fulget. Nobis forsitan non aeque apparet ac nitet, sibi eadem
20 est et more solis obscuri in occulto vim suam exercet. Hoc
itaque adversus virtutem possunt calamitates et damna et
iniuriae quod adversus solem potest nebula.

Invenitur qui dicat sapientem corpore parum prospero **19**
usum nec miserum esse nec beatum. Hic quoque fallitur;
25 exaequat enim fortuita virtutibus et tantundem tribuit
honestis quantum honestate carentibus. Quid autem foedius,
quid indignius quam comparari veneranda contemptis?
Veneranda enim sunt iustitia, pietas, fides, fortitudo, prudentia: e contrario vilia sunt quae saepe contingunt pleniora

3 in vita ς: invicta ω   6 usquem Q: utquem B¹C¹D   13 opstant. At sol integer (vel sol ipse int-) Buech.: ipsam (-sa W, -so X) a sole
integra ω: opstant. At sol in integro Beltrami: opstant. At sol luce integra
Castiglioni   15 nubilaeluxit B¹: nubile luxit Qψ: nubila luxit B man.
rec., ηθ   21 adversum φ

vilissimis, crus solidum et lacertus et dentes et horum sanitas
20 firmitasque. Deinde si sapiens cui corpus molestum est nec
miser habebitur nec beatus, sed ⟨in⟩ medio relinquetur, vita
quoque eius nec adpetenda erit ˙nec fugienda. Quid autem
tam absurdum quam sapientis vitam adpetendam non esse? 5
aut quid tam extra fidem quam esse aliquam vitam nec
adpetendam nec fugiendam? Deinde si damna corporis
miserum non faciunt, beatum esse patiuntur; nam quibus
potentia non est in peiorem transferendi statum, ne inter-
pellandi quidem optimum.   10

21   'Frigidum' inquit 'aliquid et calidum novimus, inter
utrumque tepidum est; sic aliquis beatus est, aliquis miser,
aliquis nec beatus nec miser.' Volo hanc contra nos positam
imaginem excutere. Si tepido illi plus frigidi ingessero, fiet
frigidum; si plus calidi adfudero, fiet novissime calidum. At 15
huic nec misero nec beato quantumcumque ad miserias
adiecero, miser non erit, quemadmodum dicitis; ergo imago
22 ista dissimilis est. Deinde trado tibi hominem nec miserum
nec beatum. Huic adicio caecitatem: non fit miser; adicio
debilitatem: non fit miser; adicio dolores continuos et gra- 20
ves: miser non fit. Quem tam multa mala in miseram vitam
23 non transferunt ne ex beata quidem educunt. Si non potest,
ut dicitis, sapiens ex beato in miserum decidere, non potest
in non beatum. Quare enim qui labi coepit alicubi subsistat?
quae res illum non patitur ad imum devolvi retinet in sum- 25
mo. Quidni non possit beata vita rescindi? ne remitti quidem
potest, et ideo virtus ad illam per se ipsa satis est.

24   'Quid ergo?' inquit 'sapiens non est beatior qui diutius
vixit, quem nullus avocavit dolor, quam ille qui cum mala

---

1 horum] tororum *Capps* (*cf. p. 38. 23*): ceterorum *Buech.*: nervorum
Kronenberg   3 in *suppl. ς*   9 transferendi *ψ*: -siendi *Bφ* (*cf. p.*
530. 21)   nec *φ*   15 infudero *ψ*   24 labi *Mur.*: illa *ω*   25 non
patitur illum *φ*

fortuna semper luctatus est?' Responde mihi: numquid et
melior est et honestior? Si haec non sunt, ne beatior quidem
est. Rectius vivat oportet ut beatius vivat: si rectius non
potest, ne beatius quidem. Non intenditur virtus, ergo ne
5 beata quidem vita, quae ex virtute est. Virtus enim tantum
bonum est ut istas accessiones minutas non sentiat, brevitatem aevi et dolorem et corporum varias offensiones; nam
voluptas non est digna ad quam respiciat. Quid est in virtute 25
praecipuum? futuro non indigere nec dies suos conputare. In
10 quantulo libet tempore bona aeterna consummat. Incredibilia nobis haec videntur et supra humanam naturam excur-
rentia; maiestatem enim eius ex nostra inbecillitate metimur
et vitiis nostris nomen virtutis inponimus. Quid porro? non
aeque incredibile videtur aliquem in summis cruciatibus
15 positum dicere 'beatus sum'? Atqui haec vox in ipsa officina
voluptatis audita est. 'Beatissimum' inquit 'hunc et ultimum
diem ago' Epicurus, cum illum hinc urinae difficultas tor-
queret, hinc insanabilis exulcerati dolor ventris. Quare ergo 26
incredibilia ista sint apud eos qui virtutem colunt, cum apud
20 eos quoque reperiantur apud quos voluptas imperavit? Hi
quoque degeneres et humillimae mentis aiunt in summis
doloribus, in summis calamitatibus sapientem nec miserum
futurum nec beatum. Atqui hoc quoque incredibile est,
immo incredibilius; non video enim quomodo non in imum
25 agatur e fastigio suo deiecta virtus. Aut beatum praestare
debet aut, si ab hoc depulsa est, non prohibebit fieri miserum.
Stans non potest mitti: aut vincatur oportet aut vincat.

16 *Epicur. frg. 138 Us.; cf. epist. 66. 47.*

---

4 ne *B*: nec *φψ*   beatus *B*   7 dolorem *θψ*: -rum *BQη*   15 at-
quia *φ*   16 hunc et ultimum *ηθ*: hunc et hunc *Bψ*: et ultimum *Q*
19 cum] quam *B¹*: quom *Rossb.* (*cf. p. 82. 28*)   20 reperiantur *φ*: ap-
Bψ   24 non in imum *Buech.*: non infirmum *B*: infirmum *QR*: in
infimum *C²DEψ*: non in infimum *vulg.*

27 'Dis' inquit 'inmortalibus solis et virtus et beata vita contigit, nobis umbra quaedam illorum bonorum et similitudo;
accedimus ad illa, non pervenimus.' Ratio vero dis hominibusque communis est: haec in illis consummata est, in nobis
28 consummabilis. Sed ad desperationem nos vitia nostra per- 5
ducunt. Nam ille alter secundus est ut aliquis parum constans
ad custodienda optima, cuius iudicium labat etiamnunc et
incertum est. Desideret oculorum atque aurium sensum,
bonam valetudinem et non foedum aspectum corporis et
29 habitu manente suo aetatis praeterea longius spatium. Per 10
haec potest non paenitenda agi vita, at inperfecto viro huic
malitiae vis quaedam inest, quia animum habet mobilem ad
prava, illa †aitarens malitia et ea agitata† abest [de bono].
Non est adhuc bonus, sed in bonum fingitur; cuicumque
30 autem deest aliquid ad bonum, malus est. Sed 15

si cui virtus animusque in corpore praesens,

hic deos aequat, illo tendit originis suae memor. Nemo inprobe eo conatur ascendere unde descenderat. Quid est autem
cur non existimes in eo divini aliquid existere qui dei pars
est? Totum hoc quo continemur et unum est et deus; et 20
socii sumus eius et membra. Capax est noster animus, perfertur illo si vitia non deprimant. Quemadmodum corporum
nostrorum habitus erigitur et spectat in caelum, ita animus,

16 *Verg. Aen.* 5. 363 (*ubi* in pectore).

---

1 dis *B*: diis φψ *et sic v.* 3   5 vitia] vina *B*¹*Q*   8 desiderat
5, sed confert Axelson nat. 4a. praef. 1   11 haec *Axelson*: hanc ω
agi vita at *Buech.*: agitavit *BQ* η: agitare ut θ: agi ψ   viro] utro *BQ*:
om. *W*   13 aitarens *B*: agitarens (ns *punct.*) *Q*: agit arens ηθ: autem
arens ψ: alte haerens *Beltrami*: *fort.* inhaerens   ea agitata *BQ* ηψ: ea
cogitata θ: exagitata *Madvig*   de bono ω (*sed in marg. adiectum
in B*): *secl. Fick.*

cui in quantum vult licet porrigi, in hoc a natura rerum
formatus est, ut paria dis vellet; et si utatur suis viribus ac se
in spatium suum extendat, non aliena via ad summa nititur.
Magnus erat labor ire in caelum: redit. Cum hoc iter nactus 31
5 est, vadit audaciter contemptor omnium nec ad pecuniam
respicit aurumque et argentum, illis in quibus iacuere tenebris dignissima, non ab hoc aestimat splendore quo inperitorum verberant oculos, sed a vetere caeno ex quo illa secrevit
cupiditas nostra et effodit. Scit, inquam, aliubi positas esse
10 divitias quam quo congeruntur; animum impleri debere,
non arcam. Hunc inponere dominio rerum omnium licet, 32
hunc in possessionem rerum naturae inducere, ut sua orientis
occidentisque terminis finiat, deorumque ritu cuncta possideat, cum opibus suis divites superne despiciat, quorum nemo
15 tam suo laetus est quam tristis alieno. Cum se in hanc sub- 33
limitatem tulit, corporis quoque ut oneris necessarii non
amator sed procurator est, nec se illi cui inpositus est subicit.
Nemo liber est qui corpori servit; nam ut alios dominos quos
nimia pro illo sollicitudo invenit transeas, ipsius morosum
20 imperium delicatumque est. Ab hoc modo aequo animo exit, 34
modo magno prosilit, nec quis deinde relicti eius futurus sit
exitus quaerit; sed ut ex barba capilloque tonsa neglegimus,
ita ille divinus animus egressurus hominem, quo receptaculum suum conferatur, ignis illud †excludat† an terra
25 contegat an ferae distrahant, non magis ad se iudicat pertinere

1 a *om.* $Q\eta E$ 2 dis *B*: diis $\phi\psi$ 3 via *Schweigh.*: vita ω 7 ab
hoc . . . splendore *Rubenius*: ad hoc . . . splendorem ω quo] quoque $Q\eta$ imperitorum ψ: -tior (inp- BQ) $BQ\eta R^1$: -tiores R^2E
8 a vetere caeno (*vel potius* a veteri coeno) *Rubenius*: avertero caelo $BQ\eta R$:
avertunt a caelo ψ: altero caelo E 13 finiat *Schweigh. ex* ς: fiat ω
possideat $\psi\varsigma$: -eant $BQ\eta E$: -et R 16 ut *Buech.*: vel ω: velut *B man.
rec.*, *vulg.*   19 morosum ς: morbosum ω 21 ne ϕ relicti]
derelicti ψ: reliquiis *in marg.* R, E   22 capilloque tonsa *Buech.*:
capillosque tonsa B^1: capillos detonsa $B^c\phi\psi$ 24 excludat $B\phi$: exurat
ψ: exedat *Buech.*: excidat *Brakman*

quam secundas ad editum infantem. Utrum proiectum aves
differant an consumatur

canibus data praeda marinis,

35 quid ad illum qui nullus ⟨est⟩? Sed tunc quoque cum inter
homines est, ⟨non⟩ timet ullas post mortem minas eorum 5
quibus usque ad mortem timeri parum est. 'Non conterret'
inquit 'me nec uncus nec proiecti ad contumeliam cadaveris
laceratio foeda visuris. Neminem de supremo officio rogo,
nulli reliquias meas commendo. Ne quis insepultus esset
rerum natura prospexit: quem saevitia proiecerit dies condet.' 10
Diserte Maecenas ait,

nec tumulum curo: sepelit natura relictos.

Alte cinctum putes dixisse; habuit enim ingenium et grande
et virile, nisi illud secunda discinxissent. Vale.

3 *cf. Verg. Aen. 9. 485.*   12 *Maecen. frg. 6 Lunderstedt.*

---

3 marinis] Latinis *Verg.*   4 est *suppl. Hense*: est *pro* sed *iam coni.*
Madvig   5 non *suppl. Buech.*   nullas *W X^c*   9 esset] sit ς:
extet *Leo et Windhaus*   prospexit ς: -spicit ω   10 saevitia *BC²DE*:
saepe vitia *rell.*   condet ψς: condit *B^cηθ*: comdit *B¹*: comedit *Q*
14 secunda discinxissent *Gruter*: secundis discinxisset ψ: secundis cinxisset
(cincx- *Q*) *Bφ*   *post* Vale *add.* L. ANNAEI SENECAE LIBER XIIII EXPLICIT.
INCIPIT LIBER XV *BQD*: *similiter* θ: *om.* Cψ

LIBER QVINTVS DECIMVS

93   SENECA LVCILIO SVO SALVTEM

In epistula qua de morte Metronactis philosophi quere- 1
baris, tamquam et potuisset diutius vivere et debuisset,
5 aequitatem tuam desideravi, quae tibi in omni persona, in
omni negotio superest, in una re deest, in qua omnibus:
multos inveni aequos adversus homines, adversus deos
neminem. Obiurgamus cotidie fatum: 'quare ille in medio
cursu raptus est? quare ille non rapitur? quare senectutem
10 et sibi et aliis gravem extendit?' Utrum, obsecro te, aequius 2
iudicas, te naturae an tibi parere naturam? quid autem interest quam cito exeas unde utique exeundum est? Non ut diu
vivamus curandum est, sed ut satis; nam ut diu vivas fato
opus est, ut satis, animo. Longa est vita si plena est; impletur
15 autem cum animus sibi bonum suum reddidit et ad se potestatem sui transtulit. Quid illum octoginta anni iuvant per 3
inertiam exacti? non vixit iste sed in vita moratus est, nec
sero mortuus est, sed diu. 'Octoginta annis vixit.' Interest
mortem eius ex quo die numeres. 'At ille obiit viridis.' Sed 4
20 officia boni civis, boni amici, boni filii executus est; in nulla
parte cessavit; licet aetas eius inperfecta sit, vita perfecta est.
'Octoginta annis vixit.' Immo octoginta annis fuit, nisi
forte sic vixisse eum dicis quomodo dicuntur arbores vivere.
Obsecro te, Lucili, hoc agamus ut quemadmodum pretiosa
25 rerum sic vita nostra non multum pateat sed multum pen-
deat; actu illam metiamur, non tempore. Vis scire quid inter
hunc intersit vegetum contemptoremque fortunae functum
omnibus vitae humanae stipendiis atque in summum bonum

13 vivamus . . . diu *om.* ψ   nam] non Qθ, *corr.* E² 22–23 octoginta
annis vixit . . . arbores vivere *in* § 3 *post* numeres *transp. Haase, post* sed
diu *Albertini* 25 pendat ψ *vulg., sed cf. p. 188. 11*

361

eius evectum et illum cui multi anni transmissi sunt? alter
5 post mortem quoque est, alter ante mortem perît. Laudemus
itaque et in numero felicium reponamus eum cui quantulumcumque temporis contigit bene conlocatum est. Vidit enim
veram lucem; non fuit unus e multis; et vixit et viguit. 5
Aliquando sereno usus est, aliquando, ut solet, validi sideris
fulgor per nubila emicuit. Quid quaeris quamdiu vixerit?
vivit: ad posteros usque transiluit et se in memoriam dedit.
6 Nec ideo mihi plures annos accedere recusaverim; nihil
tamen mihi ad beatam vitam defuisse dicam si spatium eius 10
inciditur; non enim ad eum diem me aptavi quem ultimum
mihi spes avida promiserat, sed nullum non tamquam ultimum aspexi. Quid me interrogas quando natus sim, an inter
7 iuniores adhuc censear? habeo meum. Quemadmodum in
minore corporis habitu potest homo esse perfectus, sic et in 15
minore temporis modo potest vita esse perfecta. Aetas inter
externa est. Quamdiu sim alienum est: quamdiu ero, ⟨vere⟩
ut sim, meum est. Hoc a me exige, ne velut per tenebras
aevum ignobile emetiar, ut agam vitam, non ut praetervehar.
8 Quaeris quod sit amplissimum vitae spatium? usque ad sapien- 20
tiam vivere; qui ad illam pervenit attigit non longissimum
finem, sed maximum. Ille vero glorietur audacter et dis agat
gratias interque eos sibi, et rerum naturae inputet quod fuit.
Merito enim inputabit: meliorem illi vitam reddidit quam
accepit. Exemplar boni viri posuit, qualis quantusque esset 25
9 ostendit; si quid adiecisset, fuisset simile praeterito. Et tamen
quousque vivimus? Omnium rerum cognitione fruiti sumus:
scimus a quibus principiis natura se attollat, quemadmodum
ordinet mundum, per quas annum vices revocet, quemad-

2 perit ω   8 vivit B^1: vixit $B^c\phi\psi$ transiluit BQC^1R: -livit
$E\psi$ 9 ideo' ⟨inquit⟩ (*sc.* sapiens) 'mihi *J. Mueller*   13 aspexit
$Q\eta$, *corr.* C^2 17 ero, ⟨vere⟩ ut *Gemoll*: vero ut ω: ero, ut *Buech.*:
vere ut (*om.* quamdiu) *Madvig*   19 ut non ϕ 22 dîs B: diis $\phi\psi$
25 viro $Q\eta$, *corr.* C^2 28 principiis *Lips.*: -cipalis ω

362

modum omnia quae usquam erunt cluserit et se ipsam finem
sui fecerit; scimus sidera impetu suo vadere, praeter terram
nihil stare, cetera continua velocitate decurrere; scimus quemadmodum solem luna praetereat, quare tardior velociorem
5 post se relinquat, quomodo lumen accipiat aut perdat, quae
causa inducat noctem, quae reducat diem: illuc eundum est
ubi ista propius aspicias. 'Nec hac spe' inquit sapiens ille 10
'fortius exeo, quod patere mihi ad deos meos iter iudico.
Merui quidem admitti et iam inter illos fui animumque illo
10 meum misi et ad me illi suum miserant. Sed tolli me de
medio puta et post mortem nihil ex homine restare: aeque
magnum animum habeo, etiam si nusquam transiturus
excedo.' Non tam multis vixit annis quam potuit. Et pau- 11
corum versuum liber est et quidem laudandus atque utilis:
15 annales Tanusii scis quam ponderosi sint et quid vocentur.
Hoc est vita quorundam longa,. et quod Tanusii sequitur
annales. Numquid feliciorem iudicas eum qui summo die 12
muneris quam eum qui medio occiditur? numquid aliquem
tam stulte cupidum esse vitae putas ut iugulari in spoliario
20 quam in harena malit? Non maiore spatio alter alterum
praecedimus. Mors per omnis it; qui occidit consequitur
occisum. Minimum est de quo sollicitissime agitur. Quid
autem ad rem pertinet quam diu vites quod evitare non
possis? Vale.

25 **94**   SENECA LVCILIO SVO SALVTEM

Eam partem philosophiae quae dat propria cuique per- 1
sonae praecepta nec in universum componit hominem sed

15 *cf. Catull. 36. 1.*

---

1 erunt *Axelson*: erant ω   15 ponderosi ψ: nonderosi *B*: nondedero
si *Qη*: non dedosi *R¹*: non decorosi *E*   21 omni sit *B¹*: omnes it *Bᶜφψ*
23 autem *om. QRψ*   27 nec in] in *QR¹*: non *R²E*

marito suadet quomodo se gerat adversus uxorem, patri
quomodo educet liberos, domino quomodo servos regat,
quidam solam receperunt, ceteras quasi extra utilitatem
nostram vagantis reliquerunt, tamquam quis posset de parte
suadere nisi qui summam prius totius vitae conplexus esset. 5

2 Ariston Stoicus e contrario hanc partem levem existimat et
quae non descendat in pectus usque, anilia habentem praecepta; plurimum ait proficere ipsa decreta philosophiae
constitutionemque summi boni; 'quam qui bene intellexit
ac didicit quid in quaque re faciendum sit sibi ipse praecipit.' 10

3 Quemadmodum qui iaculari discit destinatum locum captat
et manum format ad derigenda quae mittit, cum hanc vim
ex disciplina et exercitatione percepit, quocumque vult illa
utitur (didicit enim non hoc aut illud ferire sed quodcumque
voluerit), sic qui se ad totam vitam instruxit non desiderat 15
particulatim admoneri, doctus in totum, non enim quomodo
cum uxore aut cum filio viveret sed quomodo bene viveret:

4 in hoc est et quomodo cum uxore ac liberis vivat. Cleanthes
utilem quidem iudicat et hanc partem, sed inbecillam nisi
ab universo fluit, nisi decreta ipsa philosophiae et capita 20
cognovit.

In duas ergo quaestiones locus iste dividitur: utrum
utilis an inutilis sit, et an solus virum bonum possit efficere,
id est utrum supervacuus sit an omnis faciat supervacuos.

5 Qui hanc partem videri volunt supervacuam hoc aiunt: si 25
quid oculis oppositum moratur aciem, removendum est; illo

---

6 *Aristo Chius frg. 358 ab Arnim.*   18–21 *Cleanth. frg. 582 ab*
Arnim.   25–p. 368. 4 *Aristo Chius frg. 359 ab Arnim.*

---

4 vagantis B^1: -tes $B^c\phi\psi$ 5 esset *Klammer*: est. se B^1: est. sed $B^c\phi\psi$
6 Ariston Chius *Madvig* (*cf. p. 328. 4*)   e ψ: *om.* $B\phi$ 7 anilia
Buech.: anilla BQ: an illa η: at illam θ: at illa ψ 10 praecipit ψ:
-cepit $B\phi$ 16 enim *del. Eras.*^{2} 24 omnis B^1: omnes $B^c\phi\psi$

quidem obiecto operam perdit qui praecipit 'sic ambulabis, illo manum porriges'. Eodem modo ubi aliqua res occaecat animum et ad officiorum dispiciendum ordinem inpedit, nihil agit qui praecipit 'sic vives cum patre, sic cum uxore'.
5 Nihil enim proficient praecepta quamdiu menti error offusus est: si ille discutitur, apparebit quid cuique debeatur officio. Alioqui doces illum quid sano faciendum sit, non efficis sanum. Pauperi ut agat divitem monstras: hoc quomodo 6 manente paupertate fieri potest? Ostendis esurienti quid
10 tamquam satur faciat: fixam potius medullis famem detrahe. Idem tibi de omnibus vitiis dico: ipsa removenda sunt, non praecipiendum quod fieri illis manentibus non potest. Nisi opiniones falsas quibus laboramus expuleris, nec avarus quomodo pecunia utendum sit exaudiet nec timidus quo-
15 modo periculosa contemnat. Efficias oportet ut sciat pecu- 7 niam nec bonum nec malum esse; ostendas illi miserrimos divites; efficias ut quidquid publice expavimus sciat non esse tam timendum quam fama circumfert, nec ⟨diu⟩ dolere quemquam nec mori saepe: in morte, quam pati lex est,
20 magnum esse solacium quod ad neminem redit; in dolore pro remedio futuram obstinationem animi, qui levius sibi facit quidquid contumaciter passus est; optimam doloris esse naturam, quod non potest nec qui extenditur magnus esse nec qui est magnus extendi; omnia fortiter excipienda
25 quae nobis mundi necessitas imperat. His decretis cum illum 8 in conspectum suae condicionis adduxeris et cognoverit beatam esse vitam non quae secundum voluptatem est sed

22 sqq. cf. Epicur. frg. 446 Us., Sen. epist. 30. 14.

---

1 abiecto φ   perdit ς: -didit ω   6 cuique] utique Qθ
7 illum θ (an recte, dubitari potest): illo rell.   18 diu suppl. Axelson:
19 quemquam ⟨semper⟩ Madvig   mori saepe recte iunxit Madvig
21–22 facit sibi φ   27 voluptatem ψς: volunt- Bφ

secundum naturam, cum virtutem unicum bonum hominis
adamaverit, turpitudinem solum malum fugerit, reliqua
omnia—divitias, honores, bonam valetudinem, vires, imperia—scierit esse mediam partem nec bonis adnumerandam
nec malis, monitorem non desiderabit ad singula qui dicat 5
'sic incede, sic cena; hoc viro, hoc feminae, hoc marito, hoc
9 caelibi convenit'. Ista enim qui diligentissime monent ipsi
facere non possunt; haec paedagogus puero, haec avia nepoti
praecipit, et irascendum non esse magister iracundissimus
disputat. Si ludum litterarium intraveris, scies ista quae 10
ingenti supercilio philosophi iactant in puerili esse prae-
scripto.

10   Utrum deinde manifesta an dubia praecipies? Non desiderant manifesta monitorem, praecipienti dubia non creditur;
supervacuum est ergo praecipere. Id adeo sic disce: si id 15
mones quod obscurum est et ambiguum, probationibus adiu-
vandum erit; si probaturus es, illa per quae probas plus valent
11 satisque per se sunt. 'Sic amico utere, sic cive, sic socio.'
'Quare?' 'Quia iustum est.' Omnia ista mihi de iustitia locus
tradit: illic invenio aequitatem per se expetendam, nec metu 20
nos ad illam cogi nec mercede conduci, non esse iustum cui
quidquam in hac virtute placet praeter ipsam. Hoc cum per-
suasi mihi et perbibi, quid ista praecepta proficiunt quae erudi-
tum docent? praecepta dare scienti supervacuum est, nescienti
parum; audire enim debet non tantum quid sibi praecipiatur 25
12 sed etiam quare. Utrum, inquam, veras opiniones habenti
de bonis malisque sunt necessaria an non habenti? Qui non
habet nihil a te adiuvabitur, aures eius contraria monitionibus tuis fama possedit; qui habet exactum iudicium de

5 desideravit *BQC*   7 ipsi] ipsa *Qθ*   9 esse *B²D*: et si
B¹Qθ: est et si *ψ*: esse et si *C*   13 manifesta deinde *φ*   20 per]
pro *φ*   22 quidquam *B¹*: quicquam *Bᶜφψ*   23 perbibi *ς*: -hibi
BQ: -hibui *θψ*: perhibui (*punct.*) prohibui *C*: prohibui *D*

fugiendis petendisque scit ⟨quid⟩ sibi faciendum sit etiam
te tacente. Tota ergo pars ista philosophiae summoveri potest.

Duo sunt propter quae delinquimus: aut inest animo pravis 13
opinionibus malitia contracta aut, etiam si non est falsis
5 occupatus, ad falsa proclivis est et cito specie quo non oportet
trahente corrumpitur. Itaque debemus aut percurare mentem aegram et vitiis liberare aut vacantem quidem sed ad
peiora pronam praeoccupare. Utrumque decreta philosophiae
faciunt; ergo tale praecipiendi genus nil agit. Praeterea 14
10 si praecepta singulis damus, inconprehensibile opus est;
alia enim dare debemus feneranti, alia colenti agrum, alia
negotianti, alia regum amicitias sequenti, alia pares, alia
inferiores amaturo. In matrimonio praecipies quomodo vivat 15
cum uxore aliquis quam virginem duxit, quomodo cum eā
15 quae alicuius ante matrimonium experta est, quemadmodum
cum locuplete, quemadmodum cum indotata. An non putas
aliquid esse discriminis inter sterilem et fecundam, inter
provectiorem et puellam, inter matrem et novercam? Omnis
species conplecti non possumus: atqui singulae propria ex-
20 igunt, leges autem philosophiae breves sunt et omnia alligant.
Adice nunc quod sapientiae praecepta finita debent esse et 16
certa; si qua finiri non possunt, extra sapientiam sunt;
sapientia rerum terminos novit. Ergo ista praeceptiva pars
summovenda est, quia quod paucis promittit praestare omni-
25 bus non potest; sapientia autem omnis tenet. Inter insaniam 17
publicam et hanc quae medicis traditur nihil interest nisi
quod haec morbo laborat, illa opionionibus falsis; altera causas furoris traxit ex valetudine, altera animi mala valetudo
est. Si quis furioso praecepta det quomodo loqui debeat,
30 quomodo procedere, quomodo in publico se gerere, quomodo

1 quid *suppl.* ς   sit *B*¹: scit *B*ᶜφψ: sit, scit *coni. Hense*   5 quo ψ:
quod *B*φ   7 vacantem θ: vag- *rell.*   13 praecipias *Q*η   18 omnis
*B*¹: omnes *B*ᶜφψ *et sic v.* 25

in privato, erit ipso quem monebit insanior: [si] bilis nigra
curanda est et ipsa furoris causa removenda. Idem in hoc alio
animi furore faciendum est: ipse discuti debet; alioqui
abibunt in vanum monentium verba.

18   Haec ab Aristone dicuntur; cui respondebimus ad singula. 5
Primum adversus illud quod ait, si quid obstat oculo et inpedit visum, debere removeri, fateor huic non opus esse
praeceptis ad videndum, sed remedio quo purgetur acies et
officientem sibi moram effugiat; natura enim videmus, cui
usum sui reddit qui removit obstantia; quid autem cuique 10
19 debeatur officio natura non docet. Deinde cuius curata
suffusio est, is non protinus cum visum recepit aliis quoque
potest reddere: malitia liberatus et liberat. Non opus est
exhortatione, ne consilio quidem, ut colorum proprietates
oculus intellegat; a nigro album etiam nullo monente distin- 15
guet. Multis contra praeceptis eget animus ut videat quid
agendum sit in vita. Quamquam oculis quoque aegros
20 medicus non tantum curat sed etiam monet. 'Non est' inquit
'quod protinus inbecillam aciem committas inprobo lumini;
a tenebris primum ad umbrosa procede, deinde plus aude et 20
paulatim claram lucem pati adsuesce. Non est quod post
cibum studeas, non est quod plenis oculis ac tumentibus
imperes; adflatum et vim frigoris in os occurrentis evita'—
alia eiusmodi, quae non minus quam medicamenta proficiunt.
Adicit remediis medicina consilium.   25
21   'Error' inquit 'est causa peccandi: hunc nobis praecepta
non detrahunt nec expugnant opiniones de bonis ac malis
falsas.' Concedo per se efficacia praecepta non esse ad
evertendam pravam animi persuasionem; sed non ideo ⟨non⟩

---

1 bilis *Mur.*: si bilis (s *prius in ras.* B) ω: sed bilis ς: ei bilis *Kronenberg*
11 non B¹: nos Bᶜφ: om. ψ   20 audi Qθ   23 at flatum Bᶜ: et
flatum Q   27 nec] non Qη   28 concede QηE   29 non
suppl. Haase: nihil *Linde*: nihil ne *Buech.*

aliis quidem adiecta proficiunt. Primum memoriam renovant;
deinde quae in universo confusius videbantur in partes divisa
diligentius considerantur. Aut [in] isto modo licet et consolationes dicas supervacuas et exhortationes: atqui non sunt
5 supervacuae; ergo ne monitiones quidem. 'Stultum est' inquit 22
'praecipere aegro quid facere tamquam sanus debeat, cum
restituenda sanitas sit, sine qua inrita sunt praecepta.' Quid
quod habent aegri quaedam sanique communia de quibus
admonendi sunt? tamquam ne avide cibos adpetant, ut
10 lassitudinem vitent. Habent quaedam praecepta communia
pauper et dives. 'Sana' inquit 'avaritiam, et nihil habebis 23
quod admoneas aut pauperem aut divitem, si cupiditas
utriusque consedit.' Quid quod aliud est non concupiscere
pecuniam, aliud uti pecunia scire? cuius avari modum igno-
15 rant, etiam non avari usum. 'Tolle' inquit 'errores: supervacua praecepta sunt.' Falsum est. Puta enim avaritiam
relaxatam, puta adstrictam esse luxuriam, temeritati frenos
iniectos, ignaviae subditum calcar: etiam remotis vitiis, quid
et quemadmodum debeamus facere discendum est. 'Nihil' 24
20 inquit 'efficient monitiones admotae gravibus vitiis.' Ne
medicina quidem morbos insanabiles vincit, tamen adhibetur
aliis in remedium, aliis in levamentum. Ne ipsa quidem uni-
versae philosophiae vis, licet totas in hoc vires suas advocet,
duram iam et veterem animis extrahet pestem; sed non ideo
25 nihil sanat quia non omnia.

'Quid prodest' inquit 'aperta monstrare?' Plurimum; 25
interdum enim scimus nec adtendimus. Non docet admonitio
sed advertit, sed excitat, sed memoriam continet nec patitur

3 aut] at ψ: an Q   in secl. Buech. (cf p. 462. 1)   9 avide
cibos Q man. rec., R²Eψ: avi ubos (vel aut ubos) B¹: aut de cibos BᶜQ¹R¹:
aut de cibis η   11 saniat B: sani Q¹   12 aut (prius) secl. Gemoll,
recte def. Hense (conl. p. 537. 19, ben. 7. 9. 5)   13 consedit (vel conse-
derit) Schweigh.: considet BQCθX: -dat W: -deret D   24 ideo] video
ω, sed v rasum in B   26 aperto η: -tum Q

elabi. Pleraque ante oculos posita transimus: admonere genus
adhortandi est. Saepe animus etiam aperta dissimulat;
ingerenda est itaque illi notitia rerum notissimarum. Illa
hoc loco in Vatinium Calvi repetenda sententia est: 'factum
26 esse ambitum scitis, et hoc vos scire omnes sciunt'. Scis 5
amicitias sancte colendas esse, sed non facis. Scis inprobum
esse qui ab uxore pudicitiam exigit, ipse alienarum corruptor
uxorum; scis ut illi nil cum adultero, sic tibi nil esse debere
cum paelice, et non facis. Itaque subinde ad memoriam reducendus es; non enim reposita illa esse oportet sed in promptu. 10
Quaecumque salutaria sunt saepe agitari debent, saepe ver-
sari, ut non tantum nota sint nobis sed etiam parata. Adice
nunc quod aperta quoque apertiora fieri solent.

27   'Si dubia sunt' inquit 'quae praecipis, probationes adicere
debebis; ergo illae, non praecepta proficient.' Quid quod 15
etiam sine probationibus ipsa monentis auctoritas prodest?
sic quomodo iurisconsultorum valent responsa, etiam si ratio
non redditur. Praeterea ipsa quae praecipiuntur per se multum habent ponderis, utique si aut carmini intexta sunt aut
prosa oratione in sententiam coartata, sicut illa Catoniana: 20
'emas non quod opus est, sed quod necesse est; quod non opus
28 est asse carum est', qualia sunt illa aut reddita oraculo aut
similia: 'tempori parce', 'te nosce'. Numquid rationem exiges
cum tibi aliquis hos dixerit versus?

> Iniuriarum remedium est oblivio.   25
> Audentis fortuna iuvat, piger ipse sibi opstat.

Advocatum ista non quaerunt: adfectus ipsos tangunt et

---

21 *Cato ad fil. frg. 10 Iordan.*   25 *Publil. I 21 Meyer.*   26 *cf.*
Verg. Aen. 10. 284.

---

1 relabi $Q\eta$ 4 vaticinium ϕ 8 sic $\theta\eta$: sit $BQ\psi$ 9–10 reducendus es ad memoriam ϕ 26 audentis B^1: -tes $B^c\phi\psi$ sibi ipse
$Q\eta$ piger ... opstat *priori hemisticbio iunxit Buech.*

natura vim suam exercente proficiunt. Omnium honestarum **29**
rerum semina animi gerunt, quae admonitione excitantur
non aliter quam scintilla flatu levi adiuta ignem suum ex-
plicat; erigitur virtus cum tacta est et inpulsa. Praeterea
5 quaedam sunt quidem in animo, sed parum prompta, quae
incipiunt in expedito esse cum dicta sunt; quaedam diversis
locis iacent sparsa, quae contrahere inexercitata mens non
potest. Itaque in unum conferenda sunt et iungenda, ut plus
valeant animumque magis adlevent. Aut si praecepta nihil **30**
10 adiuvant, omnis institutio tollenda est; ipsa natura contenti
esse debemus. Hoc qui dicunt non vident alium esse ingenii
mobilis et erecti, alium tardi et hebetis, utique alium alio
ingeniosiorem. Ingenii vis praeceptis alitur et crescit novas-
que persuasiones adicit innatis et depravata corrigit.
15 'Si quis' inquit 'non habet recta decreta, quid illum ad- **31**
monitiones iuvabunt vitiosis obligatum?' Hoc scilicet, ut
illis liberetur; non enim extincta in illo indoles naturalis est
sed obscurata et oppressa. Sic quoque temptat resurgere et
contra prava nititur, nacta vero praesidium et adiuta prae-
20 ceptis evalescit, si tamen illam diutina pestis non infecit nec
enecuit; hanc enim ne disciplina quidem philosophiae toto
impetu suo conisa restituet. Quid enim interest inter decreta
philosophiae et praecepta nisi quod illa generalia praecepta
sunt, haec specialia? Utraque res praecipit, sed altera in totum,
25 particulatim altera.
'Si quis' inquit 'recta habet et honesta decreta, hic ex **32**
supervacuo monetur.' Minime; nam hic quoque doctus
quidem est facere quae debet, sed haec non satis perspicit.
Non enim tantum adfectibus inpedimur quominus pro-

7 inexercita Q (cf. p. 193. 9)   11-12 ingenii mobilis] ingenium
hominis Q: ingenium hominis mobilis (nobilis C) η   13 ingeniosior
est Qη   19 nancta B^cQ^1   20 evanescit Q: convalescit D   24 praecepit Qθ

banda faciamus sed inperitia inveniendi quid quaeque res
exigat. Habemus interdum compositum animum, sed residem
et inexercitatum ad inveniendam officiorum viam, quam
admonitio demonstrat.

33 'Expelle' inquit 'falsas opiniones de bonis et malis, in locum 5
autem earum veras repone, et nihil habebit admonitio quod
agat.' Ordinatur sine dubio ista ratione animus, sed non ista
tantum; nam quamvis argumentis collectum sit quae bona
malaque sint, nihilominus habent praecepta partes suas. Et
prudentia et iustitia officiis constat: officia praeceptis dis- 10
34 ponuntur. Praeterea ipsum de malis bonisque iudicium
confirmatur officiorum exsecutione, ad quam praecepta perducunt. Utraque enim inter se consentiunt: nec illa possunt
praecedere ut non haec sequantur, et haec ordinem sequuntur suum; unde apparet illa praecedere. 15

35 'Infinita' inquit 'praecepta sunt.' Falsum est; nam de
maximis ac necessariis rebus non sunt infinita; tenues autem
differentias habent quas exigunt tempora, loca, personae,
sed his quoque dantur praecepta generalia.

36 'Nemo', inquit, 'praeceptis curat insaniam; ergo ne mali- 20
tiam quidem.' Dissimile est; nam si insaniam sustuleris,
sanitas reddita est; si falsas opiniones exclusimus, non statim
sequitur dispectus rerum agendarum; ut sequatur, tamen
admonitio conroborabit rectam de bonis malisque sententiam. Illud quoque falsum est, nihil apud insanos proficere 25
praecepta. Nam quemadmodum sola non prosunt, sic cura-
tionem adiuvant; et denuntiatio et castigatio insanos coer-
cuit—de illis nunc insanis loquor quibus mens mota est, non
erepta.

37 'Leges' inquit 'ut faciamus quod oportet non efficiunt, 30

3 veniendam *BQ*¹   7 ista sine dubio φ   11 praeterea η: praeter
rell.   14 et] et si *Qθ*   19 his] de his *malit Buech.*: hic *Rossb.*
22 reddita est] reditat *B*¹: redit, at *Buech.*   24 conroboravit (corr- η) *Qη*

et quid aliud sunt quam minis mixta praecepta?' Primum
omnium ob hoc illae non persuadent quia minantur, at haec
non cogunt sed exorant; deinde leges a scelere deterrent,
praecepta in officium adhortantur. His adice quod leges
5 quoque proficiunt ad bonos mores, utique si non tantum
imperant sed docent. In hac re dissentio a Posidonio, qui **38**
⟨'improbo' inquit⟩ 'quod Platonis legibus adiecta principia
sunt. Legem enim brevem esse oportet, quo facilius ab
inperitis teneatur. Velut emissa divinitus vox sit: iubeat,
10 non disputet. Nihil videtur mihi frigidius, nihil ineptius
quam lex cum prologo. Mone, dic quid me velis fecisse: non
disco sed pareo.' Proficiunt vero; itaque malis moribus uti
videbis civitates usas malis legibus. 'At non apud omnis **39**
proficiunt.' Ne philosophia quidem; nec ideo inutilis et
15 formandis animis inefficax est. Quid autem? philosophia non
vitae lex est? Sed putemus non proficere leges: non ideo
sequitur ut ne monitiones quidem proficiant. Aut sic et
consolationes nega proficere dissuasionesque et adhortationes
et obiurgationes et laudationes. Omnia ista monitionum
20 genera sunt; per ista ad perfectum animi statum pervenitur.
Nulla res magis animis honesta induit dubiosque et in pravum **40**
inclinabiles revocat ad rectum quam bonorum virorum conversatio; paulatim enim descendit in pectora et vim praece-
ptorum obtinet frequenter aspici, frequenter audiri. Occursus
25 mehercules ipse sapientium iuvat, et est aliquid quod ex
magno viro vel tacente proficias. Nec tibi facile dixerim **41**
quemadmodum prosit, sicut illud intellegam profuisse.

4 quod] quo *B*   6 qui *om.* η   7 'improbo' inquit 'quod *Rossb.*: pro
quod *B*¹: pro eo quod *B*ᶜφψ: 'non' inquit 'probo quod *Buech.*: 'pro quo'
inquit *Beltrami*   11 prologo. Mone *Eras.*²: prolegomene (-mone *B*ᶜ)
*B*φ: prolocutore ψ: prologo. Domine *Madvig*   12 proficiunt vero
Schweigh.: proficiuntur *BQ*¹η: -iunt *Q*ᶜ*C*ᶜθψ   19 et (*prius*) *om. Q*η
26 tacente ς: iac- ω   27 sicut] licet *coni. Buech., sed cf. p. 171. 1*
intelligo *Schweigh., sed cf. p. 374. 6*

'Minuta quaedam' ut ait Phaedon 'animalia cum mordent
non sentiuntur, adeo tenuis illis et fallens in periculum vis
est; tumor indicat morsum et in ipso tumore nullum vulnus
apparet.' Idem tibi in conversatione virorum sapientium
eveniet: non deprehendes quemadmodum aut quando tibi 5
prosit, profuisse deprendes.

42　'Quorsus' inquis 'hoc pertinet?' Aeque praecepta bona, si
saepe tecum sint, profutura quam bona exempla. Pythagoras
ait alium animum fieri intrantibus templum deorumque
simulacra ex vicino cernentibus et alicuius oraculi opperienti- 10
43 bus vocem. Quis autem negabit feriri quibusdam praeceptis
efficaciter etiam inperitissimos? velut his brevissimis vocibus,
sed multum habentibus ponderis:

> Nil nimis.
> Avarus animus nullo satiatur lucro.　　　　　　　　　　15
> Ab alio expectes alteri quod feceris.

Haec cum ictu quodam audimus, nec ulli licet dubitare aut
interrogare 'quare?'; adeo etiam sine ratione ipsa veritas
44 lucet. Si reverentia frenat animos ac vitia conpescit, cur non
et admonitio idem possit? Si inponit pudorem castigatio, 20
cur admonitio non faciat, etiam si nudis praeceptis utitur?
Illa vero efficacior est et altius penetrat quae adiuvat ratione
quod praecipit, quae adicit quare quidque faciendum sit et
quis facientem oboedientemque praeceptis fructus expectet.
Si imperio proficitur, et admonitione; atqui proficitur im- 25
45 perio; ergo et admonitione. In duas partes virtus dividitur,

---

15 *Publil. A 55 Meyer; com. pall. inc. 81 p. 148 Ribb.*[3]　16 *Publil. A 2
Meyer; com. pall. inc. 82 p. 149 Ribb.*[3]

---

1 phaedon *B*[1]: phaedron (fed- *Qη*) *B*[c]*φψ*　　　　　6 deprendes *B*:
depreh- (-das *Q*) *φψ*　　11 negabit *ς*: -avit *ω*　　14 nihil *φ*　nimis]
minus *Qη*　　19 lucet *Koch*: ducit *BηE, def. Hense* (*conl. dial. 6. 2. 1*):
dicit *QRψ*　　ac] aut *Qη*　　20 et *om. Qη*　　25 et admonitione
proficitur *φ*　　atqui *Eras.*[2]: atque *B*[1]: aeque *B*[c]*φψ*

in contemplationem veri et actionem: contemplationem
institutio tradit, actionem admonitio. Virtutem et exercet
et ostendit recta actio. Acturo autem si prodest qui suadet,
et qui monet proderit. Ergo si recta actio virtuti necessaria
5 est, rectas autem actiones admonitio demonstrat, et admonitio necessaria est. Duae res plurimum roboris animo **46**
dant, fides veri et fiducia: utramque admonitio facit. Nam
et creditur illi et, cum creditum est, magnos animus spiritus
concipit ac fiducia impletur; ergo admonitio non est super-
10 vacua. M. Agrippa, vir ingentis animi, qui solus ex iis quos
civilia bella claros potentesque fecerunt felix in publicum fuit,
dicere solebat multum se huic debere sententiae: 'nam concordia parvae res crescunt, discordia maximae dilabuntur'.
Hac se aiebat et fratrem et amicum optimum factum. Si **47**
15 eiusmodi sententiae familiariter in animum receptae for-
mant eum, cur non haec pars philosophiae quae talibus
sententiis constat idem possit? Pars virtutis disciplina constat, pars exercitatione; et discas oportet et quod didicisti
agendo confirmes. Quod si est, non tantum scita sapientiae
20 prosunt sed etiam praecepta, quae adfectus nostros velut
edicto coercent et ablegant.

'Philosophia' inquit 'dividitur in haec, scientiam et habi- **48**
tum animi; nam qui didicit et facienda ac vitanda percepit
nondum sapiens est nisi in ea quae didicit animus eius trans-
25 figuratus est. Tertia ista pars praecipiendi ex utroque est, et
ex decretis et ex habitu; itaque supervacua est ad implendam
virtutem, cui duo illa sufficiunt.' Isto ergo modo et consolatio **49**
supervacua est (nam haec quoque ex utroque est) et adhortatio et suasio et ipsa argumentatio; nam et haec ab habitu

12 *Sall. Iug. 10. 6.*

---

7 utramque *E*: -aque *rell.*   8 animus *BX*: -os *rell.*   14 agebat ϕ
18 discat B^1Q 21 alligant $\theta\psi$ 27 sufficiunt B^1: -iant $B^c\phi\psi$

animi compositi validique proficiscitur. Sed quamvis ista ex
optimo habitu animi veniant, optimus animi habitus ex his
50 est; et facit illa et ex illis ipse fit. Deinde istud quod dicis iam
perfecti viri est ac summam consecuti felicitatis humanae.
Ad haec autem tarde pervenitur; interim etiam inperfecto 5
sed proficienti demonstranda est in rebus agendis via. Hanc
forsitan etiam sine admonitione dabit sibi ipsa sapientia,
quae iam eo perduxit animum ut moveri nequeat nisi in
rectum. Inbecillioribus quidem ingeniis necessarium est
51 aliquem praeire: 'hoc vitabis, hoc facies'. Praeterea si expe- 10
ctat tempus quo per se sciat quid optimum factu sit, interim
errabit et errando inpedietur quominus ad illud perveniat
quo possit se esse contentus; regi ergo debet dum incipit
posse se regere. Pueri ad praescriptum discunt; digiti illorum
tenentur et aliena manu per litterarum simulacra ducuntur, 15
deinde imitari iubentur proposita et ad illa reformare chiro-
graphum: sic animus noster, dum eruditur ad praescriptum,
iuvatur.

52   Haec sunt per quae probatur hanc philosophiae partem
supervacuam non esse. Quaeritur deinde an ad faciendum 20
sapientem sola sufficiat. Huic quaestioni suum diem dabimus:
interim omissis argumentis nonne apparet opus esse nobis
aliquo advocato qui contra populi praecepta praecipiat?
53 Nulla ad aures nostras vox inpune perfertur: nocent qui
optant, nocent qui execrantur. Nam et horum inprecatio 25
falsos nobis metus inserit et illorum amor male docet bene
optando; mittit enim nos ad longinqua bona et incerta et
54 errantia, cum possimus felicitatem domo promere. Non licet,
inquam, ire recta via; trahunt in pravum parentes, trahunt

2–3 ex his ... deinde istud *B*: *om.* φψ, *sed* ex his est. et ex illis in istud
suppl. D   11 factu *B*ᵉ: -tum ω   14 ad] et ad *Qθ*   16 proposita
θ: praep- *rell.*   cyrographum (ciro- *E*) ω   18 iuvatur ψϛ: iuvat
*QDE*¹: vivat *BCRE*²   20 an *om. QC*¹*D*¹   23 praecipiant *B*¹*C*¹*R*¹:
percip- *Q*

servi. Nemo errat uni sibi, sed dementiam spargit in proxi-
mos accipitque invicem. Et ideo in singulis vitia populorum
sunt quia illa populus dedit. Dum facit quisque peiorem,
factus est; didicit deteriora, dein docuit, effectaque est
5 ingens illa nequitia congesto in unum quod cuique pessimum
scitur. Sit ergo aliquis custos et aurem subinde pervellat 55
abigatque rumores et reclamet populis laudantibus. Erras
enim si existimas nobiscum vitia nasci: supervenerunt,
ingesta sunt. Itaque monitionibus crebris opiniones quae nos
10 circumsonant repellantur. Nulli nos vitio natura conciliat: 56
illa integros ac liberos genuit. Nihil quo avaritiam nostram
inritaret posuit in aperto: pedibus aurum argentumque
subiecit calcandumque ac premendum dedit quidquid est
propter quod calcamur ac premimur. Illa vultus nostros
15 erexit ad caelum et quidquid magnificum mirumque fecerat
videri a suspicientibus voluit: ortus occasusque et properantis
mundi volubilem cursum, interdiu terrena aperientem, nocte
caelestia, tardos siderum incessus si compares toti, citatissimos
autem si cogites quanta spatia numquam intermissa veloci-
20 tate circumeant, defectus solis ac lunae invicem obstantium,
alia deinceps digna miratu, sive per ordinem subeunt sive
subitis causis mota prosiliunt, ut nocturnos ignium tractus
et sine ullo ictu sonituque fulgores caeli patescentis colu-
mnasque ac trabes et varia simulacra flammarum. Haec supra 57
25 nos natura disposuit, aurum quidem et argentum et propter
ista numquam pacem agens ferrum, quasi male nobis com-
mitterentur, abscondit. Nos in lucem propter quae pugnare-
mus extulimus, nos et causas periculorum nostrorum et
instrumenta disiecto terrarum pondere eruimus, nos fortunae

4 deinde *CE*   5 illa ingens ψ   10 repellantur *om. Q*: compesca-
mus η   11 illa *D*: nulla *BQCR*[1]: nos illa *R*[2]*E*: illa nos ψ   18 toti]
soli *Hermes*   22 nocturnos *Buech.*: -nis *ut vid. B*[1]: -ni *B*[c]φψ   23 patescentis ς: -tes ω   columnaeque ς   25 natura ς: itura ω

mala nostra tradidimus nec erubescimus summa apud nos
58 haberi quae fuerant ima terrarum. Vis scire quam falsus
oculos tuos deceperit fulgor? nihil est istis quamdiu mersa et
involuta caeno suo iacent foedius, nihil obscurius. quidni?
quae per longissimorum cuniculorum tenebras extrahuntur; 5
nihil est illis dum fiunt et a faece sua separantur informius.
Denique ipsos opifices intuere per quorum manus sterile
terrae genus et infernum perpurgatur: videbis quanta fuli-
59 gine oblinantur. Atqui ista magis inquinant animos quam
corpora, et in possessore eorum quam in artifice plus sordium 10
est. Necessarium itaque admoneri est, habere aliquem advocatum bonae mentis et in tanto fremitu tumultuque
falsorum unam denique audire vocem. Quae erit illa vox? ea
scilicet quae tibi tantis clamoribus ambitionis exsurdato
60 salubria insusurret verba, quae dicat: non est quod invideas 15
istis quos magnos felicesque populus vocat, non est quod tibi
compositae mentis habitum et sanitatem plausus excutiat,
non est quod tibi tranquillitatis tuae fastidium faciat ille
sub illis fascibus purpura cultus, non est quod feliciorem eum
iudices cui summovetur quam te quem lictor semita deicit. 20
Si vis exercere tibi utile, nulli autem grave imperium, sum-
61 move vitia. Multi inveniuntur qui ignem inferant urbibus,
qui inexpugnabilia saeculis et per aliquot aetates tuta proster-
nant, qui aequum arcibus aggerem attollant et muros in
miram altitudinem eductos arietibus ac machinis quassent. 25
Multi sunt qui ante se agant agmina et tergis hostium [et]
graves instent et ad mare magnum perfusi caede gentium

1 tradimus *QE*   2 falsos *Qη, corr. C²*   8 infernum *Bη*:
-ferrum *Qθ*: -festum *ψ*   9 oblinantur *Bη*: -liniantur *η*: -limantur *Q*:
-linentur *θ*   11 est (*alterum*) *Buech.*: et *ω*   est admoneri et *ς*
12 et in tanto *ς*: etantanto *B*: e (ex *D*) tanto *φψ*   14 ambitiosis *Qθ*
15 quod] quae *QD*   20 quem *Q man. rec.*, *θψ*: quam *Q¹*: *om. Bη*
24 attollent *B¹Q*   25 eductos *B*: adduc- *φψ*   26 hostium
θψ: hostium et *BQη*: hostium ⟨infesti⟩ et *Rossb.*: *alii alia*

veniant, sed hi quoque, ut vincerent hostem, cupiditate victi
sunt. Nemo illis venientibus restitit, sed nec ipsi ambitioni
crudelitatique restiterant; tunc cum agere alios visi sunt,
agebantur. Agebat infelicem Alexandrum furor aliena vastan- **62**
5 di et ad ignota mittebat. An tu putas sanum qui a Graeciae
primum cladibus, in qua eruditus est, incipit? qui quod
cuique optimum est eripit, Lacedaemona servire iubet, Athenas tacere? Non contentus tot civitatium strage, quas aut vi-
cerat Philippus aut emerat, alias alio loco proicit et toto orbe
10 arma circumfert; nec subsistit usquam lassa crudelitas in-
manium ferarum modo quae plus quam exigit fames mordent. Iam in unum regnum multa regna coniecit, iam Graeci **63**
Persaeque eundem timent, iam etiam a Dareo liberae nationes
iugum accipiunt; it tamen ultra oceanum solemque, indi-
15 gnatur ab Herculis Liberique vestigiis victoriam flectere, ipsi
naturae vim parat. Non ille ire vult, sed non potest stare, non
aliter quam in praeceps deiecta pondera, quibus eundi finis
est iacuisse. Ne Gnaeo quidem Pompeio externa bella ac **64**
domestica virtus aut ratio suadebat, sed insanus amor magni-
20 tudinis falsae. Modo in Hispaniam et Sertoriana arma, modo
ad colligandos piratas ac maria pacanda vadebat: hae prae-
texebantur causae ad continuandam potentiam. Quid illum **65**
in Africam, quid in septentrionem, quid in Mithridaten et
Armeniam et omnis Asiae angulos traxit? infinita scilicet
25 cupido crescendi, cum sibi uni parum magnus videretur.
Quid C. Caesarem in sua fata pariter ac publica inmisit?
gloria et ambitio et nullus supra ceteros eminendi modus.
Unum ante se ferre non potuit, cum res publica supra se duos
ferret. Quid, tu C. Marium semel consulem (unum enim **66**

3 visi sunt alios (alias Q^1) ϕ 11 famis BQ^1 13 persequi $Q\theta$
14 it] id QC: is D: hic θ 18 ne B: nec $\phi\psi$ ac] aut $Q\eta$ 21 colligandos *Buech.*: -gendos ω: cohibendos *P. Thomas*   26 c. caesarem
B^c: g. caes- η: caes- $B^1Q\theta\psi$ fata B^c: facta ω

consulatum accepit, ceteros rapuit), cum Teutonos Cimbros-
que concideret, cum Iugurtham per Africae deserta sequere-
tur, tot pericula putas adpetisse virtutis instinctu? Marius
67 exercitus, Marium ambitio ducebat. Isti cum omnia con-
cuterent, concutiebantur turbinum more, qui rapta con-   5
volvunt sed ipsi ante volvuntur et ob hoc maiore impetu
incurrunt quia nullum illis sui regimen est, ideoque, cum
multis fuerunt malo, pestiferam illam vim qua plerisque
nocuerunt ipsi quoque sentiunt. Non est quod credas quemquam fieri aliena infelicitate felicem.   10

68   Omnia ista exempla quae oculis atque auribus nostris
ingeruntur retexenda sunt, et plenum malis sermonibus
pectus exhauriendum; inducenda in occupatum locum virtus,
quae mendacia et contra verum placentia exstirpet, quae nos
a populo cui nimis credimus separet ac sinceris opinionibus   15
reddat. Hoc est enim sapientia, in naturam converti et eo
69 restitui unde publicus error expulerit. Magna pars sanitatis
est hortatores insaniae reliquisse et ex isto coitu invicem
noxio procul abisse. Hoc ut esse verum scias, aspice quanto
aliter unusquisque populo vivat, aliter sibi. Non est per se   20
magistra innocentiae solitudo nec frugalitatem docent rura,
sed ubi testis ac spectator abscessit, vitia subsidunt, quorum
70 monstrari et conspici fructus est. Quis eam quam nulli
ostenderet induit purpuram? quis posuit secretam in auro
dapem? quis sub alicuius arboris rusticae proiectus umbra   25
luxuriae suae pompam solus explicuit? Nemo oculis suis
lautus est, ne paucorum quidem aut familiarium, sed apparatum vitiorum suorum pro modo turbae spectantis expandit.
71 Ita est: inritamentum est omnium in quae insanimus ad-

10 infelicitate *B man. rec.*, η: fel- *B¹Qθψ*   13 indocenda
B¹Q   18 coetu ⸤   19 noxia *Qη*   20 vivet *Qη*   21 sollicitudo (solit- *Q man. rec.*, *R*) innocentiae *φ*   25 proiectus ⸤:
protec- ω

mirator et conscius. Ne concupiscamus efficies si ne osten-
damus effeceris. Ambitio et luxuria et inpotentia scaenam
desiderant: sanabis ista si absconderis. Itaque si in medio 72
urbium fremitu conlocati sumus, stet ad latus monitor et
5 contra laudatores ingentium patrimoniorum laudet parvo
divitem et usu opes metientem. Contra illos qui gratiam ac
potentiam attollunt otium ipse suspiciat traditum litteris et
animum ab externis ad sua reversum. Ostendat ex consti- 73
tutione vulgi beatos in illo invidioso fastigio suo trementis
10 et attonitos longeque aliam de se opinionem habentis quam
ab aliis habetur; nam quae aliis excelsa videntur ipsis prae-
rupta sunt. Itaque exanimantur et trepidant quotiens despe-
xerunt in illud magnitudinis suae praeceps; cogitant enim
varios casus et in sublimi maxime lubricos. Tunc adpetita 74
15 formidant et quae illos graves aliis reddit gravior ipsis felicitas incubat. Tunc laudant otium lene et sui iuris, odio est
fulgor et fuga a rebus adhuc stantibus quaeritur. Tunc demum videas philosophantis metu et aegrae fortunae sana
consilia. Nam quasi ista inter se contraria sint, bona fortuna
20 et mens bona, ita melius in malis sapimus: secunda rectum
auferunt. Vale.

95   SENECA LVCILIO SVO SALVTEM

Petis a me ut id quod in diem suum dixeram debere differri 1
repraesentem et scribam tibi an haec pars philosophiae quam
25 Graeci paraeneticen vocant, nos praeceptivam dicimus, satis
sit ad consummandam sapientiam. Scio te in bonam partem

23 dixeram *epist. 94. 52.*

---

7 suscipiat $Q\eta$ 9 trementis B^1: -tes $B^c\phi\psi$ 10 habentis B^1Q:
-tes *rell.*   11 videntur excelsa $Q\eta$, *fort. recte*   12 dispexerunt $Q\eta$
16 claudant B^1C^1D: -dunt θ otium] ostium B^1: hostium ϕ 18 metu *Mur.*: metus ω 26 consummendam B: -sumendam Q

accepturum si negavero. Eo magis promitto et verbum
publicum perire non patior: 'postea noli rogare quod inpe-
2 trare nolueris'. Interdum enim enixe petimus id quod re-
cusaremus si quis offerret. Haec sive levitas est sive vernilitas
punienda est promittendi facilitate. Multa videri volumus 5
velle sed nolumus. Recitator historiam ingentem attulit
minutissime scriptam, artissime plictam, et magna parte
perlecta 'desinam' inquit 'si vultis': adclamatur 'recita,
recita' ab iis qui illum ommutescere illic cupiunt. Saepe
aliud volumus, aliud optamus, et verum ne dis quidem di- 10
3 cimus, sed dii aut non exaudiunt aut miserentur. Ego me
omissa misericordia vindicabo et tibi ingentem epistulam
inpingam, quam tu si invitus leges, dicito 'ego mihi hoc
contraxi', teque inter illos numera quos uxor magno ducta
ambitu torquet, inter illos quos divitiae per summum ad- 15
quisitae sudorem male habent, inter illos quos honores nulla
non arte atque opera petiti discruciant, et ceteros malorum
suorum compotes.
4   Sed ut omisso principio rem ipsam adgrediar, 'beata'
inquiunt 'vita constat ex actionibus rectis; ad actiones rectas 20
praecepta perducunt; ergo ad beatam vitam praecepta sufficiunt'. Non semper ad actiones rectas praecepta perducunt,
sed cum obsequens ingenium est; aliquando frustra ad-
5 moventur, si animum opiniones obsident pravae. Deinde
etiam si recte faciunt, nesciunt facere se recte. Non potest 25
enim quisquam nisi ab initio formatus et tota ratione com-

2 *pro versu habuit Ribbeck, com. Rom. frg.*[3] *p. 149.*

2–3 postea . . . nolueris *pro versu habuit Ribbeck com. Rom. frg.*[3] *p. 149*
2 quod] quom *Ribbeck*   imperare *Qη*   3 enixe *B*[1]: obnixe
*B*ᶜφψ   5 promittendi φ: mitt- ψ: mut- *B*   7 minutissimis *B*[1]
plictam *Bηθ* (*cf. Stat. silv. 4. 9. 29* replictae): plicitam ψ: placitam *Q*:
plicatam ς   8 vultis ς: mult- ω   8–9 recita recita *B*[1]: recitare
recita *B*ᶜφ: recitabat (*om.* ab) ψ   9 illic] ilico *Eras.*[2] (*cf. p. 204. 4*)
10 dîs *B*: diis φψ

positus omnis exsequi numeros ut sciat quando oporteat et in
quantum et cum quo et quemadmodum et quare. Non potest
toto animo ad honesta conari, ne constanter quidem aut
libenter, sed respiciet, sed haesitabit.

5 ‘Si honesta’ inquit ‘actio ex praeceptis venit, ad beatam **6**
vitam praecepta abunde sunt: atqui est illud, ergo et hoc.’
His respondebimus actiones honestas et praeceptis fieri, non
tantum praeceptis.

‘Si aliae’ inquit ‘artes contentae sunt praeceptis, contenta **7**
10 erit et sapientia; nam et haec ars vitae est. Atqui guberna-
natorem facit ille qui praecipit "sic move gubernaculum, sic
vela summitte, sic secundo vento utere, sic adverso resiste,
sic dubium communemque tibi vindica". Alios quoque artifices praecepta conformant; ergo in hoc idem poterunt arti-
15 fice vivendi.’ Omnes istae artes circa instrumenta vitae **8**
occupatae sunt, non circa totam vitam; itaque multa illas
inhibent extrinsecus et inpediunt, spes, cupiditas, timor. At
haec quae artem vitae professa est nulla re quominus se
exerceat vetari potest; discutit enim inpedimenta et iactat
20 obstantia. Vis scire quam dissimilis sit aliarum artium condicio et huius? in illis excusatius est voluntate peccare quam
casu, in hac maxima culpa est sponte delinquere. Quod dico **9**
tale est. Grammaticus non erubescet soloecismo si sciens
fecit, erubescet si nesciens; medicus si deficere aegrum non
25 intellegit, quantum ad artem magis peccat quam si se intellegere dissimulat: at in hac arte vivendi turpior volentium

1 omnis B^1: omnes $B^c\phi\psi$ 2 et quare BE: quare *rell.*   3 ad
honesta R^2E (*confert Axelson pp. 90. 1, 237. 23*): teonesta B: te honesta
QR^1: honesta $\eta\psi$ ne] me BQC^1R^1 4 respiciat ϕ, *corr.* E^2
5 si] sed $Q\eta$ 6 atqui est *Pinc. e quodam cod.*: atque $B^1\phi$: atqui B^c:
ad quae ψ 11 praecepit $Q^1\psi$ 14 conformant *Hermes et Gertz*:
-firmant $B\eta\theta\psi$: *om.* Q artifice B: -ces $\phi\psi$ 17 at] ad B^1Q
19 iactat *Hermes* (*confert Axelson nat. 6. 13. 1*): tract- ω 21 excusatius $B^c\psi$: -atus B^1: -atio $Q\eta$: executius θ 24 facit $Q\eta$ 26 at]
ad B^1Q

culpa est. Adice nunc quod artes quoque pleraeque—immo
ex omnibus liberalissimae—habent decreta sua, non tantum
praecepta, sicut medicina; itaque alia est Hippocratis secta,
10 alia Asclepiadis, alia Themisonis. Praeterea nulla ars contemplativa sine decretis suis est, quae Graeci vocant dogmata, 5
nobis vel decreta licet appellare vel scita vel placita; quae et
in geometria et in astronomia invenies. Philosophia autem
et contemplativa est et activa: spectat simul agitque. Erras
enim si tibi illam putas tantum terrestres operas promittere:
altius spirat. 'Totum' inquit 'mundum scrutor nec me intra 10
contubernium mortale contineo, suadere vobis aut dissuadere
contenta: magna me vocant supraque vos posita.

11   Nam tibi de summa caeli ratione deumque
            disserere incipiam et rerum primordia pandam,
            unde omnis natura creet res, auctet alatque,   15
            quoque eadem rursus natura perempta resolvat,

ut ait Lucretius.' Sequitur ergo ut, cum contemplativa sit,
12 habeat decreta sua. Quid quod facienda quoque nemo rite
obibit nisi is cui ratio erit tradita qua in quaque re omnis
officiorum numeros exsequi possit? quos non servabit qui in 20
rem praecepta acceperit, non in omne. Inbecilla sunt per se
et, ut ita dicam, sine radice quae partibus dantur. Decreta
sunt quae muniant, quae securitatem nostram tranquillita-
temque tueantur, quae totam vitam totamque rerum naturam
simul contineant. Hoc interest inter decreta philosophiae et 25

13 *Lucr. 1. 54–57.*

---

1 pleraeque *ηψ*: -aque *BQθ*   2 liberalissimae *X*: liberat- *rell.*
9 operas *Dθ*: opera *BC*: opere *Q, superscr. R*: opes (repromittere) *ψ*
11 continuo *B¹QE¹*   15 naturae reet *B*: naturae creet *Qη*: *corruptius
rell.*   auctet *B*: aucitet *Bᶜ*: aucit et *φ*: auget et *ψ*   16 quove eadem
rursum *Lucr.*   19 omnis *B¹*: omnes *Bᶜφψ*   21 ⟨unam⟩ rem *Linde*:
rem ⟨praesentem⟩ *Hermes*   omnem *ψ*

praecepta quod inter elementa et membra: haec ex illis de-
pendent, illa et horum causae sunt et omnium.

'Antiqua' inquit 'sapientia nihil aliud quam facienda ac 13
vitanda praecepit, et tunc longe meliores erant viri: post-
5 quam docti prodierunt, boni desunt; simplex enim illa et
aperta virtus in obscuram et sollertem scientiam versa est
docemurque disputare, non vivere.' Fuit sine dubio, ut dicitis, 14
vetus illa sapientia cum maxime nascens rudis non minus quam
ceterae artes quarum in processu subtilitas crevit. Sed ne opus
10 quidem adhuc erat remediis diligentibus. Nondum in tantum
nequitia surrexerat nec tam late se sparserat: poterant vitiis
simplicibus obstare remedia simplicia. Nunc necesse est tanto
operosiora esse munimenta quanto vehementiora sunt quibus
petimur.

15 Medicina quondam paucarum fuit scientia herbarum qui- 15
bus sisteretur fluens sanguis, vulnera coirent; paulatim deinde
in hanc pervenit tam multiplicem varietatem. Nec est mirum
tunc illam minus negotii habuisse firmis adhuc solidisque
corporibus et facili cibo nec per artem voluptatemque cor-
20 rupto: qui postquam coepit non ad tollendam sed ad inritan-
dam famem quaeri et inventae sunt mille conditurae quibus
aviditas excitaretur, quae desiderantibus alimenta erant
onera sunt plenis. Inde pallor et nervorum vino madentium 16
tremor et miserabilior ex cruditatibus quam ex fame macies;
25 inde incerti labantium pedes et semper qualis in ipsa ebrietate
titubatio; inde in totam cutem umor admissus distentusque
venter dum male adsuescit plus capere quam poterat; inde suffusio luridae bilis et decolor vultus tabesque †in se† putrescentium et retorridi digiti articulis obrigescentibus nervorumque

1 membra *susp. Badstuebner*   13 operiosiora $B^1Q\theta$ 25 labantium 𝔰: laben- ω   27 venter dum] vertendum B^1Q 28 in se]
viscerum P. *Thomas*: intus *Castiglioni*   putrescentium ⟨dentium⟩ 𝔰:
corporum *ante* in se *ex p. 386.* 1 *transp. Madvig*

sine sensu iacentium torpor aut palpitatio [corporum] sine
17 intermissione vibrantium. Quid capitis vertigines dicam?
quid oculorum auriumque tormenta et cerebri exaestuantis
verminationes et omnia per quae exoneramur internis ulceri-
bus adfecta? Innumerabilia praeterea febrium genera, alia-   5
rum impetu saevientium, aliarum tenui peste repentium,
aliarum cum horrore et multa membrorum quassatione
18 venientium? Quid alios referam innumerabiles morbos, supplicia luxuriae? Immunes erant ab istis malis qui nondum se
delicis solverant, qui sibi imperabant, sibi ministrabant. Cor-   10
pora opere ac vero labore durabant, aut cursu defatigati aut
venatu aut tellure versanda; excipiebat illos cibus qui nisi
esurientibus placere non posset. Itaque nihil opus erat tam
magna medicorum supellectile nec tot ferramentis atque
puxidibus. Simplex erat ex causa simplici valetudo: multos   15
19 morbos multa fericula fecerunt. Vide quantum rerum per
unam gulam transiturarum permisceat luxuria, terrarum
marisque vastatrix. Necesse est itaque inter se tam diversa
dissideant et hausta male digerantur aliis alio nitentibus. Nec
mirum quod inconstans variusque ex discordi cibo morbus   20
est et illa ex contrariis naturae partibus in eundem conpulsa
⟨ventrem⟩ redundant. Inde tam novo aegrotamus genere
quam vivimus.
20·   Maximus ille medicorum et huius scientiae conditor
feminis nec capillos defluere dixit nec pedes laborare: atqui   25
et capillis destituuntur et pedibus aegrae sunt. Non mutata

---

24 *cf. Hippocrates, Aph. 6. 28 et 29 (vol. iv. p. 570 Littré).*

1 corporum *secl. Mur.*: praecordiorum *Buech.*: *alii alia*   7 horrere
B¹Q   8 viventium *B¹Q*   10 deliciis ω   12 tellure ς:
tollere ω   versanda *Windhaus*: -antia ω   15 puxidibus *B¹Q¹*:
pyx- *rell.*   16 fericula *B¹*: ferc- *Bᶜφψ*   17 permiscat *B¹Q¹*
19 mala *Qη*   20 varius inconstansque ψ   22 ventrem *hic supplendum
esse coni. Hense*: *ante* conpulsa *iam Stephanus*   novo *P. Thomas*: nullo ω

feminarum natura sed victa est; nam cum virorum licentiam
aequaverint, corporum quoque virilium incommoda aequa-
runt. Non minus pervigilant, non minus potant, et oleo et **21**
mero viros provocant; aeque invitis ingesta visceribus per os
5 reddunt et vinum omne vomitu remetiuntur; aeque nivem
rodunt, solacium stomachi aestuantis. Libidine vero ne mari-
bus quidem cedunt: pati natae (di illas deaeque male per-
dant!) adeo perversum commentae genus inpudicitiae viros
ineunt. Quid ergo mirandum est maximum medicorum ac
10 naturae peritissimum in mendacio prendi, cum tot feminae
podagricae calvaeque sint? Beneficium sexus sui vitiis per-
diderunt et, quia feminam exuerant, damnatae sunt morbis
virilibus.

Antiqui medici nesciebant dare cibum saepius et vino **22**
15 fulcire venas cadentis, nesciebant sanguinem mittere et
diutinam aegrotationem balneo sudoribusque laxare, nesciebant crurum vinculo brachiorumque latentem vim et in
medio sedentem ad extrema revocare. Non erat necesse cir-
cumspicere multa auxiliorum genera, cum essent periculorum
20 paucissima. Nunc vero quam longe processerunt mala vale- **23**
tudinis! Has usuras voluptatium pendimus ultra modum
fasque concupitarum. Innumerabiles esse morbos non miraberis: cocos numera. Cessat omne studium et liberalia pro-
fessi sine ulla frequentia desertis angulis praesident; in
25 rhetorum ac philosophorum scholis solitudo est: at quam
celebres culinae sunt, quanta circa nepotum focos ⟨se⟩ iuventus premit! Transeo puerorum infelicium greges quos post **24**
transacta convivia aliae cubiculi contumeliae expectant;
transeo agmina exoletorum per nationes coloresque discripta
30 ut eadem omnibus levitas sit, eadem primae mensura lanu-
ginis, eadem species capillorum, ne quis cui rectior est coma

14 antiquis $B^1Q^1\theta\psi$ 15 cadentis B^1Q^1: -tes *rell.*   25 rhetorum
B^1: rethorum $B^c\phi\psi$ 26 se *suppl. Linde (conl. dial. 7. 1. 4 al.)*

crispulis misceatur; transeo pistorum turbam, transeo mini-
stratorum per quos signo dato ad inferendam cenam discurri-
25 tur. Di boni, quantum hominum unus venter exercet! Quid?
tu illos boletos, voluptarium venenum, nihil occulti operis
iudicas facere, etiam si praesentanei non fuerunt? Quid? tu 5
illam aestivam nivem non putas callum iocineribus obducere?
Quid? illa ostrea, inertissimam carnem caeno saginatam,
nihil existimas limosae gravitatis inferre? Quid? illud socio-
rum garum, pretiosam malorum piscium saniem, non credis
urere salsa tabe praecordia? Quid? illa purulenta et quae 10
tantum non ex ipso igne in os transferuntur iudicas sine noxa
in ipsis visceribus extingui? Quam foedi itaque pestilentes-
que ructus sunt, quantum fastidium sui exhalantibus crapu-
26 lam veterem! scias putrescere sumpta, non concoqui. Memini
fuisse quondam in sermone nobilem patinam in quam quid- 15
quid apud lautos solet diem ducere properans in damnum
suum popina congesserat: veneriae spondylique et ostrea
eatenus circumcisa qua eduntur intervenientibus distingue-
bantur †echini totam destructique† sine ullis ossibus mulli
27 constraverant. Piget esse iam singula: coguntur in unum 20
sapores. In cena fit quod fieri debebat in ventre: expecto iam
ut manducata ponantur. Quantulo autem hoc minus est,
testas excerpere atque ossa et dentium opera cocum fungi?
'Gravest luxuriari per singula: omnia semel et in eundem

---

14 veterem] hesternam *Cornelissen* (cf. *p. 523. 5, dial. 10. 14. 4*):
In ventre *Gertz*   18–20 intervenientibus ⟨turdis⟩ distingue-
bantur. echini totam distructique ... constraverunt *Hermes*   19 echi
initotam destructique *B*¹: echinis torti destructique *B*ᶜ: echini totam
districtique *Q*: echinnis totamque districti *W*¹: echini totamque destricti
X: *varie rell.*: echinis. totam dissecti structique *Buech.*: *sim. alii, sed di-
stinguebantur echinis clausulam efficit vix probabilem*   multi *B*¹*Q*
20 coguntur *B*ᶜη: conguntur *B*¹θ: conteguntur *Q*: coniunguntur ψ: congeruntur ς   21 sapores *WX*ᶜ: -ris *rell.*   debebat *Gertz*: debet sat *B*¹*QR*:
debet saturo *B*ᶜη*E*: debet saturitati ⟨vestrae⟩ ψ   24 gravest *B*¹: grave
est *B*ᶜφψ

saporem versa ponantur. Quare ego ad unam rem manum
porrigam? plura veniant simul, multorum ferculorum ornamenta coeant et cohaereant. Sciant protinus hi qui iacta-   **28**
tionem ex istis peti et gloriam aiebant non ostendi ista sed
5 conscientiae dari. Pariter sint quae disponi solent, uno iure
perfusa; nihil intersit; ostrea, echini, spondyli, mulli pertur-
bati concoctique ponantur.' Non esset confusior vomentium
cibus. Quomodo ista perplexa sunt, sic ex istis non singulares   **29**
morbi nascuntur sed inexplicabiles, diversi, multiformes,
10 adversus quos et medicina armare se coepit multis generibus,
multis observationibus.

Idem tibi de philosophia dico. Fuit aliquando simplicior
inter minora peccantis et levi quoque cura remediabiles:
adversus tantam morum eversionem omnia conanda sunt. Et
15 utinam sic denique lues ista vincatur! Non privatim solum   **30**
sed publice furimus. Homicidia conpescimus et singulas
caedes: quid bella et occisarum gentium gloriosum scelus?
Non avaritia, non crudelitas modum novit. Et ista quamdiu
furtim et a singulis fiunt minus noxia minusque monstrosa
20 sunt: ex senatus consultis plebisque scitis saeva exercentur et
publice iubentur vetata privatim. Quae clam commissa capite   **31**
luerent, tum quia paludati fecere laudamus. Non pudet
homines, mitissimum genus, gaudere sanguine alterno et
bella gerere gerendaque liberis tradere, cum inter se etiam
25 mutis ac feris pax sit. Adversus tam potentem explicitumque   **32**
late furorem operosior philosophia facta est et tantum sibi
virium sumpsit quantum iis adversus quae parabatur acces-

4 istis] isti B^1Q agebant $Q\eta$ 6 ostria B^1Q 7 esset] est et Q:
est sed η 10 multis generibus *suspectum*   13 peccantis B^1Q: -tes
rell.   15 vincatur ψ, *commendavit Axelson*: vindicatur B^1Q: vindice-
tur $B^c\eta\theta$ 19 monstrosa B^1Q: -uosa *rell.*   21 vetata $BC^1\theta$:
vetita $C^2D\psi$: ve&ta Q quae clam] quaedam $Q\eta$: quae θ 22 lueren-
tur ς putet BQ 23 hominis $Q\eta$ 27 quae] quam B^1QRE^1:
quem C^1 accesserat B^cC^2D: -erit *rell.*

serat. Expeditum erat obiurgare indulgentis mero et petentis
delicatiorem cibum, non erat animus ad frugalitatem magna
vi reducendus a qua paullum discesserat:

33　　　　　　nunc manibus rapidis opus est, nunc arte magistra.

Voluptas ex omni quaeritur. Nullum intra se manet vitium: 5
in avaritiam luxuria praeceps est. Honesti oblivio invasit;
nihil turpest cuius placet pretium. Homo, sacra res homini,
iam per lusum ac iocum occiditur et quem erudiri ad in-
ferenda accipiendaque vulnera nefas erat, is iam nudus iner-
misque producitur satisque spectaculi ex homine mors est. 10

34 In hac ergo morum perversitate desideratur solito vehementius aliquid quod mala inveterata discutiat: decretis agendum
est ut revellatur penitus falsorum recepta persuasio. His si ad-
iunxerimus praecepta, consolationes, adhortationes, poterunt

35 valere: per se inefficaces sunt. Si volumus habere obligatos 15
et malis quibus iam tenentur avellere, discant quid malum,
quid bonum sit, sciant omnia praeter virtutem mutare nomen, modo mala fieri, modo bona. Quemadmodum primum
militiae vinculum est religio et signorum amor et deserendi
nefas, tunc deinde facile cetera exiguntur mandanturque 20
iusiurandum adactis, ita in iis quos velis ad beatam vitam
perducere prima fundamenta iacienda sunt et insinuanda
virtus. Huius quadam superstitione teneantur, hanc ament;
cum hac vivere velint, sine hac nolint.

36　　'Quid ergo? non quidam sine institutione subtili evaserunt 25

4 cf. *Verg. Aen. 8. 442 et 6. 261; Sen. epist. 82. 7.*

---

1 ⟨ante⟩ expeditum *coni. Hense*: expeditum ⟨tunc⟩ *vel* ⟨tum⟩ *Hermes*
obiurgaret *B¹QR*　　　　indulgentis *B¹Q*: -tes *rell.*　　　　petentis *B¹*:
potentis *Q*: petentes *rell.*　　　　3 paullum *Haase (cf. dial. 3. 13. 4)*:
pauilum *B¹Q*: paulum *CR*: paululum *BᶜDψ*　　　6 avaritia *φ*　honestis *Q*: -tatis *η*　　7 turpest *B¹*: turpe est *Bᶜφ*: thus pus *W*: ius potest
X　　8 ac iocum] odiosum *ψ*　　14 consolationis *Qθ*　　16 avellere
C²: a vulnere *ω*　　18 malefieri *B¹Q*　　19 signorum *ς*: singulorum
ω　　20 cetera *vulg.*: -rae *ω*　　23 cuius *θψ*　　25 subtile *B¹Q*

probi magnosque profectus adsecuti sunt dum nudis tantum
praeceptis obsequuntur?' Fateor, sed felix illis ingenium fuit
et salutaria in transitu rapuit. Nam ut dii immortales nullam
didicere virtutem cum omni editi et pars naturae eorum est
5 bonos esse, ita quidam ex hominibus egregiam sortiti in-
dolem in ea quae tradi solent perveniunt sine longo magi-
sterio et honesta conplexi sunt cum primum audiere; unde
ista tam rapacia virtutis ingenia vel ex se fertilia. At illis aut
hebetibus et obtusis aut mala consuetudine obsessis diu
10 robigo animorum effricanda est. Ceterum, ut illos in bonum 37
pronos citius educit ad summa, et hos inbecilliores adiuvabit
malisque opinionibus extrahet qui illis philosophiae placita
tradiderit; quae quam sint necessaria sic licet videas. Quaedam insident nobis quae nos ad alia pigros, ad alia temerarios
15 faciunt; nec haec audacia reprimi potest nec illa inertia
suscitari nisi causae eorum eximuntur, falsa admiratio et falsa
formido. Haec nos quamdiu possident, dicas licet 'hoc patri
praestare debes, hoc liberis, hoc amicis, hoc hospitibus':
temptantem avaritia retinebit. Sciet pro patria pugnandum
20 esse, dissuadebit timor; sciet pro amicis desudandum esse
ad extremum usque sudorem, sed deliciae vetabunt; sciet in
uxore gravissimum esse genus iniuriae paelicem, sed illum
libido in contraria inpinget. Nihil ergo proderit dare praece- 38
pta nisi prius amoveris obstatura praeceptis, non magis quam
25 proderit arma in conspectu posuisse propiusque admovisse
nisi usurae manus expediuntur. Ut ad praecepta quae damus

---

7 audire *B¹QR*: audierunt (*om.* unde) *Madvig*   unde] inde *Bartsch*:
sunt *Windhaus*   8 fertilia ⟨sunt⟩ *Madvig*   at illis aut *ς*: et illis aut
Bφ: illis autem *ψς*   10 robigo *B*: rub- *φψ*   11 adiuvabit *φ*
13 sic licet *Haase*: scilicet *Bφ*: si libet *ψ*   14 alia] agros *B*   16 eximantur *ηEψ*   20 esse ⟨sed⟩ *Koch, fort. recte*   desudandum *ηR²E*:
desuadendum *B¹R¹*: dissuadendum *Q*: desudendum *Bᶜ*: sudandum *ψ*
21 usque ad *B¹*   23 inpinget *ψ*: inpingit (-guit *B¹*) *Bφ*   25 ad-
monuisse *Qθ*

39 possit animus ire, solvendus est. Putemus aliquem facere
quod oportet: non faciet adsidue, non faciet aequaliter;
nesciet enim quare faciat. Aliqua vel casu vel exercitatione
exibunt recta, sed non erit in manu regula ad quam exigantur,
cui credat recta esse quae fecit. Non promittet se talem in 5
perpetuum qui bonus casu est.

40   Deinde praestabunt tibi fortasse praecepta ut quod oportet faciat, non praestabunt ut quemadmodum oportet; si
hoc non praestant, ad virtutem non perducunt. Faciet quod
oportet monitus, concedo; sed id parum est, quoniam quidem 10
41 non in facto laus est sed in eo quemadmodum fiat. Quid est
cena sumptuosa flagitiosius et equestrem censum consu-
mente? quid tam dignum censoria nota, si quis, ut isti ganeones loquuntur, sibi hoc et genio suo praestet? et deciens
tamen sestertio aditiales cenae frugalissimis viris constiterunt. 15
Eadem res, si gulae datur, turpis est, si honori, reprensionem
42 effugit; non enim luxuria sed inpensa sollemnis est. Mullum
ingentis formae—quare autem non pondus adicio et aliquo-
rum gulam inrito? quattuor pondo et selibram fuisse aiebant—
Tiberius Caesar missum sibi cum in macellum deferri et 20
venire iussisset, 'amici,' inquit 'omnia me fallunt nisi istum
mullum aut Apicius emerit aut P. Octavius'. Ultra spem illi
coniectura processit: liciti sunt, vicit Octavius et ingentem
consecutus est inter suos gloriam, cum quinque sestertiis
emisset piscem quem Caesar vendiderat, ne Apicius quidem 25

6 casu ς: casus ω   8 faciat B^1: -as $B^c\phi\psi$ si B: et si $\phi\psi$
9 perducent ψ 12 censum ς: cc Nam B^1Q: cę Nam (Nam *punct.*)
B^c: cenam $\eta\theta$: mnam ψ 13–14 ganeones Q *man. rec.*, R: -oses BQ^1:
-ose $\eta E\psi$ 14 decies ψ: dociens Q: docens B, *superscr.* D: totiens $\eta\theta$
16 si gulae datur $R\psi$: singulae datur B^1: singule datur QD: singula edatur
B^cC: si gula edatur E reprensionem B: reprehens- $\phi\psi$ 17 mullum
$B^c\eta\theta$: mulum $B^1\psi$: multum Q 19 agebant $B^1Q\eta$ 20 tiberius
η: -ti B^1: tib B^c: T (*spat. rel.*) Q: hunc ψ: *om.* θ 21 venire B
man. rec.: -ri ω me $B\eta$: et $Q\theta$: *om.* ψ 25 quem] quae B^1Q^1

emerat. Numerare tantum Octavio fuit turpe, non illi qui
emerat ut Tiberio mitteret, quamquam illum quoque repren-
derim: admiratus est rem qua putavit Caesarem dignum.
Amico aliquis aegro adsidet: probamus. At hoc hereditatis **43**
5 causa facit: vultur est, cadaver expectat. Eadem aut turpia
sunt aut honesta: refert quare aut quemadmodum fiant.
Omnia autem honeste fient si honesto nos addixerimus idque
unum in rebus humanis bonum iudicarimus quaeque ex eo
sunt; cetera in diem bona sunt. Ergo infigi debet persuasio **44**
10 ad totam pertinens vitam: hoc est quod decretum voco.
Qualis haec persuasio fuerit, talia erunt quae agentur, quae
cogitabuntur; qualia autem haec fuerint, talis vita erit. In
particulas suasisse totum ordinanti parum est. M. Brutus in **45**
eo libro quem περὶ καθήκοντος inscripsit dat multa praecepta
15 et parentibus et liberis et fratribus: haec nemo faciet quemadmodum debet nisi habuerit quo referat. Proponamus oportet
finem summi boni ad quem nitamur, ad quem omne factum
nostrum dictumque respiciat; veluti navigantibus ad aliquod
sidus derigendus est cursus. Vita sine proposito vaga est; **46**
20 quod si utique proponendum est, incipiunt necessaria esse
decreta. Illud, ut puto, concedes, nihil esse turpius dubio et
incerto ac timide pedem referente. Hoc in omnibus rebus
accidet nobis nisi eximuntur quae reprendunt animos et
detinent et ire conarique totos vetant.

---

1 non] nam $B^c\eta$ illi *Pinc. e quodam cod.*: ille ω   2 reprehen-
derim φ   5 fecit ψ   8 iudicarimus *coni. Fick*: iudicaremus B^1R^2:
iniudicaremus QR^1: iudicaverimus *B man. rec.*, $\eta E\psi$ 9 infigi $B^c\eta\psi$:
-fidi B^1R^1: -fide Q: -fundi R^2E 12 cogitabantur B^1QR^1 14 peri-
cathecontos $B\theta$: *sim. rell.*   dati B^1Q^1 16 referat ς: perf- ω (*cf.
p. 351. 10*)   18 respiciant η: -iunt Q   22 ac timide *Bartsch*:
actumodo 'B^1: actu. modo $Q\theta$: ac timido $B^c\eta\psi$: ac motum modo J.
Mueller: ac modo pedem ⟨proferente, modo⟩ referente (*sim. iam* ς) *Linde*
23 nisi *om.* $B\eta$ eximantur $R^2E\psi$ reprendunt ς: reppen- B: repen-
φψ   24 ire conarique totos *Buech.*: preconarique totos Bφ: praeconari
quietos ψ

47   Quomodo sint dii colendi solet praecipi. Accendere aliquem
lucernas sabbatis prohibeamus, quoniam nec lumine dii egent
et ne homines quidem delectantur fuligine. Vetemus saluta-
tionibus matutinis fungi et foribus adsidere templorum:
humana ambitio istis officiis capitur, deum colit qui novit. 5
Vetemus lintea et strigiles Iovi ferre et speculum tenere
Iunoni: non quaerit ministros deus. Quidni? ipse humano
48 generi ministrat, ubique et omnibus praesto est. Audiat licet
quem modum servare in sacrificiis debeat, quam procul
resilire a molestis superstitionibus, numquam satis profectum 10
erit nisi qualem debet deum mente conceperit, omnia haben-
49 tem, omnia tribuentem, beneficum gratis. Quae causa est dis
bene faciendi? natura. Errat si quis illos putat nocere nolle:
non possunt. Nec accipere iniuriam queunt nec facere;
laedere etenim laedique coniunctum est. Summa illa ac 15
pulcherrima omnium natura quos periculo exemit ne peri-
50 culosos quidem fecit. Primus est deorum cultus deos credere;
deinde reddere illis maiestatem suam, reddere bonitatem sine
qua nulla maiestas est; scire illos esse qui praesident mundo,
qui universa vi sua temperant, qui humani generis tutelam 20
gerunt interdum incuriosi singulorum. Hi nec dant malum
nec habent; ceterum castigant quosdam et coercent et
inrogant poenas et aliquando specie boni puniunt. Vis deos
propitiare? bonus esto. Satis illos coluit quisquis imitatus est.
51   Ecce altera quaestio, quomodo hominibus sit utendum. 25
Quid agimus? quae damus praecepta? Ut parcamus sanguini
humano? quantulum est ei non nocere cui debeas prodesse!
Magna scilicet laus est si homo mansuetus homini est. Prae-

2 prohibeamus ψς: -bebamus Bφ   6 ferre ς: -ri ω   9 quem modum
B^cC²: quemadmodum ω   10 molestis B^cC²ψ: -iis *rell.*   12 beneficum
WX^c: -cium *rell.*   dîs B: diis φψ   13 beneficiendi Qη   20 vi ς:
ut Bηθψ: qui Q   21 incuriosi *Madvig*: cur- ω   25 sit] quid sit
QC²E   26 pareamus B¹QE   sanguine B¹QW   27 ei B²η: et *rell.*
28 homini est] hominem Q: hominem adiuvet η

cipiemus ut naufrago manum porrigat, erranti viam monstret,
cum esuriente panem suum dividat? Quare omnia quae
praestanda ac vitanda sunt dicam? cum possim breviter hanc
illi formulam humani offici tradere: omne hoc quod vides,   52
5 quo divina atque humana conclusa sunt, unum est; membra
sumus corporis magni. Natura nos cognatos edidit, cum ex
isdem et in eadem gigneret; haec nobis amorem indidit
mutuum et sociabiles fecit. Illa aequum iustumque composuit; ex illius constitutione miserius est nocere quam
10 laedi; ex illius imperio paratae sint iuvandis manus. Ille   53
versus et in pectore et in ore sit:

> homo sum, humani nihil a me alienum puto.

Habeamus in commune: ⟨in commune⟩ nati sumus. Societas
nostra lapidum fornicationi simillima est, quae, casura nisi
15 in vicem obstarent, hoc ipso sustinetur.

Post deos hominesque dispiciamus quomodo rebus sit   54
utendum. In supervacuum praecepta iactabimus nisi illud
praecesserit, qualem de quacumque re habere debeamus
opinionem, de paupertate, de divitiis, de gloria, de ignominia,
20 de patria, de exilio. Aestimemus singula fama remota et
quaeramus quid sint, non quid vocentur.

Ad virtutes transeamus. Praecipiet aliquis ut prudentiam   55
magni aestimemus, ut fortitudinem conplectamur, iustitiam,
si fieri potest, propius etiam quam ceteras nobis adplicemus;
25 sed nil aget si ignoramus quid sit virtus, una sit an plures,
separatae an innexae, an qui unam habet et ceteras habeat,
quo inter se differant. Non est necesse fabro de fabrica   56

---

12 *Ter. Heaut.* 77.

1 ut] et B^1Q 2 quare (at quare *iam Hermes*) *Axelson*: quando ω
4 formulam] fortunam B^1QR officii ω   10 ille $D\psi$: illi *rell.*
12 homo] ho B^1: hŏ W: os QC sum humani] humanum QC 13 in
commune *suppl. Barker*   15 obstarent *Eras.*[2]: -et ω   17 iactabimus
ψ: -avimus $B\phi$ 25 nihil ϕ 26 an innexae ς: aut innexae ω

quaerere quod eius initium, quis usus sit, non magis quam
pantomimo de arte saltandi: omnes istae artes se sciunt, nihil
deest; non enim ad totam pertinent vitam. Virtus et aliorum
scientia est et sui; discendum de ipsa est ut ipsa discatur.
57 Actio recta non erit nisi recta fuerit voluntas; ab hac'enim 5
est actio. Rursus voluntas non erit recta nisi habitus animi
rectus fuerit; ab hoc enim est voluntas. Habitus porro animi
non erit in optimo nisi totius vitae leges perceperit et quid de
quoque iudicandum sit exegerit, nisi res ad verum redegerit.
Non contingit tranquillitas nisi inmutabile certumque iudi- 10
cium adeptis: ceteri decidunt subinde et reponuntur et inter
58 missa adpetitaque alternis fluctuantur. Causa his quae iacta-
tionis est? quod nihil liquet incertissimo regimine utentibus,
fama. Si vis eadem semper velle, vera oportet velis. Ad verum
sine decretis non pervenitur: continent vitam. Bona et mala, 15
honesta et turpia, iusta et iniusta, pia et impia, virtutes
ususque virtutum, rerum commodarum possessio, existimatio
ac dignitas, valetudo, vires, forma, sagacitas sensuum—haec
omnia aestimatorem desiderant. Scire liceat quanti quidque
59 in censum deferendum sit. Falleris enim et pluris quaedam 20
quam sunt putas, adeoque falleris ut quae maxima inter nos
habentur—divitiae, gratia, potentia—sestertio nummo aestimanda sint. Hoc nescies nisi constitutionem ipsam qua ista
inter se aestimantur inspexeris. Quemadmodum folia per se
virere non possunt, ramum desiderant cui inhaereant, ex quo 25

2 istae artes se sciunt θ: ista certesse sciunt B^1: ista certa esse sciunt $B^2 η$:
iste se sciunt Q: se sciunt (*om.* saltandi . . . artes) ψ: istae artes si se sciunt
Haupt: istae artes si se nesciunt *Madvig*: istae artes si sciuntur *Beltrami*
4 ut] in Q: ut in η   5 voluptas $B^1 Q$ 12 causa his quae *Gertz*:
causarisque B^1: causa usque Qη: causa iusque θψ: causa huius B *man. rec.*:
causa iis quae (iisque *iam ς*) *Beltrami*   15 bonam Qθ   18 dignitas ς:
-tatis Bφ: -tates ψ   sagacitas] sagittas B^1: sanitas B^2 sensuum E: -sum
$BQηR$: -sus ψ   20 sit *om.* Qθ   21 maxime B: maximi *Windhaus*
23 nescias B   24 inter se aestimantur $B^2 η$: inter aest- $B^1 θ$: interra aest-
Q: inter ista aestimatur ψ (*cf. p. 328. 20*)   25 ramum] et ramum ψ

trahant sucum, sic ista praecepta, si sola sunt, marcent; infigi volunt sectae.

Praeterea non intellegunt hi qui decreta tollunt eo ipso 60 confirmari illa quo tolluntur. Quid enim dicunt? praeceptis 5 vitam satis explicari, supervacua esse decreta sapientiae [id est dogmata]. Atqui hoc ipsum quod dicunt decretum est tam mehercules quam si nunc ego dicerem recedendum a praeceptis velut supervacuis, utendum esse decretis, in haec sola studium conferendum; hoc ipso quo negarem curanda esse 10 praecepta praeciperem. Quaedam admonitionem in philo- 61 sophia desiderant, quaedam probationem et quidem multam, quia involuta sunt vixque summa diligentia ac summa subtilitate aperiuntur. Si probationes ⟨necessariae sunt⟩, necessaria sunt et decreta quae veritatem argumentis colligunt. 15 Quaedam aperta sunt, quaedam obscura: aperta quae sensu conprehenduntur, quae memoria; obscura quae extra haec sunt. Ratio autem non impletur manifestis: maior eius pars pulchriorque in occultis est. Occulta probationem exigunt, probatio non sine decretis est; necessaria ergo decreta sunt. 20 Quae res communem sensum facit, eadem perfectum, certa 62 rerum persuasio; sine qua si omnia in animo natant, necessaria sunt decreta quae dant animis inflexibile iudicium. Denique 63 cum monemus aliquem ut amicum eodem habeat loco quo se, ut ex inimico cogitet fieri posse amicum, in illo amorem 25 incitet, in hoc odium moderetur, adicimus 'iustum est, honestum'. Iustum autem honestumque decretorum no-

5 supervacuum $B^1Q\theta$ 5–6 id est dogmata *recte susp. Hermes*   6 quo B^1Q 7 mehercules E^2: herc- ω 7–8 a praeceptis ... utendum *om. ϕ, sed* praeceptis supervacuis et decretis in haec *suppl.* η 8 velut ... decretis *om.* ψ 11 multam ς: -ta ω 13 necessariae sunt *add. Schweigh.*: necessariae *Beltrami*   necessaria B^1Q: necessariae *rell.* prob- necessariae sunt, et dec- *edd. plerique*   16 memoriae obscura η: memoriae obscurae Q 20–21 certa rerum *Schweigh.*: certarum B^1: certarum rerum ϕ: certum B^cX: et certum W 26 iustum autem honestumque $B\eta$: iustumque *rell.*   decretorium BQ^1

strorum continet ratio; ergo haec necessaria est, sine qua nec
64 illa sunt. Sed utrumque iungamus; namque et sine radice
inutiles rami sunt et ipsae radices iis quae genuere adiuvantur.
Quantum utilitatis manus habeant nescire nulli licet, aperte
iuvant: cor illud, quo manus vivunt, ex quo impetum sumunt, 5
quo moventur, latet. Idem dicere de praeceptis possum:
aperta sunt, decreta vero sapientiae in abdito. Sicut sanctiora
sacrorum tantum initiati sciunt, ita in philosophia arcana
illa admissis receptisque in sacra ostenduntur; at praecepta
et alia eiusmodi profanis quoque nota sunt.   10

65   Posidonius non tantum praeceptionem (nihil enim nos
hoc verbo uti prohibet) sed etiam suasionem et consolationem
et exhortationem necessariam iudicat; his adicit causarum
inquisitionem, aetiologian quam quare nos dicere non audea-
mus, cum grammatici, custodes Latini sermonis, suo iure 15
ita appellent, non video. Ait utilem futuram et descriptionem
cuiusque virtutis; hanc Posidonius 'ethologian' vocat, quidam
'characterismon' appellant, signa cuiusque virtutis ac vitii
et notas reddentem, quibus inter se similia discriminentur.
66 Haec res eandem vim habet quam praecipere; nam qui prae- 20
cipit dicit 'illa facies si voles temperans esse', qui describit
ait 'temperans est qui illa facit, qui illis abstinet'. Quaeris
quid intersit? alter praecepta virtutis dat, alter exemplar.
Descriptiones has et, ut publicanorum utar verbo, iconismos
ex usu esse confiteor: proponamus laudanda, invenietur 25
67 imitator. Putas utile dari tibi argumenta per quae intellegas
nobilem equum, ne fallaris empturus, ne operam perdas in
ignavo? Quanto hoc utilius est excellentis animi notas nosse,
quas ex alio in se transferre permittitur.

2 utraque $Q\eta$ 4 habeant ψ: -eat $B\phi$ liceat $Q\eta$ 9 at] ad B^1Q
14 nos] non B^1, *expunx.* B^2 15 sermones B^1Q^1 17 hanc Posidonius *om.* QD: Posidonius *om.* C 20 eandem vim ψ: eam demum $B\phi$
24 iconismos (yc- W) ψ: iconismo $B\theta$: hiconismo $Q\eta$ 26 imitatur B^1Q
27 ne (*alterum*) ψ: eo $B\psi$

Continuo pecoris generosi pullus in arvis   68
altius ingreditur et mollia crura reponit;
primus et ire viam et fluvios temptare minantis
audet et ignoto sese committere ponti,
5   nec vanos horret strepitus. Illi ardua cervix
argutumque caput, brevis alvus obesaque terga,
luxuriatque toris animosum pectus . . .
. . . . Tum, si qua sonum procul arma dederunt,
stare loco nescit, micat auribus et tremit artus,
10   conlectumque premens volvit sub naribus ignem.

Dum aliud agit, Vergilius noster descripsit virum fortem: 69
ego certe non aliam imaginem magno viro dederim. Si mihi
M. Cato exprimendus ⟨sit⟩ inter fragores bellorum civilium
inpavidus et primus incessens admotos iam exercitus Alpibus
15 civilique se bello ferens obvium, non alium illi adsignaverim
vultum, non alium habitum. Altius certe nemo ingredi potuit 70
quam qui simul contra Caesarem Pompeiumque se sustulit et
aliis Caesareanas opes, aliis Pompeianas [tibi] foventibus
utrumque provocavit ostenditque aliquas esse et rei publicae
20 partes. Nam parum est in Catone dicere 'nec vanos horret
strepitus'. Quidni? cum veros vicinosque non horreat, cum
contra decem legiones et Gallica auxilia et mixta barbarica
arma civilibus vocem liberam mittat et rem publicam horte-
tur ne pro libertate decidat, sed omnia experiatur, honestius
25 in servitutem casura quam itura. Quantum in illo vigoris ac 71
spiritus, quantum in publica trepidatione fiduciaest! Scit se

---

1 *Verg. georg. 3. 75–81 et 83–85.*

2 ingreditur φ: increditor B: incedet thoros ψ   4 ignotos esse B
ponti B¹: -to Bᶜηθψ: -tio *sed* i *punct.* Q   6 breves BQ¹   8 dedere η *Verg.*   10 conlectumque Bᶜ: contect- B¹: coniect- φψ
13 m. cato B: cato φψ   sit *suppl. Hermes*   14 admotos E²: -tus ω
18 caesareaneas B¹Q   tibi B¹Qθ: sibi η: tibi *del.* B, *om.* ψ   21 veros ς: viros ω   24 omnia ηθψ: non omnia Q: *om.* B *in fine folii*
26 fiduciaest BQ: fiducia est ηθψ: fiduciae est E² *vulg.*

unum esse de cuius statu non agatur; non enim quaeri
an liber Cato, sed an inter liberos sit: inde periculorum
gladiorumque contemptus. Libet admirantem invictam constantiam viri inter publicas ruinas non labantis dicere 'luxuriatque toris animosum pectus'.   5

72   Proderit non tantum quales esse soleant boni viri dicere
formamque eorum et liniamenta deducere sed quales fuerint
narrare et exponere, Catonis illud ultimum ac fortissimum
vulnus per quod libertas emisit animam, Laeli sapientiam et
cum suo Scipione concordiam, alterius Catonis domi forisque 10
egregia facta, Tuberonis ligneos lectos, cum in publicum
sterneret, haedinasque pro stragulis pelles et ante ipsius
Iovis cellam adposita conviviis vasa fictilia. Quid aliud paupertatem in Capitolio consecrare? Ut nullum aliud factum
eius habeam quo illum Catonibus inseram, hoc parum credi- 15
73 mus? censura fuit illa, non cena. O quam ignorant homines
cupidi gloriae quid illa sit aut quemadmodum petenda! Illo
die populus Romanus multorum supellectilem spectavit,
unius miratus est. Omnium illorum aurum argentumque
fractum est et [in] milliens conflatum, at omnibus saeculis 20
Tuberonis fictilia durabunt. Vale.

3 gladiorumque *s*: gladiator- (grad- Q^1, grand- Q *man. rec.*) ω
6 proderint B^1QR^1W 9 emisit *Stephanus*: am- ω   Laeli *Hense*:
laeti $B^1Q\theta\psi$: laelii $B^c\eta$ 11 lectus B^1Q^1 12 sterneret *Hermes*:
-rent $BQC\theta$: -rentur $D\psi$ 13 convivis $C^1\theta$ 17 petendo $Q\eta E$
18 supellectilem B^1: supp- $\theta\psi$: supellectile $B^c\eta$: supp- Q 20 in
om. s   21 *post* Vale *add.* L. ANNAEI SENECAE AD LVCILIVM LIBER XV
EPISTVLARVM MORALIVM EXPLICIT. INCIPIT EIVSDEM LIBER XVI· *B*: EXPLICIT
LIBER XV. INCIPIT LIBER XVI $QD\theta$: *om. C*ψ

LIBER SEXTVS DECIMVS

Tamen tu indignaris aliquid aut quereris et non intellegis 1
nihil esse in istis mali nisi hoc unum quod indignaris et
5 quereris? Si me interrogas, nihil puto viro miserum nisi
aliquid esse in rerum natura quod putet miserum. Non feram
me quo die aliquid ferre non potero. Male valeo: pars fati est.
Familia decubuit, fenus offendit, domus crepuit, damna,
vulnera, labores, metus incucurrerunt: solet fieri. Hoc parum
10 est: debuit fieri. Decernuntur ista, non accidunt. Si quid 2
credis mihi, intimos adfectus meos tibi cum maxime detego:
in omnibus quae adversa videntur et dura sic formatus sum:
non pareo deo sed adsentior; ex animo illum, non quia necesse
est, sequor. Nihil umquam mihi incidet quod tristis excipiam,
15 quod malo vultu; nullum tributum invitus conferam. Omnia
autem ad quae gemimus, quae expavescimus, tributa vitae
sunt: horum, mi Lucili, nec speraveris immunitatem nec
petieris. Vesicae te dolor inquietavit, epistulae venerunt 3
parum dulces, detrimenta continua—propius accedam, de
20 capite timuisti. Quid, tu nesciebas haec te optare cum optares
senectutem? Omnia ista in longa vita sunt, quomodo in
longa via et pulvis et lutum et pluvia. 'Sed volebam vivere, 4
carere tamen incommodis omnibus.' Tam effeminata vox
virum dedecet. Videris quemadmodum hoc votum meum
25 excipias; ego illud magno animo, non tantum bono facio:
neque di neque deae faciant ut te fortuna in delicis habeat.
Ipse te interroga, si quis potestatem tibi deus faciat, utrum 5

9 incurrerunt *CEψ*   18 vesica *B*   venerunt *von Jan*: vero
erunt *ω*   19 propitius *B*   25 illud *ϛ*: illum *ω*   26 di *B*: dii *φψ*
deliciis *ω*   27 interrogas *QC¹θ*

401

velis vivere in macello an in castris. Atqui vivere, Lucili,
militare est. Itaque hi qui iactantur et per operosa atque
ardua sursum ac deorsum eunt et expeditiones periculosis-
simas obeunt fortes viri sunt primoresque castrorum; isti
quos putida quies aliis laborantibus molliter habet turturil- 5
lae sunt, tuti contumeliae causa. Vale.

97   SENECA LVCILIO SVO SALVTEM

1 Erras, mi Lucili, si existimas nostri saeculi esse vitium
luxuriam et neglegentiam boni moris et alia quae obiecit suis
quisque temporibus: hominum sunt ista, non temporum. 10
Nulla aetas vacavit a culpa; et si aestimare licentiam cuiusque
saeculi incipias, pudet dicere, numquam apertius quam coram
2 Catone peccatum est. Credat aliquis pecuniam esse versatam
in eo iudicio in quo reus erat P. Clodius ob id adulterium
quod cum Caesaris uxore in operto commiserat, violatis 15
religionibus eius sacrificii quod 'pro populo' fieri dicitur, sic
summotis extra consaeptum omnibus viris ut picturae quoque masculorum animalium contegantur? Atqui dati iudicibus nummi sunt et, quod hac etiamnunc pactione turpius
est, stupra insuper matronarum et adulescentulorum nobi- 20
3 lium stilari loco exacta sunt. Minus crimine quam absolutione
peccatum est: adulterii reus adulteria divisit nec ante fuit de
salute securus quam similes sui iudices suos reddidit. Haec in
eo iudicio facta sunt in quo, si nihil aliud, Cato testimonium
dixerat. Ipsa ponam verba Ciceronis, quia res fidem excedit. 25

3 ac] atque φ   4 castorum *B*   5 putida ς: putica ω   14 P.
ed. Arg.: a *BQCθ*: *om. DE²ψ*   15 operto ς: ap- ω   17 conspectum
Qη   18 atqui ψς: atque *Bφ*   21 stilari *obscurum:* salari ς

402

[CICERONIS EPISTVLARVM AD ATTICVM LIBER PRIMVS] 'Accer- **4**
sivit ad se, promisit, intercessit, dedit. Iam vero (o di boni,
rem perditam!) etiam noctes certarum mulierum atque
adulescentulorum nobilium introductiones nonnullis iudici-
5 bus pro mercedis cumulo fuerunt.' Non vacat de pretio queri, **5**
plus in accessionibus fuit. 'Vis severi illius uxorem? dabo
illam. Vis divitis huius? tibi praestabo concubitum. Adulterium nisi feceris, damna. Illa formonsa quam desideras veniet.
Illius tibi noctem promitto nec differo; intra comperendi-
10 nationem fides promissi mei extabit.' Plus est distribuere
adulteria quam facere; hoc vero matribus familiae denuntiare
est. Hi iudices Clodiani a senatu petierant praesidium, quod **6**
non erat nisi damnaturis necessarium, et inpetraverant;
itaque eleganter illis Catulus absoluto reo 'quid vos' inquit
15 'praesidium a nobis petebatis? an ne nummi vobis eriperen-
tur?' Inter hos tamen iocos inpune tulit ante iudicium adul-
ter, in iudicio leno, qui damnationem peius effugit quam
meruit. Quicquam fuisse corruptius illis moribus credis qui- **7**
bus libido non sacris inhiberi, non iudicîs poterat, quibus in
20 ea ipsa quaestione quae extra ordinem senatusconsulto exer-
cebatur plus quam quaerebatur admissum est? Quaerebatur
an post adulterium aliquis posset tutus esse: apparuit sine
adulterio tutum esse non posse.

　　Hoc inter Pompeium et Caesarem, inter Ciceronem Cato- **8**
25 nemque commissum est, Catonem inquam illum quo sedente

1 *Cic. Att. 1. 16. 5.*

────────────

1 VALE. CICERONIS EPISTVLARVM AD ATTICVM LIBER I *B*: CICERONIS
EPISTOLARVM AD ATTICVM LIBER PRIMVS *QD*: *om.* θψ *et* (*spat. rel.*) *C*
2 di *om. B*　　3 nocte scortarum (-orum *D*) φ　　7 divitis huius
... non erat (*v. 13*) *om.* ψ　　*post* huius *dist. Buech.*, *post* divitis *priores*
huius *B*: huius quoque φ　　8 formonsa *B*¹: -osa *B*ᶜφ (*cf. p. 94. 21*)
10 mei ς: me ω　　stabit ς, *sed cf. Curt. 8. 4. 18*, Liv. 10. 34. 14, 32.
11. 9, *Val. Max. 6. 5. 7*　　15 petebatis] postulabatis *Cic.*　　eriperen-
tur timebatis *Cic.*　　18 illius *B*　　19 iudiciis ω

populus negatur permisisse sibi postulare Florales iocos
nudandarum meretricum, si credis spectasse tunc severius
homines quam iudicasse. Et fient et facta sunt ista, et licentia
urbium aliquando disciplina metuque, numquam sponte con-
9 sidet. Non est itaque quod credas nos plurimum libidini 5
permisisse, legibus minimum; longe enim frugalior haec
iuventus est quam illa, cum reus adulterium apud iudices
negaret, iudices apud reum confiterentur, cum stuprum
committeretur rei iudicandae causa, cum Clodius, isdem
vitiis gratiosus quibus nocens, conciliaturas exerceret in ipsa 10
causae dictione. Credat hoc quisquam? qui damnabatur uno
adulterio absolutus est multis.

10 Omne tempus Clodios, non omne Catones feret. Ad
deteriora faciles sumus, quia nec dux potest nec comes deesse,
et res ipsa etiam sine duce, sine comite procedit. Non pronum 15
est tantum ad vitia sed praeceps, et, quod plerosque inemen-
dabiles facit, omnium aliarum artium peccata artificibus
pudori sunt offenduntque deerrantem, vitae peccata dele-
11 ctant. Non gaudet navigio gubernator everso, non gaudet
aegro medicus elato, non gaudet orator si patroni culpa reus 20
cecidit, at contra omnibus crimen suum voluptati est: laeta-
tur ille adulterio in quod inritatus est ipsa difficultate; laeta-
tur ille circumscriptione furtoque, nec ante illi culpa quam
culpae fortuna displicuit. Id prava consuetudine evenit.
12 Alioquin, ut scias subesse animis etiam in pessima abductis 25
boni sensum nec ignorari turpe sed neglegi, omnes peccata
dissimulant et, quamvis feliciter cesserint, fructu illorum
utuntur, ipsa subducunt. At bona conscientia prodire vult
13 et conspici: ipsas nequitia tenebras timet. Eleganter itaque

2 scilicet credas *Gertz*   spectasset *B*   3 sunt ista *ψ*: ista *BQR*:
ista sibi *D*: ista sunt (istas *C¹*) *CE*   5 nos *Haase*: non *ω*   8 reum
ς: eum *ω*   11 uno *ψς*: uni *Bφ sunt qui legunt (conl. benef. 6. 8. 3)*
14 deteriorae *B*   15–16 pronum est *Lips.*: praenuntius *Bφ* (*corruptius
ψ*): pronum iter est *Eras.*²   27 cesserit *ψ*

ab Epicuro dictum puto: 'potest nocenti contingere ut lateat,
latendi fides non potest', aut si hoc modo melius hunc explicari posse iudicas sensum: 'ideo non prodest latere peccanti-
bus quia latendi etiam si felicitatem habent, fiduciam non
5 habent'. Ita est, tuta scelera esse possunt, ⟨secura esse non
possunt⟩. Hoc ego repugnare sectae nostrae si sic expediatur 14
non iudico. Quare? quia prima illa et maxima peccantium
est poena peccasse, nec ullum scelus, licet illud fortuna exor-
net muneribus suis, licet tueatur ac vindicet, inpunitum est,
10 quoniam sceleris in scelere supplicium est. Sed nihilominus
et hae illam secundae poenae premunt ac sequuntur, timere
semper et expavescere et securitati diffidere. Quare ego hoc
supplicio nequitiam liberem? quare non semper illam in
suspenso relinquam? Illic dissentiamus cum Epicuro ubi 15
15 dicit nihil iustum esse natura et crimina vitanda esse quia
vitari metus non posse: hic consentiamus, mala facinora
conscientia flagellari et plurimum illi tormentorum esse eo
quod perpetua illam sollicitudo urget ac verberat, quod spon-
soribus securitatis suae non potest credere. Hoc enim ipsum
20 argumentum est, Epicure, natura nos a scelere abhorrere,
quod nulli non etiam inter tuta timor est. Multos fortuna 16
liberat poena, metu neminem. Quare nisi quia infixa nobis
eius rei aversatio est quam natura damnavit? Ideo numquam
fides latendi fit etiam latentibus quia coarguit illos conscien-
25 tia et ipsos sibi ostendit. Proprium autem est nocentium· trepi-
pidare. Male de nobis actum erat, quod multa scelera legem
et vindicem effugiunt et scripta supplicia, nisi illa naturalia

---

1 *Epicur. frg. 532 Us.*   15 *Epicur. frg. 531 Us.*

2–3 explicare $B^1Q\psi$ 5–6 secura . . . possunt *suppl. Hense²* (*conl.*
p. 473. 27): *sim. iam alii*   7 prima B^2: primo ω 14 illinc $Q\theta$
16 posse $BQ^1\theta X^c$: -set Q *man. rec.*, ψ: -sit η 20 est epicure Q^c: est
epicuri $\phi\psi$: epucure B^1: epicuri est B *man. rec.*

et gravia de praesentibus solverent et in locum patientiae
timor cederet. Vale.

98   SENECA LVCILIO SVO SALVTEM

1 Numquam credideris felicem quemquam ex felicitate
suspensum. Fragilibus innititur qui adventicio laetus est: 5
exibit gaudium quod intravit. At illud ex se ortum fidele
firmumque est et crescit et ad extremum usque prosequitur:
cetera quorum admiratio est vulgo in diem bona sunt. 'Quid
ergo? non usui ac voluptati esse possunt?' Quis negat? sed
2 ita si illa ex nobis pendent, non ex illis nos. Omnia quae 10
fortuna intuetur ita fructifera ac iucunda fiunt si qui habet
illa se quoque habet nec in rerum suarum potestate est.
Errant enim, Lucili, qui aut boni aliquid nobis aut mali iudicant tribuere fortunam: materiam dat bonorum ac malorum
et initia rerum apud nos in malum bonumve exiturarum. 15
Valentior enim omni fortuna animus est et in utramque
partem ipse res suas ducit beataeque ac miserae vitae sibi
3 causa est. Malus omnia in malum vertit, etiam quae cum
specie optimi venerant: rectus atque integer corrigit prava
fortunae et dura atque aspera ferendi scientia mollit, idem- 20
que et secunda grate excipit modesteque et adversa constanter ac fortiter. Qui licet prudens sit, licet exacto faciat cuncta
iudicio, licet nihil supra vires suas temptet, non continget
illi bonum illud integrum et extra minas positum nisi certus
4 adversus incerta est. Sive alios observare volueris (liberius 2[
enim inter aliena iudicium est) sive te ipsum favore seposito,
et senties hoc et confiteberis, nihil ex his optabilibus et caris

---

4 ex $B\eta$: e ψ: et eas Q: esse ea R: et·a E 11 qui ς: quis ω
13 qui *om.* $B^1Q\theta$: si *mavult Buech.*   malum B 14 ac] aut
$QD\theta$ 20–21 idemque] idem $Q\theta$ 25 libertus B

utile esse nisi te contra levitatem casus rerumque casum
sequentium instruxeris, nisi illud frequenter et sine querella
inter singula damna dixeris:

dis aliter visum est.

5   Immo mehercules, ut carmen fortius ac iustius petam quo **5**
animum tuum magis fulcias, hoc dicito quotiens aliquid aliter
quam cogitabas evenerit: 'di melius'. Sic composito nihil accidet. Sic autem componetur si quid humanarum rerum varietas
possit cogitaverit antequam senserit, si et liberos et coniugem
10 et patrimonium sic habuerit tamquam non utique semper
habiturus et tamquam non futurus ob hoc miserior si habere
desierit. Calamitosus est animus futuri anxius et ante miserias **6**
miser, qui sollicitus est ut ea quibus delectatur ad extremum
usque permaneant; nullo enim tempore conquiescet et ex-
15 pectatione venturi praesentia, quibus frui poterat, amittet.
In aequo est autem amissae rei ⟨dolor⟩ et timor amittendae.
Nec ideo praecipio tibi neglegentiam. Tu vero metuenda **7**
declina; quidquid consilio prospici potest prospice; quodcumque laesurum est multo ante quam accidat speculare
20 et averte. In hoc ipsum tibi plurimum conferet fiducia et
ad tolerandum omne obfirmata mens. Potest fortunam cavere
qui potest ferre; certe in tranquillo non tumultuatur. Nihil
est nec miserius nec stultius quam praetimere: quae ista
dementia est malum suum antecedere? Denique, ut breviter **8**
25 includam quod sentio et istos satagios ac sibi molestos
describam tibi, tam intemperantes in ipsis miseriis sunt quam
ante illas. Plus dolet quam necesse est qui ante dolet quam
necesse est; eadem enim infirmitate dolorem non aestimat

4 *cf. Verg. Aen. 2. 428.*

1 nisi *C²DE²*: nihil *rell.*   casuum *B*   4 diis *QηE*   7 dii *φ*
11 etiam quam *B*   16 amissio *ψϛ*   dolor (*sed ante* amissae) *suppl.* ϛ
26 sunt quam *Pinc.*: quam sunt *ω*

qua non expectat; eadem intemperantia fingit sibi perpetuam
felicitatem suam, fingit crescere debere quaecumque con-
tigerunt, non tantum durare, et oblitus huius petauri quo
humana iactantur sibi uni fortuitorum constantiam spondet.

9 Egregie itaque videtur mihi Metrodorus dixisse in ea epistula 5
qua sororem amisso optimae indolis filio adloquitur: 'mortale
est omne mortalium bonum'. De his loquitur bonis ad quae
concurritur; nam illud verum bonum non moritur, certum
est sempiternumque, sapientia et virtus; hoc unum contingit
10 inmortale mortalibus. Ceterum tam inprobi sunt tamque 10
obliti quo eant, quo illos singuli dies trudant, ut mirentur
aliquid ipsos amittere, amissuri uno die omnia. Quidquid
est cui dominus inscriberis apud te est, tuum non est; nihil
firmum infirmo, nihil fragili aeternum et invictum est. Tam
necesse est perire quam perdere et hoc ipsum, si intellegimus, 15
solacium est. Aequo animo perde: pereundum est.

11   Quid ergo adversus has amissiones auxili invenimus? hoc,
ut memoria teneamus amissa nec cum ipsis fructum excidere
patiamur quem ex illis percepimus. Habere eripitur, habuisse
numquam. Peringratus est qui, cum amisit, pro accepto nihil 20
debet. Rem nobis eripit casus, usum fructumque apud nos
12 relinquit, quem nos iniquitate desiderii perdidimus. Dic tibi
'ex istis quae terribilia videntur nihil est invictum'. Singula
vicere iam multi, ignem Mucius, crucem Regulus, venenum
Socrates, exilium Rutilius, mortem ferro adactam Cato: 25
13 et nos vincamus aliquid. Rursus ista quae ut speciosa et felicia
trahunt vulgum a multis et saepe contempta sunt. Fabricius

6 *Metrod. frg. 35 Koerte.*

---

2 fingit] fingit sibi φ (*ex v. 1*)   5 ea *om.* φ   11 trudant
Pinc.: turbant *Q*θ: -bent *B*ηψ   13 cui *om. B*   16 perde *Madvig*:
-dere *B*¹*Q*ψ: -dere quod *B man. rec.*, ηθ   17 auxili *B*¹: -ii *B*ᶜφψ
18 excidere *B*: exced- φψ   21 usus *B*   22 perdimus ς
26 ista quae ut] ita quae vis *B*

divitias imperator reiecit, censor notavit; Tubero paupertatem et se dignam et Capitolio iudicavit, cum fictilibus in
publica cena usus ostendit debere iis hominem esse contentum quibus di etiamnunc uterentur. Honores reppulit pa-
5 ter Sextius, qui ita natus ut rem publicam deberet capessere,
latum clavum divo Iulio dante non recepit; intellegebat
enim quod dari posset et eripi posse. Nos quoque aliquid et
ipsi faciamus animose; simus inter exempla. Quare defecimus? **14**
quare desperamus? Quidquid fieri potuit potest, nos modo
10 purgemus animum sequamurque naturam, a qua aberranti
cupiendum timendumque est et fortuitis serviendum. Licet
reverti in viam, licet in integrum restitui: restituamur, ut
possimus dolores quocumque modo corpus invaserint perferre et fortunae dicere 'cum viro tibi negotium est: quaere
15 quem vincas'.

     * * * His sermonibus et his similibus lenitur illa vis **15**
ulceris, quam opto mehercules mitigari et aut sanari aut
stare et cum ipso senescere. Sed securus de illo sum: de
nostro damno agitur, quibus senex egregius eripitur. Nam
20 ipse vitae plenus est, cui adici nihil desiderat sua causa sed
eorum quibus utilis est. Liberaliter facit quod vivit. Alius **16**
iam hos cruciatus finisset: hic tam turpe putat mortem fugere
quam ad mortem confugere. 'Quid ergo? non si suadebit
res exibit?' Quidni exeat, si nemo iam uti eo poterit, si nihil
25 aliud quam dolori operam dabit? Hoc est, mi Lucili, philo- **17**
sophiam in opere discere et ad verum exerceri, videre quid
homo prudens animi habeat contra mortem, contra dolorem,
cum illa accedat, hic premat; quid faciendum sit a faciente
discendum est. Adhuc argumentis actum est an posset aliqui **18**

1 tubero *BD*: tum vero θψ: tunc vero *Q*   4 di *B*: dii φψ   8 simus *D*: sumus *rell.*   defecimus *BQ*: defic- *rell.*   15 *post* vincas
*complura intercidisse primus vidit Muretus. hic finiri epistulam putat Hense
conl. Teles rel.*² *p. 62. 3 H.*   22 hos ς: his ω   finisset ς: finis est ω
29 aliqui *B*ᶜ (*cf. p. 461. 1, 19*): -quid ω: -quis ς

dolori resistere, an mors magnos quoque animos admota
summittere. Quid opus est verbis? in rem praesentem eamus:
nec mors illum contra dolorem facit fortiorem nec dolor
contra mortem. Contra utrumque sibi fidit nec spe mortis
patienter dolet nec taedio doloris libenter moritur: hunc 5
fert, illam expectat. Vale.

99   SENECA LVCILIO SVO SALVTEM

1   Epistulam quam scripsi Marullo cum filium parvulum
amisisset et diceretur molliter ferre misi tibi, in qua non sum
solitum morem secutus nec putavi leniter illum debere 10
tractari, cum obiurgatione esset quam solacio dignior. Ad-
flicto enim et magnum vulnus male ferenti paulisper ceden-
dum est; exsatiet se aut certe primum impetum effundat:
2 hi qui sibi lugere sumpserunt protinus castigentur et discant quasdam etiam lacrimarum ineptias esse.   15
     'Solacia expectas? convicia accipe. Tam molliter tu fers
mortem filii? quid faceres si amicum perdidisses? Decessit
3 filius incertae spei, parvulus; pusillum temporis periit. Causas
doloris conquirimus et de fortuna etiam inique queri volumus, quasi non sit iustas querendi causas praebitura: at me- 20
hercules satis mihi iam videbaris animi habere etiam adversus
solida mala, nedum ad istas umbras malorum quibus ingemescunt homines moris causa. Quod damnorum omnium
maximum est, si amicum perdidisses, danda opera erat ut
magis gauderes quod habueras quam maereres quod amiseras. 25
4 Sed plerique non conputant quanta perceperint, quantum

---

2 summittere *B^c*: -eret ω   5 doloris φ: doris *B*: *om.* ψ   8 mo-
rullo *B*   9 amisset *B*   12 magno *B¹QDR*   16 tam *om. B*
17 fili *B¹Q*   18 incerta *B¹Q¹*   perit *BQD*: -iit ψ: parit θ
20 ad *BQ*   22-23 ingemescunt *BQR*: -iscunt *rell.*   23 moris
BW: amoris *rell.*

gavisi sint. Hoc habet inter reliqua mali dolor iste: non supervacuus tantum sed ingratus est. Ergo quod habuisti talem
amicum, perit opera? Tot annis, tanta coniunctione vitae,
tam familiari studiorum societate nil actum est? Cum amico
5 effers amicitiam? Et quid doles amisisse, si habuisse non prodest? Mihi crede, magna pars ex iis quos amavimus, licet
ipsos casus abstulerit, apud nos manet; nostrum est quod
praeterit tempus nec quicquam est loco tutiore quam quod
fuit. Ingrati adversus percepta spe futuri sumus, quasi non 5
10 quod futurum est, si modo successerit nobis, cito in praeterita
transiturum sit. Anguste fructus rerum determinat qui
tantum praesentibus laetus est: et futura et praeterita delectant, haec expectatione, illa memoria; sed alterum pendet et
non fieri potest, alterum non potest non fuisse. Quis ergo
15 furor est certissimo excidere? Adquiescamus iis quae iam
hausimus, si modo non perforato animo hauriebamus et
transmittente quidquid acceperat.

'Innumerabilia sunt exempla eorum qui liberos iuvenes 6
sine lacrimis extulerint, qui in senatum aut in aliquod publi-
20 cum officium a rogo redierint et statim aliud egerint. Nec
inmerito; nam primum supervacuum est dolere si nihil
dolendo proficias; deinde iniquum est queri de eo quod uni
accidit, omnibus restat; deinde desiderii stulta conquestio
est, ubi minimum interest inter amissum et desiderantem.
25 Eo itaque aequiore animo esse debemus quod quos amisimus
sequimur. Respice celeritatem rapidissimi temporis, cogita 7
brevitatem huius spatii per quod citatissimi currimus, ob-
serva hunc comitatum generis humani eodem tendentis,
minimis intervallis distinctum etiam ubi maxima videntur:
30 quem putas perisse praemissus est. Quid autem dementius

---

1 dolor iste *ς*: doloris se *BQR*: dolor ipse *ψ*: *corruptius rell.*   3 perit *Bφ*: -iit *ψ*   4 nil *B*: nihil *φψ*   8 praeteriit *ω*   14 non (*tertium*)
om. BQ¹DR¹E¹   27 citatissime *QD*: usitat- *θ*

quam, cum idem tibi iter emetiendum sit, flere eum qui ante-
8 cessit? Flet aliquis factum quod non ignoravit futurum? aut
si mortem in homine non cogitavit, sibi inposuit. Flet aliquis
factum quod aiebat non posse non fieri? quisquis aliquem
queritur mortuum esse, queritur hominem fuisse. Omnis 5
eadem condicio devinxit: cui nasci contigit mori restat.
9 Intervallis distinguimur, exitu aequamur. Hoc quod inter
primum diem et ultimum iacet varium incertumque est: si
molestias aestimes, etiam puero longum, si velocitatem,
etiam seni angustum. Nihil non lubricum et fallax et omni 10
tempestate mobilius; iactantur cuncta et in contrarium
transeunt iubente fortuna, et in tanta volutatione rerum
humanarum nihil cuiquam nisi mors certum est; tamen de
eo queruntur omnes in quo uno nemo decipitur.
10   '"Sed puer decessit." Nondum dico melius agi cum eo qui 15
⟨cito⟩ vita defungitur: ad eum transeamus qui consenuit:
quantulo vincit infantem! Propone temporis profundi vasti-
tatem et universum conplectere, deinde hoc quod aetatem
vocamus humanam compara immenso: videbis quam ex-
11 iguum sit quod optamus, quod extendimus. Ex hoc quantum 20
lacrimae, quantum sollicitudines occupant? quantum mors
antequam veniat optata, quantum valetudo, quantum timor?
quantum tenent aut rudes aut inutiles anni? dimidium ex
hoc edormitur. Adice labores, luctus, pericula, et intelleges
12 etiam in longissima vita minimum esse quod vivitur. Sed quis 25
tibi concedit non melius se habere eum cui cito reverti licet,
cui ante lassitudinem peractum est iter? Vita nec bonum nec
malum est: boni ac mali locus est. Ita nihil ille perdidit nisi
aleam in damnum certiorem. Potuit evadere modestus et

4 aiebat] agebat (g *in ras.*) *B*: sciebat *Bartsch*   5 mortuum esse
queritur *om. B*   11 mobilibus *B*   16 cito *suppl. Gertz* (*cf.*
v. 26, dial. 6. 22. 3): ita *Rossb.*   vita] ita ψ   17 vicit ψ
23 tenent] teneri ς, *fort. recte*

prudens, potuit sub cura tua in meliora formari, sed, quod
iustius timetur, potuit fieri pluribus similis. Aspice illos 13
iuvenes quos ex nobilissimis domibus in harenam luxuria
proiecit; aspice illos qui suam alienamque libidinem exercent
5 mutuo inpudici, quorum nullus sine ebrietate, nullus sine
aliquo insigni flagitio dies exit: plus timeri quam sperari
potuisse manifestum erit. Non debes itaque causas doloris
accersere nec levia incommoda indignando cumulare. Non 14
hortor ut nitaris et surgas; non tam male de te iudico ut tibi
10 adversus hoc totam putem virtutem advocandam. Non est
dolor iste sed morsus: tu illum dolorem facis. Sine dubio
multum philosophia profecit, si puerum nutrici adhuc quam
patri notiorem animo forti desideras.

'Quid? nunc ego duritiam suadeo et in funere ipso rigere 15
15 vultum volo et animum ne contrahi quidem patior? Minime.
Inhumanitas est ista, non virtus, funera suorum isdem oculis
quibus ipsos videre nec commoveri ad primam familiarium
divulsionem. Puta autem me vetare: quaedam sunt sui iuris;
excidunt etiam retinentibus lacrimae et animum profusae
20 levant. Quid ergo est? permittamus illis cadere, non impere- 16
mus; fluat quantum adfectus eiecerit, non quantum poscet
imitatio. Nihil vero maerori adiciamus nec illum ad alienum
augeamus exemplum. Plus ostentatio doloris exigit quam
dolor: quotus quisque sibi tristis est? Clarius cum audiuntur
25 gemunt, et taciti quietique dum secretum est, cum aliquos
videre, in fletus novos excitantur; tunc capiti suo manus
ingerunt (quod potuerant facere nullo prohibente liberius),
tunc mortem comprecantur sibi, tunc lectulo devolvuntur:
sine spectatore cessat dolor. Sequitur nos, ut in aliis rebus, 17
30 ita in hac quoque hoc vitium, ad plurium exempla componi
nec quid oporteat sed quid soleat aspicere. A natura discedi-
mus, populo nos damus nullius rei bono auctori et in hac re

12 proficit φ   30 plurium Qθ

sicut in his omnibus inconstantissimo. Videt aliquem fortem
in luctu suo, impium vocat et efferatum; videt aliquem
conlabentem et corpori adfusum, effeminatum ait et ener-
18 vem. Omnia itaque ad rationem revocanda sunt. Stultius
vero nihil est quam famam captare tristitiae et lacrimas 5
adprobare, quas iudico sapienti viro alias permissas cadere,
alias vi sua latas. Dicam quid intersit. Cum primus nos nun-
tius acerbi funeris perculit, cum tenemus corpus e complexu
nostro in ignem transiturum, lacrimas naturalis necessitas
exprimit et spiritus ictu doloris inpulsus quemadmodum 10
totum corpus quatit, ita oculos, quibus adiacentem umorem
19 perpremit et expellit. Hae lacrimae per elisionem cadunt
nolentibus nobis: aliae sunt quibus exitum damus cum
memoria eorum quos amisimus retractatur, et inest quiddam dulce tristitiae cum occurrunt sermones eorum iucundi, 15
conversatio hilaris, officiosa pietas; tunc oculi velut in gaudio
20 relaxantur. His indulgemus, illis vincimur. Non est itaque
quod lacrimas propter circumstantem adsidentemque aut
contineas aut exprimas: nec cessant nec fluunt umquam tam
turpiter quam finguntur: eant sua sponte. Ire autem possunt 20
placidis atque compositis; saepe salva sapientis auctoritate
fluxerunt tanto temperamento ut illis nec humanitas nec
21 dignitas deesset. Licet, inquam, naturae obsequi gravitate
servata. Vidi ego in funere suorum verendos, in quorum ore
amor eminebat remota omni lugentium scaena; nihil erat 25
nisi quod veris dabatur adfectibus. Est aliquis et dolendi
decor; hic sapienti servandus est et quemadmodum in ceteris
rebus, ita etiam in lacrimis aliquid sat est: inprudentium ut
gaudia sic dolores exundavere.
22   'Aequo animo excipe necessaria. Quid incredibile, quid 30
novum evenit? quam multis cum maxime funus locatur, quam

1 his *om.* ψ   8 acervi *BQ¹DR¹*   e] se *B*   12 premit ς
cadunt *BD*: -ent *QθΨ*   26 delendi *B*   28 ut prudentium *B*

multis vitalia emuntur, quam multi post luctum tuum lugent!
Quotiens cogitaveris puerum fuisse, cogita et hominem, cui
nihil certi promittitur, quem fortuna non utique perducit ad
senectutem: unde visum est dimittit. Ceterum frequenter de **23**
5 illo loquere et memoriam eius quantum potes celebra; quae
ad te saepius revertetur si erit sine acerbitate ventura; nemo
enim libenter tristi conversatur, nedum tristitiae. Si quos
sermones eius, si quos quamvis parvoli iocos cum voluptate
audieras, saepius repete; potuisse illum implere spes tuas, quas
10 paterna mente conceperas, audacter adfirma. Oblivisci qui- **24**
dem suorum ac memoriam cum corporibus efferre et effusis-
sime flere, meminisse parcissime, inhumani animi est. Sic
aves, sic ferae suos diligunt, quarum [contria] concitatus
[actus] est amor et paene rabidus, sed cum amissis totus
15 extinguitur. Hoc prudentem virum non decet: meminisse
perseveret, lugere desinat.

'Illud nullo modo probo quod ait Metrodorus, esse aliquam **25**
cognatam tristitiae voluptatem, hanc esse captandam in
eiusmodi tempore. Ipsa Metrodori verba subscripsi. Μητρο-
20 δώρου ἐπιστολῶν πρὸς τὴν ἀδελφήν. Ἔστιν γάρ τις ἡδονὴ

19 *Metrod. frg. 34 Koerte.*

---

4 unde *cf. pp. 320. 25, 467. 2, nat. 3. 16. 3*   6 sine acerbitate
R²Eψ: sine acerv- *QDR¹*: inea cerv- *B*   7 convertatur *B*   8 par-
voli *B*: -vuli *φψ* (*cf. p. 330. 26*)   voluntate *B*   12 memisse *B*
13 contria concitatus actus *B*: contrarius ac concitatus *Q*: contraria ac
concit- *D*: contra omnia concit- *ψ*: concit- *θ*   14 rapidus *φ*   cum]
eum *B*   17 quid *B*   18 esse *ψ*: ipse *BDθ*: ipsam *Q*   19–*p. 416. 1*
ΜΗΤΡΟΔΟΡΟΥ ΕΠΙCΤΟΛΑΛΩΝΤ / ΡΟCΤΗΝΑΛ̂δΕΑΦΗΝ. ΕC-
ΤΙΝ ΓΛΡΤΙΟΧΛΟΝΗΝ/ΚΥΤΤΗCΟΥΤΤΕΙΝ ΚΑΤΑΤΟΥΤΟΝ-
ΤΟΝΚΑΤΡΟΝ *B*: ΜΗΤΡωΔωΡω. ΥΕΤΕSΤΟΛΑΝ / CΙΝΤΙ-
ΡΟCΤΙΝΑδCΛΦΗΝΕCΤΙΝΤΑΡΤΙΟC. ΕΛΟΝΤΙΑΥΤΤΕΙΥCCΕΝ
Q: ΜΗΤΡΟΑΟΡΟΥΕΤΥCΤΟΑΑLΥΝΤΙ / ΡΟCΤΙΝΑ8CΑΦΗΝ.
ΕCΤΙΝCΤΑΡΟΤΙ / ΟCΝΑΟΝΤΙΑΥΤΤΗΙΥCCΕΝ *W*: similiter DX,
om. θ   19–20 *Μητροδώρου . . . ἀδελφήν secl. Rossb.*   20 ἐπιστολῶν
a¹ coni. Schweigh.   τις ἡδονὴ] *πως ἡδονή τις Haase*

415

⟨λύπη συγγενής, ἣν χρὴ θηρεύ⟩ειν κατὰ τοῦτον τὸν καιρόν.

26 De quibus non dubito quid sis sensurus; quid enim est turpius
quam captare in ipso luctu voluptatem, immo per luctum, et
inter lacrimas quoque quod iuvet quaerere? Hi sunt qui nobis
obiciunt nimium rigorem et infamant praecepta nostra duritiae, 5
quod dicamus dolorem aut admittendum in animum non esse
aut cito expellendum. Utrum tandem est aut incredibilius aut
inhumanius, non sentire amisso amico dolorem an voluptatem
27 in ipso dolore aucupari? Nos quod praecipimus honestum
est: cum aliquid lacrimarum adfectus effuderit et, ut ita 10
dicam, despumaverit, non esse tradendum animum dolori.
Quid, tu dicis miscendam ipsi dolori voluptatem? sic con-
solamur crustulo pueros, sic infantium fletum infuso lacte
conpescimus. Ne illo quidem tempore quo filius ardet aut
amicus expirat cessare pateris voluptatem, sed ipsum vis 15
titillare maerorem? Utrum honestius dolor ab animo summovetur an voluptas ad dolorem quoque admittitur? "Admit-
28 titur" dico? Captatur, et quidem ex ipso. "Est aliqua" inquit
"voluptas cognata tristitiae." Istuc nobis licet dicere, vobis
quidem non licet. Unum bonum nostis, voluptatem, unum 20
malum, dolorem: quae potest inter bonum et malum esse
cognatio? Sed puta esse: nunc potissimum eruitur? Et ipsum
dolorem scrutamur, an aliquid habeat iucundum circa se et
29 voluptarium? Quaedam remedia aliis partibus corporis
salutaria velut foeda et indecora adhiberi aliis nequeunt, et 25
quod aliubi prodesset sine damno verecundiae, id fit inhonestum loco vulneris: non te pudet luctum voluptate
sanare? Severius ista plaga curanda est. Illud potius admone,
nullum mali sensum ad eum qui perît pervenire; nam si

1 λύπη συγγενής *primus invenit Schweigh.*, ἣν χρὴ *Fick.*, θηρεύειν (θηρευτέον
iam *Ducning*) *Buech.*, κατὰ τοῦτον τὸν καιρόν *Scaliger*   2 quid] quis *B*
5 duritiae *Madvig* (*cf. p. 61. 15*): -tia ω   7 utrum] virum *B et
sic v. 16*   11 esset radendum *B*   19 tristiae *B*   23 scrutamus
Qθ   an *om. B*   25 salutari *B*

pervenit, non perit. Nulla, inquam, res eum laedit qui nullus 30
est: vivit si laeditur. Utrum putas illi male esse quod nullus
est an quod est adhuc aliquis? Atqui nec ex eo potest ei
tormentum esse quod non est (quis enim nullius sensus est?)
5 nec ex eo quod est; effugit enim maximum mortis incommodum, non esse. Illud quoque dicamus ei qui deflet ac 31
desiderat in aetate prima raptum: omnes, quantum ad brevitatem aevi, si universo compares, et iuvenes et senes, in aequo
sumus. Minus enim ad nos ex aetate omni venit quam quod
10 minimum esse quis dixerit, quoniam quidem minimum aliqua pars est: hoc quod vivimus proximum nihilo est; et
tamen, o dementiam nostram, late disponitur.

'Haec tibi scripsi, non tamquam expectaturus esses re- 32
medium a me tam serum (liquet enim mihi te locutum tecum
15 quidquid lecturus es) sed ut castigarem exiguam illam moram
qua a te recessisti, et in reliquum adhortarer contra fortunam
tolleres animos et omnia eius tela non tamquam possent
venire sed tamquam utique essent ventura prospiceres. Vale.'

100   SENECA LVCILIO SVO SALVTEM

20   Fabiani Papiri libros qui inscribuntur civilium legisse te 1
cupidissime scribis, et non respondisse expectationi tuae;
deinde oblitus de philosopho agi compositionem eius accusas.
Puta esse quod dicis et effundi verba, non figi. Primum habet
ista res suam gratiam et est decor proprius orationis leniter
25 lapsae; multum enim interesse existimo utrum exciderit an
fluxerit. ⟨Adice⟩ nunc quod in hoc quoque quod dicturus
sum ingens differentia est: Fabianus mihi non effundere 2

---

2 mali *Q*: malum *θ*   10 dixeris *B*   11 nihilest *B*: nihilost
Hense   14 a me *om. B*   16 reliquom *B*   26 adice *suppl. Hense*
27 indigens *B*

417

videtur orationem sed fundere; adeo larga est et sine pertur-
batione, non sine cursu tamen veniens. Illud plane fatetur
et praefert, non esse tractatam nec diu tortam. Sed ita, ut vis,
esse credamus: mores ille, non verba composuit et animis
3 scripsit ista, non auribus. Praeterea ipso dicente non vacasset 5
tibi partes intueri, adeo te summa rapuisset; et fere quae
impetu placent minus praestant ad manum relata; sed illud
quoque multum est, primo aspectu oculos occupasse, etiam
4 si contemplatio diligens inventura est quod arguat. Si me
interrogas, maior ille est qui iudicium abstulit quam · qui 10
meruit; et scio hunc tutiorem esse, scio audacius sibi de
futuro promittere. Oratio sollicita philosophum non decet:
ubi tandem erit fortis et constans, ubi periculum sui faciet
5 qui timet verbis? Fabianus non erat neglegens in oratione
sed securus. Itaque nihil invenies sordidum: electa verba 15
sunt, non captata, nec huius saeculi more contra naturam
suam posita et inversa, splendida tamen quamvis sumantur
e medio. Sensus honestos et magnificos habes, non coactos
in sententiam sed latius dictos. Videbimus quid parum
recisum sit, quid parum structum, quid non huius recentis 20
politurae: cum circumspexeris omnia, nullas videbis angu-
6 stias inanis. Desit sane varietas marmorum et concisura
aquarum cubiculis interfluentium et pauperis cella et quidquid aliud luxuria non contenta decore simplici miscet:
quod dici solet, domus recta est.   25

Adice nunc quod de compositione non constat: quidam
illam volunt esse ex horrido comptam, quidam usque eo
aspera gaudent ut etiam quae mollius casus explicuit ex
industria dissipent et clausulas abrumpant ne ad expecta-
7 tum respondeant. Lege Ciceronem: compositio eius una est, 30

.3 esset *BQ*¹   5 vacasset φ: vocasset *B*: vacasse ψ   11 totiorum
B   18 e] a *B*   honestus *B*   20 non *om.B*   23 cubiculis *BD*:
a cuniculis (cuinc- *Q*) cubiculis *Qθψ*   29–30 expectatum ς: spect- ω

pedem curvat lenta et sine infamia mollis. At contra Pollionis
Asinii salebrosa et exiliens et ubi minime expectes relictura.
Denique omnia apud Ciceronem desinunt, apud Pollionem
cadunt, exceptis paucissimis quae ad certum modum et ad
5 unum exemplar adstricta sunt.

Humilia praeterea tibi videri dicis omnia et parum erecta: 8
quo vitio carere eum iudico. Non sunt enim illa humilia sed
placida et ad animi tenorem quietum compositumque for-
mata, nec depressa sed plana. Deest illis oratorius vigor
10 stimulique quos quaeris et subiti ictus sententiarum; sed
totum corpus, videris quam sit comptum, honestum est.
Non habet oratio eius sed dabit dignitatem. Adfer quem 9
Fabiano possis praeponere. Dic Ciceronem, cuius libri ad
philosophiam pertinentes paene totidem sunt quot Fabiani:
15 cedam, sed non statim pusillum est si quid maximo minus
est. Dic Asinium Pollionem: cedam, et respondeamus: in re
tanta eminere est post duos esse. Nomina adhuc T. Livium;
scripsit enim et dialogos, quos non magis philosophiae ad-
numerare possis quam historiae, et ex professo philosophiam
20 continentis libros: huic quoque dabo locum. Vide tamen
quam multos antecedat qui a tribus vincitur et tribus
eloquentissimis.

Sed non praestat omnia: non est fortis oratio eius, quam- 10
vis elata sit; non est violenta nec torrens, quamvis effusa sit;
25 non est perspicua sed pura. 'Desideres' inquis 'contra vitia
aliquid aspere dici, contra pericula animose, contra fortunam
superbe, contra ambitionem contumeliose. Volo luxuriam
obiurgari, libidinem traduci, inpotentiam frangi. Sit aliquid
oratorie acre, tragice grande, comice exile.' Vis illum adsidere

---

1 pedem curvat *B*: servat pedem curvat *φψ*: pedem servat *Haase*: servat pedem curvatur *Rossb.*   7–8 illa . . . animi *om. B*   10 sentiarum
B   12 dabit *Lips.*: debet *ω*   14 quod *BQ¹*   16 rem *φ*
17 eminere] enim ore *R*: enim res *QDE*   20 dabo locum *B*: dabo
dialogum *φ*: cedam *ψ*   21 et tribus] et iis *Russell*   28 libidem *B*

pusillae rei, verbis: ille rerum se magnitudini addixit, elo-
11 quentiam velut umbram non hoc agens trahit. Non erunt
sine dubio singula circumspecta nec in se collecta nec omne
verbum excitabit ac punget, fateor; exibunt multa nec
ferient et interdum otiosa praeterlabetur oratio, sed multum 5
erit in omnibus lucis, sed ingens sine taedio spatium. Denique
illud praestabit, ut liqueat tibi illum sensisse quae scripsit.
Intelleges hoc actum ut tu scires quid illi placeret, non ut
ille placeret tibi. Ad profectum omnia tendunt, ad bonam
mentem: non quaeritur plausus.   10
12   Talia esse scripta eius non dubito, etiam si magis remini-
scor quam teneo haeretque mihi color eorum non ex recenti
conversatione familiariter sed summatim, ut solet ex vetere
notitia; cum audirem certe illum, talia mihi videbantur, non
solida sed plena, quae adulescentem indolis bonae attollerent 15
et ad imitationem sui evocarent sine desperatione vincendi,
quae mihi adhortatio videtur efficacissima. Deterret enim qui
imitandi cupiditatem fecit, spem abstulit. Ceterum verbis
abundabat, sine commendatione partium singularum in
universum magnificus. Vale.   20

---

1 addixit *D*ψ: -duxit *BQθ*   2 non (*prius*) *B*: *om.* φψ   4 ac
punget φ: agpugnet *B*: aut punget ψ   9 placere *B*   16 sui
evocarent θψ: sive voc- *BQ*: sui voc- *D*   20 *post* Vale *add.* L. ANNAEI
SENECAE LIBER XVI EXPLICIT. INCIPIT EIVSDEM LIBER XVII *B*: EXPLICIT LIBER
XVI. INCIPIT XVII φ: *om.* ψ

LIBER SEPTIMVS DECIMVS

101 SENECA LVCILIO SVO SALVTEM

Omnis dies, omnis hora quam nihil simus ostendit et aliquo **1**
argumento recenti admonet fragilitatis oblitos; tum aeterna
5 meditatos respicere cogit ad mortem. Quid sibi istud principium velit quaeris? Senecionem Cornelium, equitem
Romanum splendidum et officiosum, noveras: ex tenui principio se ipse promoverat et iam illi declivis erat cursus ad
cetera; facilius enim crescit dignitas quam incipit. Pecunia **2**
10 quoque circa paupertatem plurimum morae habet; dum ex
illa erepat haeret. Iam Senecio divitîs inminebat, ad quas
illum duae res ducebant efficacissimae, et quaerendi et
custodiendi scientia, quarum vel altera locupletem facere
potuisset. Hic homo summae frugalitatis, non minus patri- **3**
15 monii quam corporis diligens, cum me ex consuetudine mane
vidisset, cum per totum diem amico graviter adfecto et sine
spe iacenti usque in noctem adsedisset, cum hilaris cenasset,
genere valetudinis praecipiti arreptus, angina, vix conpres-
sum artatis faucibus spiritum traxit in lucem. Intra paucis-
20 simas ergo horas quam omnibus erat sani ac valentis officiis
functus decessit. Ille qui et mari et terra pecuniam agitabat, **4**
qui ad publica quoque nullum relinquens inexpertum genus
quaestus accesserat, in ipso actu bene cedentium rerum, in
ipso procurrentis pecuniae impetu raptus est.

25   Insere nunc, Meliboee, piros, pone [in] ordine vites.

25 *Verg. ecl. I. 73.*

---

3 simus ς: sumus φψ: sum *B*   6 senitionem φ   10 morae *Pinc.*:
amorem ω   11 erepat *B*θ: ereptat *QD*: repat ψ   haeret. Iam *Buech.*:
hae etiam *B*[1]*Q*[1]: hac etiam ψ: hic etiam *rell.*   divitiis ω   eminebat
Axelson, fort. recte   20 quam] postquam *B*ᶜ*DE*   25 in *om. D*ψ

Quam stultum est aetatem disponere ne crastini quidem
dominum! o quanta dementia est spes longas inchoantium:
emam, aedificabo, credam, exigam, honores geram, tum
deinde lassam et plenam senectutem in otium referam.

5 Omnia, mihi crede, etiam felicibus dubia sunt; nihil sibi 5
quisquam de futuro debet promittere; id quoque quod
tenetur per manus exit et ipsam quam premimus horam
casus incidit. Volvitur tempus rata quidem lege, sed per
obscurum: quid autem ad me an naturae certum sit quod

6 mihi incertum est? Navigationes longas et pererratis litoribus 10
alienis seros in patriam reditus proponimus, militiam et
castrensium laborum tarda manipretia, procurationes officio-
rumque per officia processus, cum interim ad latus mors est,
quae quoniam numquam cogitatur nisi aliena, subinde nobis
ingeruntur mortalitatis exempla non diutius quam dum 15

7 miramur haesura. Quid autem stultius quam mirari id
ullo die factum quod omni potest fieri? Stat quidem
terminus nobis ubi illum inexorabilis fatorum necessitas
fixit, sed nemo scit nostrum quam prope versetur a termino;
sic itaque formemus animum tamquam ad extrema ventum 20

8 sit. Nihil differamus; cotidie cum vita paria faciamus. Maximum vitae vitium est quod inperfecta semper est, quod
[in] aliquid ex illa differtur. Qui cotidie vitae suae summam
manum inposuit non indiget tempore; ex hac autem indi-
gentia timor nascitur et cupiditas futuri exedens animum. 25
Nihil est miserius dubitatione venientium quorsus evadant;
quantum sit illud quod restat aut quale sollicita mens inex-

9 plicabili formidine agitatur. Quo modo effugiemus hanc
volutationem? Uno: si vita nostra non prominebit, si in se

1 nec φ   12 manipretia *B*: manu- φψ   17 quod] quid *B*
omnino φ   19 a termino *coni. Beltrami dub.*: terminus ω   23 in
om. ς   25 exedens *B*ᶜ: exced- ω   27 quale ς: quali *B*φ: qualiter
ψ   sollicita *Buech.*: collecta ω: coniectans *Gertz*   inexplicabili ψς:
explic- *B*φ

colligitur; ille enim ex futuro suspenditur cui inritum est
praesens. Ubi vero quidquid mihi debui redditum est, ubi
stabilita mens scit nihil interesse inter diem et saeculum,
quidquid deinceps dierum rerumque venturum est ex alto
5 prospicit et cum multo risu seriem temporum cogitat. Quid
enim varietas mobilitasque casuum perturbabit, si certus sis
adversus incerta? Ideo propera, Lucili mi, vivere, et singulos 10
dies singulas vitas puta. Qui hoc modo se aptavit, cui vita sua
cotidie fuit tota, securus est: in spem viventibus proximum
10 quodque tempus elabitur, subitque aviditas et miserrimus ac
miserrima omnia efficiens metus mortis. Inde illud Maecenatis
turpissimum votum quo et debilitatem non recusat et
deformitatem et novissime acutam crucem, dummodo inter
haec mala spiritus prorogetur:

15   debilem facito manu,   **11**
                                       debilem pede coxo,
                                   tuber adstrue gibberum,
                                       lubricos quate dentes:
                                   vita dum superest, benest;
20   hanc mihi, vel acuta
                                   si sedeam cruce, sustine.

Quod miserrimum erat si incidisset optatur, et tamquam vita **12**
petitur supplici mora. Contemptissimum putarem si vivere
vellet usque ad crucem: 'tu vero' inquit 'me debilites licet,
25 dum spiritus in corpore fracto et inutili maneat; depraves

15 *Maecen. frg.* 1 *Lunderstedt.*

---

1 colligetur *Eras.*², *fort. recte*   4 est *om.* φ   6 sis]
sit φ   7 Lucili mi] mi lucili *D:* Lucili *Fick.*   8 aptavit
*Q*¹ψ: -abit *rell.*   9 spe *B*   11 efficiet *B*¹*Qθ*   16 coxo
*BQ*¹*DR* (*cf. T.L.L. iv. 1096.43 sqq.*): coxa *Q*²*E*¹ς *vulg.*: torto ψ
17 gipperum *QE*: gypperum *R*: gibberam *D*   19 benest *B*¹:
bene est *B*ᶜφψ   20 hanc ς: hac *BD*ψ: ac *Qθ*   21 sedeam]
sidam *prop. Buech.* (*ut forma glyconei fiat tralaticia*), *vix recte* (*cf. p. 424. 2
sessuro*)   23 supplici *B*¹*QR*: -ii *rell.*

licet, dum monstroso et distorto temporis aliquid accedat;
suffigas licet et acutam sessuro crucem subdas': est tanti
vulnus suum premere et patibulo pendere districtum, dum
differat id quod est in malis optimum, supplicî finem? est
13 tanti habere animam ut agam? Quid huic optes nisi deos 5
faciles? quid sibi vult ista carminis effeminati turpitudo?
quid timoris dementissimi pactio? quid tam foeda vitae
mendicatio? Huic putes umquam recitasse Vergilium:

> usque adeone mori miserum est?

Optat ultima malorum et quae pati gravissimum est extendi 10
ac sustineri cupit: qua mercede? scilicet vitae longioris.
14 Quod autem vivere est diu mori? Invenitur aliquis qui velit
inter supplicia tabescere et perire membratim et totiens per
stilicidia emittere animam quam semel exhalare? Invenitur
qui velit adactus ad illud infelix lignum, iam debilis, iam 15
pravus et in foedum scapularum ac pectoris tuber elisus, cui
multae moriendi causae etiam citra crucem fuerant, trahere
animam tot tormenta tracturam? Nega nunc magnum
15 beneficium esse naturae quod necesse est mori. Multi peiora
adhuc pacisci parati sunt: etiam amicum prodere, ut diutius 20
vivant, et liberos ad stuprum manu sua tradere, ut contingat
lucem videre tot consciam scelerum. Excutienda vitae cupido
est discendumque nihil interesse quando patiaris quod quan-

---

9 *Verg. Aen. 12. 646.*

---

1 distorto *ς*: deserto *ω*: detorto *Haase*   aliquis *QRE*[1]   accedas
B[1]*QRE*[1]   2 est] sed (set *Q*) *φ*   3 promere *Qθ*   districtum *θς*
des- *rell.*   4 supplici *B*[1]*Q*[1]: -ii *rell.*   8 mendatio *Q*[1]*R*[1]: emend-
Q man. rec., D: commend- *R*[2]*E*   huic *Mur.*: cui *ω*   11 silicet *BQ*
13 totiens] potius *Buech.*: totiens potius *prop. Hense*   14 stilicidia *B*[1]: still-
B[c]*φψ* (*cf. p. 71. 4*)   15 adactis *B*[1]*Q*   16 ac pectoris *ς*: acceptoris
Bφ: accepto (tubere) *ψ*   18 tracturam *B*[2]*DEX*: -tura *B*[1]*QR*: tra-
clatura *W*   23 dicendumque *BD*

doque patiendum est; quam bene vivas referre, non quam
diu; saepe autem in hoc esse bene, ne diu. Vale.

102   SENECA LVCILIO SVO SALVTEM

Quomodo molestus est iucundum somnium videnti qui **1**
5 excitat (aufert enim voluptatem etiam si falsam, effectum
tamen verae habentem) sic epistula tua mihi fecit iniuriam;
revocavit enim me cogitationi aptae traditum et iturum, si
licuisset, ulterius. Iuvabat de aeternitate animarum quaerere, **2**
immo mehercules credere; praebebam enim me facilem
10 opinionibus magnorum virorum rem gratissimam promitten-
tium magis quam probantium. Dabam me spei tantae, iam
eram fastidio mihi, iam reliquias aetatis infractae contemne-
bam in immensum illud tempus et in possessionem omnis
aevi transiturus, cum subito experrectus sum epistula tua
15 accepta et tam bellum somnium perdidi. Quod repetam,
si te dimisero, et redimam.

Negas me epistula prima totam quaestionem explicuisse **3**
in qua probare conabar id quod nostris placet, claritatem
quae post mortem contingit bonum esse. Id enim me non
20 solvisse quod opponitur nobis: 'nullum' inquiunt 'bonum ex
distantibus; hoc autem ex distantibus constat'. Quod interro- **4**
gas, mi Lucili, eiusdem quaestionis est loci alterius, et ideo
non id tantum sed alia quoque eodem pertinentia distu-
leram; quaedam enim, ut scis, moralibus rationalia inmixta

---

1 referre *Eras.*²: refert ω   7 aptae] altae *Lips.*   9 praebebam
Buech. (*cont. p. 492. 29*): credebam ω   14 transiturus *Dψ*: -rum *BQθ*
experfectus *B*   15 tam] ita tam *ψ*   16 dimisero *φ*: dem- *Bψ*
17 negas ς: -at ω   prima] tua *ψ*   18 conabar id *ψ*: conabari *B*:
conabaris *φ*   23 non id *ψ*: non *B¹Qθ*: non hoc *B²D*   eodem
om. B   24 moralibus] moralia *B*

sunt. Itaque illam partem rectam et ad mores pertinentem
tractavi, numquid stultum sit ac supervacuum ultra extremum diem curas transmittere, an cadant bona nostra nobiscum nihilque sit eius qui nullus est, an ex eo quod, cum erit,
sensuri non sumus, antequam sit aliquis fructus percipi aut 5
5 peti possit. Haec omnia ad mores spectant; itaque suo loco
posita sunt. At quae a dialecticis contra hanc opinionem
dicuntur segreganda fuerunt et ideo seposita sunt. Nunc,
quia omnia exigis, omnia quae dicunt persequar, deinde
singulis occurram. 10

6 Nisi aliquid praedixero, intellegi non poterunt quae
refellentur. Quid est quod praedicere velim? quaedam continua corpora esse, ut hominem; quaedam esse composita, ut
navem, domum, omnia denique quorum diversae partes
iunctura in unum coactae sunt; quaedam ex distantibus, 15
quorum adhuc membra separata sunt, tamquam exercitus,
populus, senatus. Illi enim per quos ista corpora efficiuntur
iure aut officio cohaerent, natura diducti et singuli sunt.

7 Quid est quod etiamnunc praedicere velim? nullum bonum
putamus esse quod ex distantibus constat; uno enim spiritu 20
unum bonum contineri ac regi debet, unum esse unius boni
principale. Hoc si quando desideraveris per se probatur:
interim ponendum fuit, quia in ⟨nos⟩ nostra tela mittuntur.

8 'Dicitis' inquit 'nullum bonum ex distantibus esse; claritas
autem ista bonorum virorum secunda opinio est. Nam 25
quomodo fama non est unius sermo nec infamia unius mala
existimatio, sic nec claritas uni bono placuisse; consentire in
hoc plures insignes et spectabiles viri debent, ut claritas sit.

1 rectam et] recta *Mur.*, *fort. recte*   5 sit *B*: *om.* φψ   per-
cipit *B*   6 ad *om. B*   7 atque φ   12 praecidere *B*   13 esse
corpora φ   19 vellim *B*   20 uno ς: unde ω   23 nos nostra
Schweigh.: nostra ω: nos *Pinc.*   24 dicitis ς: dictis *BQ¹D*: dicis *rell.*
28 et spectabiles ς: exspectantes *BQR*: -tans *E*: -tabiles *D*: et spectati ψ:
et praestantes ς

Haec autem ex iudiciis plurium efficitur, id est distantium; ergo non est bonum.

'Claritas' inquit 'laus est a bonis bono reddita; laus oratio, **9** vox est aliquid significans; vox est autem, licet virorum sit 5 〈bonorum, non〉 bonum. Nec enim quidquid vir bonus facit bonum est; nam et plaudit et sibilat, sed nec plausum quisquam nec sibilum, licet omnia eius admiretur et laudet, bonum dicit, non magis quam sternumentum aut tussim. Ergo claritas bonum non est.

10 'Ad summam dicite nobis utrum laudantis an laudati **10** bonum sit: si laudati bonum esse dicitis, tam ridiculam rem facitis quam si adfirmetis meum esse quod alius bene valeat. Sed laudare dignos honesta actio est; ita laudantis bonum est cuius actio est, non nostrum qui laudamur: atqui hoc quaere- 15 batur.'

Respondebo nunc singulis cursim. Primum an sit aliquod **11** ex distantibus bonum etiamnunc quaeritur et pars utraque sententias habet. Deinde claritas desiderat multa suffragia? potest et unius boni viri iudicio esse contenta: nos bonus bonos 20 iudicat. 'Quid ergo?' inquit 'et fama erit unius hominis ex- **12** istimatio et infamia unius malignus sermo? Gloriam quoque' inquit 'latius fusam intellego; consensum enim multorum exigit.' Diversa horum condicio est et illius. Quare? quia si de me bene vir bonus sentit, eodem loco sum quo si omnes boni 25 idem sentirent; omnes enim, si me cognoverint, idem sentient. Par illis idemque iudicium est, aeque vero inficiscitur. Dissidere non possunt; ita pro eo est ac si omnes idem sentiant,

1 plurium *QD*ψ: -rimum *BR*[1]: -rimorum *R*[2]*E*   3 oratio, 〈oratio〉 *ς* 5 bonorum non *add. Eras.*[1] *in marg.*   8 sternumentum *Bθ*: -nuta- mentum *rell.* (*cf. p. 120. 10*)   11 laudati *Madvig*: -dantis ω   dicitis tam *B*c*DE*: dicitis istam *B*[1]ψ: dicit ista *Q*: dicit istam *R*   18 〈non〉 desiderat *Mur.*   suffragia? *sic dist. Hense*   19 〈unus〉 nos *Hense*, *sim. alii*   bonos bonus *Schweigh.*   23 dicio *B*[1]*QR*[1]   26 in- ficitur *ς*: insistitur *Eras.*[1]

13 quia aliud sentire non possunt. Ad gloriam aut famam non
est satis unius opinio. Illic idem potest una sententia quod
omnium, quia omnium, si perrogetur, una erit: hic diversa
dissimilium iudicia sunt. Difficiles adsensus, dubia omnia
invenies, levia, suspecta. Putas tu posse unam omnium esse 5
sententiam? non est unius una sententia. Illic placet verum,
veritatis una vis, una facies est: apud hos falsa sunt quibus
adsentiuntur. Numquam autem falsis constantia est; variantur
et dissident.

14   'Sed laus' inquit 'nihil aliud quam vox est, vox autem 10
bonum non est.' Cum dicunt claritatem esse laudem bonorum
a bonis redditam, non ad vocem referunt sed ad sententiam.
Licet enim vir bonus taceat sed aliquem iudicet dignum

15 laude esse, laudatus est. Praeterea aliud est laus, aliud lau-
datio, haec et vocem exigit; itaque nemo dicit laudem 15
funebrem sed laudationem, cuius officium oratione constat.
Cum dicimus aliquem laude dignum, non verba illi benigna
hominum sed iudicia promittimus. Ergo laus etiam taciti est

16 bene sentientis ac bonum virum apud se laudantis. Deinde,
ut dixi, ad animum refertur laus, non ad verba, quae con- 20
ceptam laudem egerunt et in notitiam plurium emittunt.
Laudat qui laudandum esse iudicat. Cum tragicus ille apud
nos ait magnificum esse 'laudari a laudato viro', laude digno
ait. Et cum aeque antiquus poeta ait 'laus alit artis', non

    23 *cf. Naevius, trag.* 15.   24 *frg. poet. Rom. inc. 1 p. 137*
Baehrens.

    1 aut *B*: et *φψ*   4 adsensus *Axelson*: adfectus *ω*   5 suspensa *Axelson*
5–6 unam omnium esse sententiam *B*: sent- unam omn- esse *φψ*   6 illic
Rossb.: illi *ω*: illis *Mur.*   11 dicunt *Lips.*: -ant *ω*   bonorum] bono
coni. Hense (conl. pp. 427. 3, 429. 8)   12 redditam *ψ*: reddi iam *Bφ*
16 constat *B²DE*: *om. rell.*   ⟨in⟩ oratione ⟨est⟩ (*om.* constat) *Windhaus*
17 aliqua *Qθ*   illa *QDR¹*: ulla *R²E*   19 sententiis *B¹Q*   21 in
notitiam *ς*: innocentiam *ω*   24 antiquos *B¹*   alit artis (alit artes
iam *Eras.²) Hense*: a litteris *ω*

laudationem dicit, quae corrumpit artes; nihil enim aeque
et eloquentiam et omne aliud studium auribus deditum
vitiavit quam popularis adsensio. Fama vocem utique deside- **17**
rat, claritas potest etiam citra vocem contingere contenta
5 iudicio; plena est non tantum inter tacentis sed etiam inter
reclamantis. Quid intersit inter claritatem et gloriam dicam:
gloria multorum iudiciis constat, claritas bonorum.

  'Cuius' inquit 'bonum est claritas, id est laus bono a **18**
bonis reddita? utrum laudati an laudantis?' Utriusque.
10 Meum, qui laudor; quia natura me amantem omnium
genuit, et bene fecisse gaudeo et gratos me invenisse virtutum
interpretes laetor. Hoc plurium bonum est quod grati sunt,
sed et meum; ita enim animo compositus sum ut aliorum
bonum meum iudicem, utique eorum quibus ipse sum boni
15 causa. Est istud laudantium bonum; virtute enim geritur; **19**
omnis autem virtutis actio bonum est. Hoc contingere illis
non potuisset nisi ego talis essem. Itaque utriusque bonum
est merito laudari, tam mehercules quam bene iudicasse
iudicantis bonum est et eius secundum quem iudicatum est.
20 Numquid dubitas quin iustitia et habentis bonum sit et
autem sit eius cui debitum solvit? Merentem laudare iustitia
est; ergo utriusque bonum est.

  Cavillatoribus istis abunde responderimus. Sed non debet **20**
hoc nobis esse propositum, arguta disserere et philosophiam
25 in has angustias ex sua maiestate detrahere: quanto satius
est ire aperta via et recta quam sibi ipsum flexus disponere
quos cum magna molestia debeas relegere? Neque enim

---

4 etiam *Buech.*: enim ω   7 iudicis *B*: -iis φψ   8 bono] a bono
B¹Q   10 natura me *DE²ψ*: naturam meam *B¹*: naturam mea *Bᶜ*: natura
mea *Qθ*   12 plurium *Dψ*: -rimorum *BQθ*   13 ut] et *B*
14 ipse *vulg.*: iste *BQD*: istius *in ras. R, Eψ*   19 ⟨et⟩ iudicantis
Gertz   21 autem sit *del. man. rec. in B, om. ψ (cf. p. 351. 11)*
23 responderimus *Pinc.*: -debimus *Bφ*: -dimus *ψ*   26 aperta *R²Eψ*:
-te *BQDR¹*

quicquam aliud istae disputationes sunt quam inter se perite
21 captantium lusus. Dic potius quam naturale sit in immensum
mentem suam extendere. Magna et generosa res est humanus
animus; nullos sibi poni nisi communes et cum deo terminos
patitur. Primum humilem non accipit patriam, Ephesum 5
aut Alexandriam aut si quod est etiamnunc frequentius
accolis laetiusve tectis solum: patria est illi quodcumque
suprema et universa circuitu suo cingit, hoc omne convexum
intra quod iacent maria cum terris, intra quod aer humanis
divina secernens etiam coniungit, in quo disposita tot 10
22 numina in actus suos excubant. Deinde artam aetatem sibi
dari non sinit: 'omnes' inquit 'anni mei sunt; nullum saeculum magnis ingeniis clusum est, nullum non cogitationi per-
vium tempus. Cum venerit dies ille qui mixtum hoc divini
humanique secernat, corpus hic ubi inveni relinquam, ipse 15
me diis reddam. Nec nunc sine illis sum, sed gravi terrenoque
23 detineor.' Per has mortalis aevi moras illi meliori vitae longio-
rique proluditur. Quemadmodum decem mensibus tenet nos
maternus uterus et praeparat non sibi sed illi loco in quem
videmur emitti iam idonei spiritum trahere et in aperto 20
durare, sic per hoc spatium quod ab infantia patet in senectutem in alium maturescimus partum. Alia origo nos expectat,
24 alius rerum status. Nondum caelum nisi ex intervallo pati

1–2 se perite captantium *BD*: semper te captantium *Qθ*: serpentes
captare *ψ*   2 disce *ψ*   4 nullus *Qθ*   et om. *ς*, *secl. Madvig, fort. recte*
6 est om. *Qθ*   7 accolis *Pinc.*: oculis *ω*: incolis *ς*   laetiusve tectis
Windhaus: laetius vectis *Bφ*: laetiusve videtur (videt *X*) *ψ*: laetius tectis
Lips.   8 cingitur *φ*   9 tacent *B¹*   10 etiam *Pinc.*: iam *ω*:
tamen *Rossb.*: idem *Castiglioni*   quo *Schweigh.*: quod *ω*   disposito *B¹*
11 lumina *Haase*   artam *ς*: actam *ω, sed* r *ante* c *interposuit corrector
in B*   12 anni mei *ς*: ante mei *BQψ*: ante me *DE*: ante ⟨me anni⟩ mei
Haase   15 corpus *Pinc.*: tempus *ω*   16 diis *ς*: diei *ω*   graviter
regnoque *B¹Qθ*   17 detineor ⟨carcere⟩ *Fick.*   18 decem *ψ*:
invicem *Bφ*   19 sed] et *B*   20 iubemur *Hermes*   22 aluum
B¹QDR¹   origo] regio *Cornelissen* (*conl. p. 455. 16*)

possumus. Proinde intrepidus horam illam decretoriam
prospice: non est animo suprema, sed corpori. Quidquid circa
te iacet rerum tamquam hospitalis loci sarcinas specta:
transeundum est. Excutit redeuntem natura sicut intrantem.
5 Non licet plus efferre quam intuleris, immo etiam ex eo quod **25**
ad vitam adtulisti pars magna ponenda est: detrahetur tibi
haec circumiecta, novissimum velamentum tui, cutis; detrahetur caro et suffusus sanguis discurrensque per totum;
detrahentur ossa nervique, firmamenta fluidorum ac laben-
10 tium. Dies iste quem tamquam extremum reformidas aeterni **26**
natalis est. Depone onus: quid cunctaris, tamquam non prius
quoque relicto in quo latebas corpore exieris? Haeres, relu-
ctaris: tum quoque magno nisu matris expulsus es. Gemis,
ploras: et hoc ipsum flere nascentis est, sed tunc debebat
15 ignosci: rudis et inperitus omnium veneras. Ex maternorum
viscerum calido mollique fomento emissum adflavit aura
liberior, deinde offendit durae manus tactus, tenerque adhuc
et nullius rei gnarus obstipuisti inter ignota: nunc tibi non **27**
est novum separari ab eo cuius ante pars fueris; aequo animo
20 membra iam supervacua dimitte et istuc corpus inhabitatum
diu pone. Scindetur, obruetur, abolebitur: quid contristaris?
ita solet fieri: pereunt semper velamenta nascentium. Quid
ista sic diligis quasi tua? Istis opertus es: veniet qui te
revellat dies et ex contubernio foedi atque olidi ventris
25 educat. Huic nunc quoque tu quantum potes sub⟨duc te⟩ **28**
voluptatique nisi quae * * * necessariisque cohaerebit

---

5 plus *B*: peius φψ   6 detrahetur *vulg.*: -entur ω   12 exieris
sed i *prius in ras. B*: exteris *Q*θ: extit- *D*: exterr- ψ   15 crudis *Q¹R¹*:
cum rudis *Q man. rec.*, ψ   22 semper ς: saepe ω: nempe *Kronenberg*
24 revellat *B*: revelat *Q*: revelet *rell.*   25 huic] hinc ς   25–26 subduc te voluptatique (subduc *iam Bartsch*, voluptatique *von Jan*) *Hense*:
subvoluptariquae *Bφ*: subvoluptaris ψ: subtrahe te voluptatique *Buech.*
26 nisi . . . alienus (*p. 432. 1*) *om.* ψ   necessariis seriisque *Hense*:
necessariis *Bartsch: lacunam statui*

alienus iam hinc altius aliquid sublimiusque meditare:
aliquando naturae tibi arcana retegentur, discutietur ista caligo et lux undique clara percutiet. Imaginare tecum quantus
ille sit fulgor tot sideribus inter se lumen miscentibus. Nulla
serenum umbra turbabit; aequaliter splendebit omne caeli 5
latus: dies et nox aëris infimi vices sunt. Tunc in tenebris
vixisse te dices cum totam lucem et totus aspexeris, quam
nunc per angustissimas oculorum vias obscure intueris, et
tamen admiraris illam iam procul: quid tibi videbitur divina
29 lux cum illam suo loco videris? Haec cogitatio nihil sordidum 10
animo subsidere sinit, nihil humile, nihil crudele. Deos
rerum omnium esse testes ait; illis nos adprobari, illis in
futurum parari iubet et aeternitatem proponere. Quam qui
mente concepit nullos horret exercitus, non terretur tuba,
30 nullis ad timorem minis agitur. Quidni non timeat qui 15
mori sperat? is quoque qui animum tamdiu iudicat manere
quamdiu retinetur corporis vinculo, solutum statim spargi,
id agit ut etiam post mortem utilis esse possit. Quamvis enim
ipse ereptus sit oculis, tamen

> multa viri virtus animo multusque recursat   20
> gentis honos.

Cogita quantum nobis exempla bona prosint: scies magnorum
virorum non minus praesentiam esse utilem quam memoriam.
Vale.

20 *Verg. Aen. 4. 3–4.*

---

1 iam ς: tam ω   7 et *om.* ς   11 resinit *B*   12 omnium rerum φ
13 et *om. Qθ*   14 concipit *B*¹   15 ad] at *B*¹*Q*¹   16 is *Buech.*:
se *BD*: sed *Qθψ*: si is *Eras.*²   17 spargi *B*ᶜ: spargit ω   18 id agit
om. B   20 multusque ς: -tumque ω   recursat ς: recusat *B*φ:
remansit ψ

103   SENECA LVCILIO SVO SALVTEM

Quid ista circumspicis quae tibi possunt fortasse evenire 1
sed possunt et non evenire? Incendium dico, ruinam, alia
quae nobis incidunt, non insidiantur: illa potius vide, illa
5 [vide] vita [illa] quae nos observant, quae captant. Rari sunt
casus, etiamsi graves, naufragium facere, vehiculo everti: ab
homine homini cotidianum periculum. Adversus hoc te
expedi, hoc intentis oculis intuere; nullum est malum frequentius, nullum pertinacius, nullum blandius. Tempestas 2
10 minatur antequam surgat, crepant aedificia antequam cor-
ruant, praenuntiat fumus incendium: subita est ex homine
pernicies [est], et eo diligentius tegitur quo propius accedit.
Erras si istorum tibi qui occurrunt vultibus credis: hominum
effigies habent, animos ferarum, nisi quod illarum pernicio-
15 sus est primus incursus: quos transiere non quaerunt.
Numquam enim illas ad nocendum nisi necessitas incitat;
[hae] aut fame aut timore coguntur ad pugnam: homini
perdere hominem libet. Tu tamen ita cogita quod ex homine 3
periculum sit ut cogites quod sit hominis officium; alterum
20 intuere ne laedaris, alterum ne laedas. Commodis omnium
laeteris, movearis incommodis, et memineris quae praestare
debeas, quae cavere. Sic vivendo quid consequaris? non te ne 4
noceant, sed ne fallant. Quantum potes autem in philosophiam recede: illa te sinu suo proteget, in huius sacrario eris
25 aut tutus aut tutior. Non arietant inter se nisi in eadem

3–4 incendium... alia quae *Pinc.*: incidentium... aliqua ω   4–5 illa
vita *Haase*: illa vide vita illa (illa *alterum om. W*) *BQRψ*: illa devita *DE*:
illa tu devita, illa *Beltrami*   5 rari *Pinc.*: paries *B*: pares *φψ*   9 tempestas *B^cφ*: abtempestas *B¹*: at temp- *ψ*: ac temp- *Buech.*   11 est
om. ψ   12 est *om. θ*   eo] ei *B¹Q¹R¹*   14 perniciosus *von Jan*:
-tiosius *BQ*: -ciosior *rell.*   16–17 incitat. [hae] *Haase*: incitat hae *ψ*:
inicit hae *Bφ*   18 libet *θ*: licet *rell.*   22 consequaris *BQR*: -eris *rell.*
24 secede *Dʃ*   sinu *Eras.²*: nisu ω   25 se nisi in *E, in ras. R*: se
nisui *B*: se nisu *ψ*: senes ut *Q¹*: se senes ut *Q man. rec., D*   eadem
Madvig: eodem ω

433

5 ambulantes via. Ipsam autem philosophiam non debebis
iactare; multis fuit periculi causa insolenter tractata et contumaciter: tibi vitia detrahat, non aliis exprobret. Non
abhorreat a publicis moribus nec hoc agat ut quidquid non
facit damnare videatur. Licet sapere sine pompa, sine 5
invidia. Vale.

104   SENECA LVCILIO SVO SALVTEM

1   In Nomentanum meum fugi—quid putas? urbem? immo
febrem et quidem subrepentem; iam manum mihi iniecerat.
Medicus initia esse dicebat motis venis et incertis et naturalem 10
turbantibus modum. Protinus itaque parari vehiculum
iussi; Paulina mea retinente exire perseveravi. Illud mihi in
ore erat domini mei Gallionis, qui cum in Achaia febrem
habere coepisset, protinus navem escendit clamitans non
2 corporis esse sed loci morbum. Hoc ego Paulinae meae dixi, 15
quae mihi valetudinem meam commendat. Nam cum sciam
spiritum illius in meo verti, incipio, ut illi consulam, mihi
consulere. Et cum me fortiorem senectus ad multa reddiderit,
hoc beneficium aetatis amitto; venit enim mihi in mentem in
hoc sene et adulescentem esse cui parcitur. Itaque quoniam 20
ego ab illa non inpetro ut me fortius amet, ⟨a me⟩ inpetrat
3 illa ut me diligentius amem. Indulgendum est enim honestis
adfectibus; et interdum, etiam si premunt causae, spiritus

1 via *Madvig*: quia (quid *D*) *B*φ: qui ψ   ipsam autem *Mur.*: autem
ipsam *B*φ: tamen ψ   8 urbem *BDθ*: umbram *Q*: imbrem ψ
10–11 medicus initia ... turbantibus modum *inter* retinente *et* exire (*v. 12*)
ω: *traiecit Gertz*   10 mortis *Qθ*   venis et *Schweigh.*: venis set *B*¹:
venis sed *B*ᶜ*QD* ψ: venisse de *R*²*E*   13 ore *B*²*DE*: ope *rell.*   14 escendit *B*¹: desc- *Q*: asc- *rell.*: consc- *Windhaus* (*cf. p. 438. 21*)   16 sciam
ς: scias ω   19 hoc beneficium aetatis *frustra temptatum* (*cf.
pp. 387. 11, 510. 15–16*)   21 a me *hic suppl. Gertz*: *post* illa *Mur.*:
post inpetrat ς

in honorem suorum vel cum tormento revocandus et in ipso
ore retinendus est, cum bono viro vivendum sit non quamdiu
iuvat sed quamdiu oportet: ille qui non uxorem, non amicum
tanti putat ut diutius in vita commoretur, qui perseverabit
5 mori, delicatus est. Hoc quoque imperet sibi animus, ubi
utilitas suorum exigit, nec tantum si vult mori, sed si coepit,
intermittat et ⟨se⟩ suis commodet. Ingentis animi est aliena **4**
causa ad vitam reverti, quod magni viri saepe fecerunt; sed
hoc quoque summae humanitatis existimo, senectutem suam,
10 cuius maximus fructus est securior sui tutela et vitae usus
animosior, attentius ⟨curare⟩, si scias alicui id tuorum esse
dulce, utile, optabile. Habet praeterea in se non mediocre **5**
ista res gaudium et mercedem; quid enim iucundius quam
uxori tam carum esse ut propter hoc tibi carior fias? Potest
15 itaque Paulina mea non tantum suum mihi timorem inputare
sed etiam meum.

Quaeris ergo quomodo mihi consilium profectionis ces- **6**
serit? Ut primum gravitatem urbis excessi et illum odorem
culinarum fumantium quae motae quidquid pestiferi vaporis
20 sorbuerunt cum pulvere effundunt, protinus mutatam valetudinem sensi. Quantum deinde adiectum putas viribus postquam vineas attigi? in pascuum emissus cibum meum invasi.
Repetivi ergo iam me; non permansit marcor ille corporis
dubii et male cogitantis. Incipio toto animo studere. Non **7**
25 multum ad hoc locus confert nisi se sibi praestat animus,
qui secretum in occupationibus mediis si volet habebit:
at ille qui regiones eligit et otium captat ubique quo

---

3 iuvat ς: vivat ω   4 putet *B*[1]*Q*   perseverabit ψ: -abat
*B*φ   7 se *hoc loco supplevi*: *post* suis *iam* ς   commodet ψ: -mendet
*B*φ   11 curare *add.* ς (*cf. pp. 192. 3, 486. 19, 510. 27*)   alicui
id *Buech.*: aliquid ω: alicui ς   14 ut *om.* *BQ*[1]*R*   18–20 -cessi
et . . . cum *om.* ψ   20 sorbuerunt *Castiglioni*: obruent ω: sorbent
Busche: obsorbent *Buech.*   24 male cogitantis *cf. p. 18. 23, ben.*
2. 23. 1, 6. 37. 3

distringatur inveniet. Nam Socraten querenti cuidam quod
nihil sibi peregrinationes profuissent respondisse ferunt, 'non
8 inmerito hoc tibi evenit; tecum enim peregrinabaris'. O quam
bene cum quibusdam ageretur, si a se aberrarent! Nunc
premunt se ipsi, sollicitant, corrumpunt, territant. Quid 5
prodest mare traicere et urbes mutare? si vis ista quibus ur-
gueris effugere, non aliubi sis oportet sed alius. Puta venisse te
Athenas, puta Rhodon; elige arbitrio tuo civitatem: quid ad
9 rem pertinet quos illa mores habeat? tuos adferes. Divitias
iudicabis bonum: torquebit te paupertas, quod est miserri- 10
mum, falsa. Quamvis enim multum possideas, tamen, quia
aliquis plus habet, tanto tibi videris defici quanto vinceris.
Honores iudicabis bonum: male te habebit ille consul factus,
ille etiam refectus; invidebis quotiens aliquem in fastis
saepius legeris. Tantus erit ambitionis furor ut nemo tibi 15
10 post te videatur si aliquis ante te fuerit. Maximum malum
iudicabis mortem, cum ⟨in⟩ illa nihil sit mali nisi quod ante
ipsam est, timeri. Exterrebunt te non tantum pericula sed
suspiciones; vanis semper agitaberis. **Quid enim proderit**

> evasisse tot urbes   20
> Argolicas mediosque fugam tenuisse per hostis?

Ipsa pax timores sumministrabit; ne tutis quidem habebitur
fides consternata semel mente, quae ubi consuetudinem
pavoris inprovidi fecit, etiam ad tutelam salutis suae inhabilis

20 *Verg. Aen. 3. 282–3.*

1 nam] iam *malit Hense*: narrant (*om.* ferunt *v. 2*) *Windhaus*   2 ferunt
B²DE: *om. B¹QR*: aiunt *ψ*   5 premunt *Bartsch*: primum *ω*   ipsi
Hense: ipsos *ω*   7 puta *DR²ψ*: putas *rell.*   9 illa *B²DEX²*:
ille *rell.*   tu tuos *ψ*   11–12 quia aliquis plus *ς*: qui aliqui
situs *Bφ*: quae aliquis situs *ψ*   12 tanto *ς*: quanto *ω*   videris]
videberis *Pinc.*   13 iudicabis *ς*: -catus *B¹QDRψ*: -cas *B man. rec.*, *E*
14 invidebis *ς*: videberis *Bψ*: videbitur *ψ*   17 in *suppl.* *ς* (*confert
Hense p. 86. 8*)   21 hostis *B*: -tes *φψ*

est. Non enim vitat sed fugit; magis autem periculis patemus
aversi. Gravissimum iudicabis malum aliquem ex his quos **11**
amabis amittere, cum interim hoc tam ineptum erit quam
flere quod arboribus amoenis et domum tuam ornantibus
5 decidant folia. Quidquid te delectat aeque vide †ut videres†:
dum virent, utere. Alium alio die casus excutiet, sed quemadmodum frondium iactura facilis est quia renascuntur, sic
istorum quos amas quosque oblectamenta vitae putas esse
damnum, quia reparantur etiam si non renascuntur. 'Sed non **12**
10 erunt idem.' Ne tu quidem idem eris. Omnis dies, omnis hora
te mutat; sed in aliis rapina facilius apparet, hic latet, quia
non ex aperto fit. Alii auferuntur, at ipsi nobis furto sub-
ducimur. Horum nihil cogitabis nec remedia vulneribus
oppones, sed ipse tibi seres sollicitudinum causas alia sperando,
15 alia desperando? Si sapis, alterum alteri misce: nec speraveris
sine desperatione nec desperaveris sine spe.

Quid per se peregrinatio prodesse cuiquam potuit? Non **13**
voluptates illa temperavit, non cupiditates refrenavit, non
iras repressit, non indomitos amoris impetus fregit, nulla
20 denique animo mala eduxit. Non iudicium dedit, non dis-
cussit errorem, sed ut puerum ignota mirantem ad breve
tempus rerum aliqua novitate detinuit. Ceterum incon- **14**
stantiam mentis, quae maxime aegra est, lacessit, mobiliorem
levioremque reddit ipsa iactatio. Itaque quae petierant
25 cupidissime loca cupidius deserunt et avium modo transvolant
citiusque quam venerant abeunt. Peregrinatio notitiam dabit **15**

1 est $R^2\psi$: es $B\phi$ patemus $\psi\varsigma$: lat- $B\phi$ 5–6 quidquid . . .
excutiet *om.* ψ 5 videt QR^1 ut videres BDR^2E: aut videres QR^1: ut
⟨flores⟩ virides *Haase*: ut virides frondes *Rossb.*: *fort.* ⟨ac frondes⟩ [ut]
virides   6 virent utere *Haase*: vireret (viv- Q) uter ω 9 damnum
secl. Haase   10 nec QD ora B 12 fit $\psi\varsigma$: fiet $B\phi$ 14 ap-
pones ψ · 15 sapis ψ: satis $B\phi$ misce ς (*confert Hense p. 467.
3–4*): -ces ω: -cens *Buech.*   16 speratione nec speraveris B 21 ignota
mirantem] ignorantem ϕ 22–23 inconstantiam θ: -tia *rell.*   24 iactatio B: tract- $\phi\psi$

gentium, novas tibi montium formas ostendet, invisitata
spatia camporum et inriguas perennibus aquis valles; alicuius
fluminis ⟨singularem ponet⟩ sub observatione naturam, sive
ut Nilus aestivo incremento tumet, sive ut Tigris eripitur ex
oculis et acto per occulta cursu integrae magnitudinis redditur, 5
sive ut Maeander, poetarum omnium exercitatio et ludus,
implicatur crebris anfractibus et saepe in vicinum alveo suo
admotus, antequam sibi influat, flectitur: ceterum neque
16 meliorem faciet neque saniorem. Inter studia versandum est
et inter auctores sapientiae ut quaesita discamus, nondum 10
inventa quaeramus; sic eximendus animus ex miserrima servitute in libertatem adseritur. Quamdiu quidem nescieris
quid fugiendum, quid petendum, quid necessarium, quid
supervacuum, quid iustum, quid iniustum, quid honestum,
quid inhonestum sit, non erit hoc peregrinari sed errare. 15
17 Nullam tibi opem feret iste discursus; peregrinaris enim cum
adfectibus tuis et mala te tua sequuntur. Utinam quidem
sequerentur! Longius abessent: nunc fers illa, non ducis.
Itaque ubique te premunt et paribus incommodis urunt.
18 Medicina aegro, non regio quaerenda est. Fregit aliquis crus 20
aut extorsit articulum: non vehiculum navemque conscendit,
sed advocat medicum ut fracta pars iungatur, ut luxata in
locum reponatur. Quid ergo? animum tot locis fractum et
extortum credis locorum mutatione posse sanari? Maius est
19 istud malum quam ut gestatione curetur. Peregrinatio non 25
facit medicum, non oratorem; nulla ars loco discitur: quid
ergo? sapientia, ars omnium maxima, in itinere colligitur?
Nullum est, mihi crede, iter quod te extra cupiditates, extra

3 singularem ponet *hic supplevi*: observatione ⟨ponet singularem⟩ *vel*
⟨ponet rariorem⟩ *iam coni. Hense (conl. ben. 7. 9. 1, nat. 3. 1. 2, 4a. 2. 10)*
5 magnitudinis *J. Mueller*: -ini ω   6 maeander *BD*: menander *rell.*
7 acfractibus *B*   8 influxit (-fluxi *Q¹*) *Qψ*   9 faciet *ς*: -ient *ω*
14–15 quid iniustum quid honestum quid inhonestum *ψ*: quid honestum *Bφ*
16 nullum *B*   19 urunt] erunt *B*   26 ars *Hense*: res *ω*   28 te *Eras.¹*: se *ω*

iras, extra metus sistat; aut si quod esset, agmine facto gens
illuc humana pergeret. Tamdiu ista urguebunt mala macera-
buntque per terras ac maria vagum quamdiu malorum
gestaveris causas. Fugam tibi non prodesse miraris? tecum **20**
5 sunt quae fugis. Te igitur emenda, onera tibi detrahe et
[emenda] desideria intra salutarem modum contine; omnem ex animo erade nequitiam. Si vis peregrinationes
habere iucundas, comitem tuum sana. Haerebit tibi
avaritia quamdiu avaro sordidoque convixeris; haerebit
10 tumor quamdiu superbo conversaberis; numquam saevitiam
in tortoris contubernio pones; incendent libidines tuas
adulterorum sodalicia. Si velis vitiis exui, longe a vitiorum **21**
exemplis recedendum est. Avarus, corruptor, saevus, fraudu-
lentus, multum nocituri si prope a te fuissent, intra te sunt.
15 Ad meliores transi: cum Catonibus vive, cum Laelio, cum
Tuberone. Quod si convivere etiam Graecis iuvat, cum
Socrate, cum Zenone versare: alter te docebit mori si necesse
erit, alter antequam necesse erit. Vive cum Chrysippo, cum **22**
Posidonio: hi tibi tradent humanorum divinorumque noti-
20 tiam, hi iubebunt in opere esse nec tantum scite loqui et in
oblectationem audientium verba iactare, sed animum in-
durare et adversus minas erigere. Unus est enim huius vitae
fluctuantis et turbidae portus eventura contemnere, stare
fidenter ac paratum tela fortunae adverso pectore excipere,
25 non latitantem nec tergiversantem. Magnanimos nos natura **23**
produxit, et ut quibusdam animalibus ferum dedit, quibus-

17 *Zeno Stoic. frg. 258 ab Arnim.*

6 emenda *del. Mur.*: demenda *Hense*   salutarem *Haase* (*cf. dial. 3.*
7. 1): salutem ω   9–10 haerebit tumor ς: habebit umor *B*[1]: habebit
timor *B*[c]*D*: habebit humor *Q*: haerebit humor (*in ras. R*) θ: haerebis humo
ψ   10 superbo *R*[2]: super ω   conversaberis *QD*: -averis *B*θ: -aris ψ
13 saevos *B*[1]   15 aelio *B*[1]*Q*θ   22 unus *BE*: unum *rell.*   24 ac
paratum *Gemoll*: adpartum *B*φ: ad portum ψ: adparatum *Rossb.*   25 magnanimos *D*: -mes *rell.*

dam subdolum, quibusdam pavidum, ita nobis gloriosum et
excelsum spiritum quaerentem ubi honestissime, non ubi
tutissime vivat, simillimum mundo, quem quantum mortalium passibus licet sequitur aemulaturque; profert se, laudari
24 et aspici credit. ⟨Dominus⟩ omnium est, supra omnia est; 5
itaque nulli se rei summittat, nihil illi videatur grave, nihil
quod virum incurvet.

       Terribiles visu formae, Letumque Labosque:
minime quidem, sī quis rectis oculis intueri illa possit et
tenebras perrumpere; multa per noctem habita terrori dies 10
vertit ad risum.

       Terribiles visu formae, Letumque Labosque:
25 egregie Vergilius noster non re dixit terribiles esse sed visu,
id est videri, non esse. Quid, inquam, in istis est tam for-
midabile quam fama vulgavit? quid est, obsecro te, Lucili, 15
cur timeat laborem vir, mortem homo? Totiens mihi occurrunt isti qui non putant fieri posse quidquid facere non pos-
26 sunt, et aiunt nos loqui maiora quam quae humana natura
sustineat. At quanto ego de illis melius existimo! ipsi quoque
haec possunt facere, sed nolunt. Denique quem umquam ista 20
destituere temptantem? cui non faciliora apparuere in actu?
Non quia difficilia sunt non audemus, sed quia non audemus
27 difficilia sunt.

  Si tamen exemplum desideratis, accipite Socraten, per-
pessicium senem, per omnia aspera iactatum, invictum tamen 25
et paupertate, quam graviorem illi domestica onera facie-

   8 *Verg. Aen.* 6. 277.

    4 passibus ς: passus ω: passu *Haase*   5 credit] gestit *Pinc.*:
quaerit *Gruter*: cupit *Hermes*   dominus *suppl.* ς   6 videtur $Q\theta$
8 terribilis BQR^1 visus B^1QR^1 9 possis B^1Q 10 terroris Q:
(habitat) erroris θ 13 vergilius B^1Q: vir- *rell.*   non ς: in $B\phi$: non
in ψ 14 esse] posse BD est] sese $Q\theta$ 18 nos ς: hos $BQD\psi$:
om. θ 22 audemus (*alterum*) B man. rec., $D\psi$: -eant B^1Q^1R: -eamus
Q man. rec., E

bant, et laboribus, quos militares quoque pertulit. Quibus
ille domi exercitus, sive uxorem eius moribus feram, lingua
petulantem, sive liberos indociles et matri quam patri
similiores †siveret† aut in bello fuit aut in tyrannide aut in
5 libertate bellis ac tyrannis saeviore. Viginti et septem annis **28**
pugnatum est; post finita arma triginta tyrannis noxae dedita
est civitas, ex quibus plerique inimici erant. Novissime
damnatio est sub gravissimis nominibus impleta: obiecta est
et religionum violatio et iuventutis corruptela, quam in-
10 mittere in deos, in patres, in rem publicam dictus est. Post
haec carcer et venenum. Haec usque eo animum Socratis non
moverant ut ne vultum quidem moverint. ⟨O⟩ illam mira-
bilem laudem et singularem! usque ad extremum nec hilario-
rem quisquam nec tristiorem Socraten vidit; aequalis fuit in
15 tanta inaequalitate fortunae.

   Vis alterum exemplum? accipe hunc M. Catonem recen- **29**
tiorem, cum quo et infestius fortuna egit et pertinacius. Cui
cum omnibus locis obstitisset, novissime et in morte, ostendit
tamen virum fortem posse invita fortuna vivere, invita mori.
20 Tota illi aetas aut in armis est exacta civilibus aut †intacta†
concipiente iam civile bellum; et hunc licet dicas non minus
quam Socraten †inseruisse dixisset† nisi forte Cn. Pompeium
et Caesarem et Crassum putas libertatis socios fuisse. Nemo **30**
mutatum Catonem totiens mutata re publica vidit; eundem

   2 exercitus ⟨est⟩ *ς*: ⟨est⟩ exercitus *Schweigh.*   eius ⟨spectes⟩ *Mur.*,
sim. alii   4 sivere *BQθ*: sive *ψ*: sic fere *D*: intuere *Buech.*: con-
sideres *Beltrami* (*cf. nat.* 7. 27. 6): foris vero *Madvig*: si vere ⟨reputes⟩
Hense²   6 xxx ω   7 civitates *B¹Q¹R¹*   novissime *H.*
Georgii: -ma ω   8 nominibus *Lips.*: hom- ω   12 o *suppl. Buech.*
18 cum *in marg.* B, D: *om. rell.*   obstitisset *BᶜDE* obstitissit *B¹*:
obstitit *in ras.* R, *ψ*: obstitis obstitisti *Q*   mortem *B¹Qθ*   19 invita
fortuna invita *B¹QRWX¹*   20 intacta *BD*: in tanta *Qθ*: in tempore
ψ: in pace *Gronovius, fort. recte: alii alia*   22 inseruisse dixisse
Bφ: *om. ψ*: in servitute vixisse *ς*: inter servos vixisse *Bartsch*: in servis
eluxisse *Buech.*: servituti se eduxisse *Haase*

se in omni statu praestitit, in praetura, in repulsa, in accusa-
tione, in provincia, in contione, in exercitu, in morte.
Denique in illa rei publicae trepidatione, cum illinc Caesar
esset decem legionibus pugnacissimis subnixus, totis extera-
rum gentium praesidiis, hinc Cn. Pompeius, satis unus 5
adversus omnia, cum alii ad Caesarem inclinarent, alii ad
31 Pompeium, solus Cato fecit aliquas et rei publicae partes. Si
animo conplecti volueris illius imaginem temporis, videbis
illinc plebem et omnem erectum ad res novas vulgum, hinc
optumates et equestrem ordinem, quidquid erat in civitate 10
sancti et electi, duos in medio relictos, rem publicam et
Catonem. Miraberis, inquam, cum animadverteris

    Atriden Priamumque et saevom ambobus Achillen;

32 utrumque enim inprobat, utrumque exarmat. Hanc fert de
utroque sententiam: ait se, si Caesar vicerit, moriturum, si 15
Pompeius, exulaturum. Quid habebat quod timeret qui ipse
sibi et victo et victori constituerat quae constituta esse ab
hostibus iratissimis poterant? Perît itaque ex decreto suo.
33 Vides posse homines laborem pati: per medias Africae solitudines pedes duxit exercitum. Vides posse tolerari sitim: in 20
collibus arentibus sine ullis inpedimentis victi exercitus reliquias trahens inopiam umoris loricatus tulit et, quotiens
aquae fuerat occasio, novissimus bibit. Vides honorem et
notam posse contemni: eodem quo repulsus est die in comi-
tio pila lusit. Vides posse non timeri potentiam superiorum: 25
et Pompeium et Caesarem, quorum nemo alterum offendere
audebat nisi ut alterum demereretur, simul provocavit.

---

13 cf. *Verg. Aen. 1. 458.*

---

1 se] ne *B¹QR¹*   repulsa] re publica *QD*   4 tot *ς*   9 o-
mnem *Q man. rec.*: omne ω   13 Atridas *Verg.*   primumque *B¹Q¹R¹*
saevom *B¹*: -vum *Bᶜφψ*   Achillem *Verg.*   16 qui ipse *Hense*: qui id
BD: quid *Qθ*: qui *ψς, edd. multi*   18 perit *B¹Qθψ*: -iit *B²D*   21 collis
B¹Q

Vides tam mortem posse contemni quam exilium: et exilium
sibi indixit et mortem et interim bellum. Possumus itaque **34**
adversus ista tantum habere animi, libeat modo subducere
iugo collum. In primis autem respuendae voluptates: ener-
5 vant et effeminant et multum petunt, multum autem a
fortuna petendum est. Deinde spernendae opes: auctora-
menta sunt servitutum. Aurum et argentum et quidquid
aliud felices domos onerat relinquatur: non potest gratis
constare libertas. Hanc si magno aestimas, omnia parvo
10 aestimanda sunt. Vale.

105 SENECA LVCILIO SVO SALVTEM

Quae observanda tibi sint ut tutior vivas dicam. Tu tamen **1**
sic audias censeo ista praecepta quomodo si tibi praeciperem
qua ratione bonam valetudinem in Ardeatino tuereris. Con-
15 sidera quae sint quae hominem in perniciem hominis
instigent: invenies spem, invidiam, odium, metum, con-
temptum. Ex omnibus istis adeo levissimum est contemptus **2**
ut multi in illo remedii causa delituerint. Quem quis contemnit, calcat sine dubio sed transit; nemo homini contempto
20 pertinaciter, nemo diligenter nocet; etiam in acie iacens
praeteritur, cum stante pugnatur.

Spem inproborum vitabis si nihil habueris quod cupidi- **3**
tatem alienam et inprobam inritet, si nihil insigne possederis;
concupiscuntur enim etiam †pars innotarum sunt sic raro†.
25 Invidiam effugies si te non ingesseris oculis, si bona tua non

---

4 respuendae (sunt) *ed. Arg.*: restituendae ω   6 spernendae
Eras.²: sperandae ω   14 in ardeatino tuereris *Bᶜψ*: in ardeatino
tueroris *B¹*: inardeat motu erroris *φ*   16 motum *B*   17 istis adeo]
ista deo *B¹*: iis adeo *Bᶜ*   19 calcat] vincat *B¹*: vincit *Bᶜ*   24 pars
innotarum sunt. sic raro *B*: si parum nota sunt. sic raro (si raro *R¹E*) *φ*: si
parum nota sunt. sic vero *ψ*: parva, si notabilia (*melius* parum nota *Buech.*,
nota parum *Rossb.*) sunt, si rara *Madvig*

iactaveris, si scieris in sinu gaudere: Odium aut est ex offensa
(hoc vitabis neminem lacessendo) aut gratuitum, a quo te
sensus communis tuebitur. Fuit hoc multis periculosum:
4 quidam odium habuerunt nec inimicum. Illud, ne timearis,
praestabit tibi et fortunae mediocritas et ingenî lenitas: 5
eum esse te homines sciant quem offendere sine periculo
possint; reconciliatio tua et facilis sit et certa. Timeri autem
tam domi molestum est quam foris, tam a servis quam a
liberis: nulli non ad nocendum satis virium est. Adice nunc
quod qui timetur timet: nemo potuit terribilis esse secure. 10
5 Contemptus superest, cuius modum in sua potestate habet
qui illum sibi adiunxit, qui contemnitur quia voluit, non
quia debuit. Huius incommodum et artes bonae discutiunt et
amicitiae eorum qui apud aliquem potentem potentes sunt,
quibus adplicari expediet, non inplicari, ne pluris remedium 15
quam periculum constet.
6   Nihil tamen aeque proderit quam quiescere et minimum
cum aliis loqui, plurimum secum. Est quaedam dulcedo
sermonis quae inrepit et eblanditur et non aliter quam
ebrietas aut amor secreta producit. Nemo quod audierit 20
tacebit, nemo quantum audierit loquetur; qui rem non
tacuerit non tacebit auctorem. Habet unusquisque aliquem
cui tantum credat quantum ipsi creditum est; ut garrulitatem
suam custodiat et contentus sit unius auribus, populum
faciet; sic quod modo secretum erat rumor est.   25
7   Securitatis magna portio est nihil inique facere: confusam
vitam et perturbatam inpotentes agunt; tantum metuunt
quantum nocent, nec ullo tempore vacant. Trepidant enim
cum fecerunt, haerent; conscientia aliud agere non patitur ac
subinde respondere ad se cogit. Dat poenas quisquis expectat; 30

1 aut est *Haase*: autem ω   5 ingenii ω   25 sic *B*ᶜ*DE*: sit *B*¹:
si *QR*ψ *sunt qui legunt*   26 inqui ς   28 illo *B*   30 quisque
*B*¹*Q*: quis qui *in ras. R, E*¹

quisquis autem meruit expectat. Tutum aliqua res in mala 8
conscientia praestat, nulla securum; putat enim se, etiam si
non deprenditur, posse deprendi, et inter somnos movetur et,
quotiens alicuius scelus loquitur, de suo cogitat; non satis illi
5 oblitteratum videtur, non satis tectum. Nocens habuit
aliquando latendi fortunam, numquam fiduciam. Vale.

106   SENECA LVCILIO SVO SALVTEM

Tardius rescribo ad epistulas tuas, non quia districtus 1
occupationibus sum. Hanc excusationem cave audias: vaco,
10 et omnes vacant qui volunt. Neminem res sequuntur: ipsi
illas amplexantur et argumentum esse felicitatis occupa-
tionem putant. Quid ergo fuit quare non protinus rescriberem? id de quo quaerebas veniebat in contextum operis
mei; scis enim me moralem philosophiam velle conplecti et 2
15 omnes ad eam pertinentis quaestiones explicare. Itaque
dubitavi utrum differrem te donec suus isti rei veniret locus,
an ius tibi extra ordinem dicerem: humanius visum est tam
longe venientem non detinere. Itaque et hoc ex illa serie 3
rerum cohaerentium excerpam et, si qua erunt eiusmodi,
20 non quaerenti tibi ultro mittam.

Quae sint haec interrogas? Quae scire magis iuvat quam
prodest, sicut hoc de quo quaeris: bonum an corpus sit?
Bonum facit; prodest enim; quod facit corpus est. Bonum 4
agitat animum et quodam modo format et continet, quae
25 [ergo] propria sunt corporis. Quae corporis bona sunt corpora sunt; ergo et quae animi sunt; nam et hoc corpus est.

3 deprenditur *B*: deprehen- φψ *et sic* depre(he)ndi   8 districtus *Eψ*:
des- *rell*.   13 id *Madvig*: ei ω   contextum ς: -tectum *Bφ*:
-temptum ψ   15 pertinentis *B*: -tes φψ   17 an *post* te (*v. 16*) ω,
ante ius *transp. F. Eisele*   dicerem *B*: -ere φψ   23 facit: prodest
Schweig. (*conl. p. 495. 4–5*): prodest. facile ω   25 ergo *secl. Schweigh.*
26 animis *B¹QD*

5 Bonum hominis necesse est corpus sit, cum ipse sit corporalis.
Mentior, nisi et quae alunt illum et quae valetudinem eius vel
custodiunt vel restituunt corpora sunt; ergo et bonum eius
corpus est. Non puto te dubitaturum an adfectus corpora
sint (ut aliud quoque de quo non quaeris infulciam), tam- 5
quam ira, amor, tristitia, nisi dubitas an vultum nobis
mutent, an frontem adstringant, an faciem diffundant, an
ruborem evocent, an fugent sanguinem. Quid ergo? tam
6 manifestas notas corporis credis inprimi nisi a corpore? Si
adfectus corpora sunt, et morbi animorum, ut avaritia, 10
crudelitas, indurata vitia et in statum inemendabilem
adducta; ergo et malitia et species eius omnes, malignitas,
7 invidia, superbia; ergo et bona, primum quia contraria istis
sunt, deinde quia eadem tibi indicia praestabunt. An non
vides quantum oculis det vigorem fortitudo? quantam 15
intentionem prudentia? quantam modestiam et quietem
reverentia? quantam serenitatem laetitia? quantum rigorem
severitas? quantam remissionem lenitas? Corpora ergo sunt
quae colorem habitumque corporum mutant, quae in illis
regnum suum exercent. Omnes autem quas rettuli virtutes 20
8 bona sunt, et quidquid ex illis est. Numquid est dubium an
id quo quid tangi potest corpus sit?

   Tangere enim et tangi nisi corpus nulla potest res,

ut ait Lucretius. Omnia autem ista quae dixi non mutarent
9 corpus nisi tangerent; ergo corpora sunt. Etiam nunc cui 25

23 *Lucr. 1. 304.*

------

2 illum *Haase*: illud ω   6 nisi dubitas *Gertz*: si dubitas *B*ψ:
subdubitas ψ   8 fugent *B*c ψ: fugenti *B*¹: fugientem φ   9 corpori
Mur. (*cf. pp.* 68. 4, 117. 9)   inprimi ς: incrimi *B*¹: in crimine *B*
man. rec., *D*ψ: incrimen *Q*θ   10 ut ψ: et *B*φ   12 omnis φ
18 lenitas *Haase* (*confert Axelson dial.* 6. 18. 2): veritas *B*φ: venus φ:
comitas *Bentley*   20 rettuli *B*: retuli ψ: retulimus ψ   21 bona
ς: bonae ω

tanta vis est ut inpellat et cogat et retineat et inhibeat corpus
est. Quid ergo? non timor retinet? non audacia inpellit? non
fortitudo inmittit et impetum dat? non moderatio refrenat
ac revocat? non gaudium extollit? non tristitia deducit?
5 Denique quidquid facimus aut malitiae aut virtutis gerimus 10
imperio: quod imperat corpori corpus est, quod vim corpori
adfert, corpus. Bonum corporis corporale est, bonum hominis
et corporis bonum est; itaque corporale est.

   Quoniam, ut voluisti, morem gessi tibi, nunc ipse dicam 11
10 mihi quod dicturum esse te video: latrunculis ludimus. In
supervacuis subtilitas teritur: non faciunt bonos ista sed
doctos. Apertior res est sapere, immo simplicior: paucis 12
⟨satis⟩ est ad mentem bonam uti litteris, sed nos ut cetera in
supervacuum diffundimus, ita philosophiam ipsam. Quemad-
15 modum omnium rerum, sic litterarum quoque intemperantia
laboramus: non vitae sed scholae discimus. Vale.

107   SENECA LVCILIO SVO SALVTEM

   Ubi illa prudentia tua? ubi in dispiciendis rebus subtilitas? 1
ubi magnitudo? Tam pusilla ⟨te res⟩ tangit? Servi occupationes
20 tuas occasionem fugae putaverunt. Si amici deciperent
(habeant enim sane nomen quod illis noster error inposuit,
et vocentur quo turpius non sint) * * * omnibus rebus
tuis desunt illi qui et operam tuam conterebant et te aliis

---

1 inhibeat *Gertz:* iubeat ω   4 renovat *Qθ*   deducit *Gertz:*
add- *Bφ:* abd- *ψ*   6 est *ς:* sit ω: si *Buech.*   7 corpus ⟨est⟩ *ς*
corporale est *ψ:* corporalis *Bφ:* corporalest *Windhaus*   8 corporale *ψ:*
corporalis *Bφ*   11–13 bonos ista . . . mentem bonam *om. ψ*
12 simpliciter (*sed te in ras.*) *B*   paucis] faucis *B*   13 satis *suppl. ς* (*cf. p.*
3. 7, dial. 9, 9. 4)   15 intemperantiam *QDR*   16 discimus
*BEX*²*:* dic- *rell.*   19 tam *ς:* iam ω   te res tangit *Hense*
(*qui interrogative dist. cum vulg.*): tangit ω: te res (*vel* res te) angit *ς:*
tangunt *Eras.*¹   21 error *Madvig:* epriori *B*¹*QR: corruptius rell.*
22 *lacunam vel hic vel post* tuis *esse constat*

2 molestum esse credebant. Nihil horum insolitum, nihil inexpe-
ctatum est; offendi rebus istis tam ridiculum est quam queri
quod spargaris ⟨in balneo aut vexeris⟩ in publico aut inquine-
ris in luto. Eadem vitae condicio est quae balnei, turbae,
itineris: quaedam in te mittentur, quaedam incident. Non 5
est delicata res vivere. Longam viam ingressus es: et labaris
oportet et arietes et cadas et lasseris et exclames 'o mors!',
id est mentiaris. Alio loco comitem relinques, alio efferes,
alio timebis: per eiusmodi offensas emetiendum est confra-
3 gosum hoc iter. Mori vult? praeparetur animus contra omnia; 10
sciat se venisse ubi tonat fulmen; sciat se venisse ubi

> Luctus et ultrices posuere cubilia Curae
> pallentesque habitant Morbi tristisque Senectus.

In hoc contubernio vita degenda est. Effugere ista non potes,
comtemnere potes; contemnes autem si saepe cogitaveris et 15
4 futura praesumpseris. Nemo non fortius ad id cui se diu
composuerat accessit et duris quoque, si praemeditata erant,
obstitit: at contra inparatus etiam levissima expavit. Id
agendum est ne quid nobis inopinatum sit; et quia omnia
novitate graviora sunt, hoc cogitatio adsidua praestabit, ut 20
nulli sis malo tiro.
5 'Servi me reliquerunt.' Alium compilaverunt, alium
accusaverunt, alium occiderunt, alium prodiderunt, alium
mulcaverunt, alium veneno, alium criminatione petierunt:
quidquid dixeris multis accidit * * * deinceps quae multa et 25

12 *Verg. Aen.* 6. 274–5; cf. epist. 108. 29.

3 in... vexeris add. *Ernout*   5 in te mittentur *Lips.*: intermitt- ω
8 relinques *B man. rec.*, ψ: -quis *rell.*   10 praeparatur *Qθ*   11 tonat
ψ: ponat *Bφ*   fulminat ψ   12 cura *B¹Q¹R¹*   18 at] ad
B¹Q¹   24 mulcaverunt *Axelson*: calc- ω   25 *lacunam statuit Summers (post* sunt *iam Hense)*: deincepsque multa et varia [sunt] *Madvig*:
deincepsque ⟨accidet⟩. Multa et varia sunt ⟨quae⟩ *Mur.*

varia sunt in nos deriguntur. Quaedam in nos fixa sunt,
quaedam vibrant et cum maxime veniunt, quaedam in alios
perventura nos stringunt. Nihil miremur eorum ad quae nati 6
sumus, quae ideo nulli querenda quia paria sunt omnibus. Ita
5 dico, paria sunt; nam etiam quod effugit aliquis pati potuit.
Aequum autem ius est non quo omnes usi sunt sed quod
omnibus latum est. Imperetur aequitas animo et sine querella
mortalitatis tributa pendamus. Hiems frigora adducit: 7
algendum est. Aestas calores refert: aestuandum est. Intem-
10 peries caeli valetudinem temptat: aegrotandum est. Et fera
nobis aliquo loco occurret et homo perniciosior feris omnibus.
Aliud aqua, aliud ignis eripiet. Hanc rerum condicionem
mutare non possumus: illud possumus, magnum sumere
animum et viro bono dignum, quo fortiter fortuita patiamur
15 et naturae consentiamus. Natura autem hoc quod vides 8
regnum mutationibus temperat: nubilo serena succedunt;
turbantur maria cum quieverunt; flant in vicem venti;
noctem dies sequitur; pars caeli consurgit, pars mergitur:
contrariis rerum aeternitas constat. Ad hanc legem animus 9
20 noster aptandus est; hanc sequatur, huic pareat; et quaecumque fiunt debuisse fieri putet nec velit obiurgare
naturam. Optimum est pati quod emendare non possis, et
deum quo auctore cuncta proveniunt sine murmuratione
comitari: malus miles est qui imperatorem gemens sequitur.
25 Quare inpigri atque alacres excipiamus imperia nec desera- 10
mus hunc operis pulcherrimi cursum, cui quidquid patiemur
intextum est; et sic adloquamur Iovem, cuius gubernaculo
moles ista derigitur, quemadmodum Cleanthes noster versibus

---

1 in nos fixa sunt] iam nos fixerunt *Summers* (*conl. dial. 6. 9. 3*)
10 temptata B^1Q^1 13 illud possumus B: *om.* $\phi\psi$, *sed* id possumus
suppl. D, idem poss- E   14 viro ψς: ut $B\phi$ 25 deseramus ψ (*cf.
p. 524. 11*): desimus BQR^1: desinamus DR^2E 26 patiemur *Hense*:
-iamur ω: -imur ς   27 gubernaculo ς: tabern- ω   28 quemadmodum B *man. rec.*: quem ω

disertissimis adloquitur, quos mihi in nostrum sermonem
mutare permittitur Ciceronis, disertissimi viri, exemplo. Si
placuerint, boni consules; si displicuerint, scies me in hoc
secutum Ciceronis exemplum.

11   Duc, o parens celsique dominator poli,   5
              quocumque placuit: nulla parendi mora est;
              adsum inpiger. Fac nolle, comitabor gemens
              malusque patiar facere quod licuit bono.
              Ducunt volentem fata, nolentem trahunt.

12 Sic vivamus, sic loquamur; paratos nos inveniat atque 10
inpigros fatum. Hic est magnus animus qui se ei tradidit: at
contra ille pusillus et degener qui obluctatur et de ordine
mundi male existimat et emendare mavult deos quam se
Vale.

108   SENECA LVCILIO SVO SALVTEM   15

1   Id de quo quaeris ex iis est quae scire tantum eo, ut scias,
pertinet. Sed nihilominus, quia pertinet, properas nec vis
expectare libros quos cum maxime ordino continentis totam
moralem philosophiae partem. Statim expediam; illud tamen
prius scribam, quemadmodum tibi ista cupiditas discendi, 20
2 qua flagrare te video, digerenda sit, ne ipsa se inpediat. Nec
passim carpenda sunt nec avide invadenda universa: per partes pervenietur ad totum. Aptari onus viribus debet nec
plus occupari quam cui sufficere possimus. Non quantum

5–9 *Cleanth. frg. phys. 527 ab Arnim.*   9 *Hic versus in Graecis
fontibus non invenitur, om. Epict. ench. 53; alii Cleanthi tribuunt, alii
Senecae; cf. Hense*[2] *p. 513. 14 adnot.*

---

5 duc summe pater altique *Aug. civ. 5. 8*   11 ei ς: eo ω: deo ς
13 se] sequi ς   16 iis *scripsi*: his ω   18 ordine φ   continentis
B[1]: -tes *B*[c]φψ   21 flagraret cui deo *QR*

vis sed quantum capis hauriendum est. Bonum tantum habe
animum: capies quantum voles. Quo plus recipit animus,
hoc se magis laxat.

Haec nobis praecipere Attalum memini, cum scholam eius **3**
5 obsideremus et primi veniremus et novissimi exiremus, ambulantem quoque illum ad aliquas disputationes evocaremus,
non tantum paratum discentibus sed obvium. 'Idem' inquit
'et docenti et discenti debet esse propositum, ut ille prodesse
velit, hic proficere.' Qui ad philosophum venit cotidie aliquid **4**
10 secum boni ferat: aut sanior domum redeat aut sanabilior.
Redibit autem: ea philosophiae vis est ut non studentis sed
etiam conversantis iuvet. Qui in solem venit, licet non in hoc
venerit, colorabitur; qui in unguentaria taberna resederunt
et paullo diutius commorati sunt odorem secum loci ferunt;
15 et qui ad philosophum fuerunt traxerint aliquid necesse est
quod prodesset etiam neglegentibus. Attende quid dicam:
neglegentibus, non repugnantibus.

'Quid ergo? non novimus quosdam qui multis apud philo- **5**
sophum annis persederint et ne colorem quidem duxerint?'
20 Quidni noverim? pertinacissimos quidem et adsiduos, quos
ego non discipulos philosophorum sed inquilinos voco. Qui- **6**
dam veniunt ut audiant, non ut discant, sicut in theatrum
voluptatis causa ad delectandas aures oratione vel voce vel
fabulis ducimur. Magnam hanc auditorum partem videbis
25 cui philosophi schola deversorium otii sit. Non id agunt ut
aliqua illo vitia deponant, ut aliquam legem vitae accipiant
qua mores suos exigant, sed ut oblectamento aurium per-
fruantur. Aliqui tamen et cum pugillaribus veniunt, non ut
res excipiant, sed ut verba, quae tam sine profectu alieno
30 dicant quam sine suo audiunt. Quidam ad magnificas voces **7**
excitantur et transeunt in adfectum dicentium alacres vultu

---

11 studentis B^1QR: -tes *rell.*   12 conversantis B^1QR: -tes *rell.*
25 deversorium ω   26 illo] illic *Pinc.*   30 dicant B: disc- φψ

et animo, nec aliter concitantur quam solent Phrygii tibicinis
sono semiviri et ex imperio furentes. Rapit illos instigatque
rerum pulchritudo, non verborum inanium sonitus. Si quid
acriter contra mortem dictum est, si quid contra fortunam
contumaciter, iuvat protinus quae audias facere. Adficiuntur 5
illis et sunt quales iubentur, si illa animo forma permaneat, si
non impetum insignem protinus populus, honesti dissuasor,
excipiat: pauci illam quam conceperant mentem domum
8 perferre potuerunt. Facile est auditorem concitare ad cupidinem recti; omnibus enim natura fundamenta dedit semen- 10
que virtutum. Omnes ad omnia ista nati sumus: cum inritator
accessit, tunc illa animi bona veluti sopita excitantur. Non
vides quemadmodum theatra consonent quotiens aliqua
dicta sunt quae publice adgnoscimus et consensu vera esse
testamur?   15

9   Desunt inopiae multa, avaritiae omnia.

           In nullum avarus bonus est, in se pessimus.

Ad hos versus ille sordidissimus plaudit et vitiis suis fieri
convicium gaudet: quanto magis hoc iudicas evenire cum·a
philosopho ista dicuntur, cum salutaribus praeceptis versus 20
inseruntur, efficacius eadem illa demissuri in animum in-
10 peritorum? Nam ut dicebat Cleanthes, 'quemadmodum
spiritus noster clariorem sonum reddit cum illum tuba per
longi canalis angustias tractum patentiore novissime exitu
effudit, sic sensus nostros clariores carminis arta necessitas 25
efficit.' Eadem neglegentius audiuntur minusque percutiunt
quamdiu soluta oratione dicuntur: ubi accessere numeri et

16 *Publil. I 7 Meyer.*   17 *Publil. I 5 Meyer; com. pall. inc. 80*
p. 148 Ribb.[3]   22 *Cleanth. frg. 487 ab Arnim.*

2 furentes *Eras.*[2]: fugientes ω   6 iuventur *B*   11 inritatur
B[1]*Q*   12 animi ϛ: -ma ω   sopita *Mur.*: solita *B*[1]*Qθ*: *corruptius rell.*
excitantur ϛ: -atur *Bφ*: *om. ψ*

egregium sensum adstrinxere certi pedes, eadem illa sententia
velut lacerto excussiore torquetur. De contemptu pecuniae 11
multa dicuntur et longissimis orationibus hoc praecipitur, ut
homines in animo, non in patrimonio putent esse divitias,
5 eum esse locupletem qui paupertati suae aptatus est et parvo
se divitem fecit; magis tamen feriuntur animi cum carmina
eiusmodi dicta sunt:

> Is minimo eget mortalis qui minimum cupit.

> Quod vult habet qui velle quod satis est potest.

10 Cum haec atque eiusmodi audimus, ad confessionem veritatis 12
adducimur; illi enim quibus nihil satis est admirantur,
adclamant, odium pecuniae indicunt. Hunc illorum adfectum
cum videris, urge, hoc preme, hoc onera, relictis ambiguita-
tibus et syllogismis et cavillationibus et ceteris acuminis
15 inriti ludicris. Dic in avaritiam, dic in luxuriam; cum pro-
fecisse te videris et animos audientium adfeceris, insta
vehementius: veri simile non est quantum proficiat talis
oratio remedio intenta et tota in bonum audientium versa.
Facillime enim tenera conciliantur ingenia ad honesti rectique
20 amorem, et adhuc docilibus leviterque corruptis inicit
manum veritas si advocatum idoneum nacta est. Ego certe 13
cum Attalum audirem in vitia, in errores, in mala vitae
perorantem, saepe miseritus sum generis humani et illum
sublimem altioremque humano fastigio credidi. Ipse regem se
25 esse dicebat, sed plus quam regnare mihi videbatur cui
liceret censuram agere regnantium. Cum vero commendare 14

8 *Publil. I 56 Meyer; com. pall. inc. 78. p. 147 Ribb.*[3]   9 *Publil. Q*
74 Meyer; com. pall. inc. 79. p. 148 Ribb.[3]

2 excussiore torquetur *Gertz* (*cf. T.L.L. v. 2. 1312. 25 sqq.*): excussare
torquetur *BQ*[1]: excussa retorquetur *rell.*   11 ⟨vel⟩ illi *coni. Hense*
enim] etiam *Windhaus et Gertz*   13 cum ψs: *om. Bφ*   15 pro-
ficisse *QDR*   20 docilibus *QE*: docibil- *BDR*: indocibil- *W*: indocil-
X (*cf. p. 139. 15*)   21 nacta *B*[1]*Q*[c]: nancta *rell.*   23 meseritus *B*[1]*Q*[1]

paupertatem coeperat et ostendere quam quidquid usum
excederet pondus esset supervacuum et grave ferenti, saepe
exire e schola pauperi libuit. Cum coeperat voluptates nostras
traducere, laudare castum corpus, sobriam mensam, puram
mentem non tantum ab inlicitis voluptatibus sed etiam 5
15 supervacuis, libebat circumscribere gulam ac ventrem. Inde
mihi quaedam permansere, Lucili; magno enim in omnia
impetu veneram, deinde ad civitatis vitam reductus ex bene
coeptis pauca servavi. Inde ostreis boletisque in omnem vitam
renuntiatum est; nec enim cibi sed oblectamenta sunt ad 10
edendum saturos cogentia (quod gratissimum est edacibus et
se ultra quam capiunt farcientibus), facile descensura, facile
16 reditura. Inde in omnem vitam unguento abstinemus,
quoniam optimus odor in corpore est nullus. Inde vino
carens stomachus. Inde in omnem vitam balneum fugimus; 15
decoquere corpus atque exinanire sudoribus inutile simul
delicatumque credidimus. Cetera proiecta redierunt, ita
tamen ut quorum abstinentiam interrupi modum servem et
quidem abstinentiae proximiorem, nescio an difficiliorem,
quoniam quaedam absciduntur facilius animo quam tem- 20
perantur.
17   Quoniam coepi tibi exponere quanto maiore impetu ad
philosophiam iuvenis accesserim quam senex pergam, non
pudebit fateri quem mihi amorem Pythagoras iniecerit.
Sotion dicebat quare ille animalibus abstinuisset, quare postea 25
Sextius. Dissimilis utrique causa erat, sed utrique magnifica.
18 Hic homini satis alimentorum citra sanguinem esse credebat
et crudelitatis consuetudinem fieri ubi in voluptatem esset
adducta laceratio. Adiciebat contrahendam materiam esse

---

3 coeperato B^1Q^1 8 impetu ς: inceptu ω 20 quaedam ς:
quidem ω 22 quanto B: -tum $\phi\psi$ maiori ϕ 24 iniecerit B^c:
inieceriat B^1: inieceri ad Q^1: iniecerit ad (at $D\psi$) rell.   27 hominis
θ: -ibus QD 29 adducat BQD

luxuriae; colligebat bonae valetudini contraria esse alimenta
varia et nostris aliena corporibus. At Pythagoras omnium inter 19
omnia cognationem esse dicebat et animorum commercium
in alias atque alias formas transeuntium. Nulla, si illi credas,
5 anima interit, ne cessat quidem nisi tempore exiguo, dum
in aliud corpus transfunditur. Videbimus per quas temporum
vices et quando pererratis pluribus domiciliis in hominem
revertatur: interim sceleris hominibus ac parricidii metum
fecit, cum possent in parentis animam inscii incurrere et ferro
10 morsuve violare, si in quo ⟨corpore⟩ cognatus aliqui spiritus
hospitaretur. Haec cum exposuisset Sotion et implesset 20
argumentis suis, 'non credis' inquit 'animas in alia corpora
atque alia discribi et migrationem esse quod dicimus mortem?
Non credis in his pecudibus ferisve aut aqua mersis illum
15 quondam hominis animum morari? Non credis nihil perire
in hoc mundo, sed mutare regionem? nec tantum caelestia
per certos circuitus verti, sed animalia quoque per vices ire et
animos per orbem agi? Magni ista crediderunt viri. Itaque 21
iudicium quidem tuum sustine, ceterum omnia tibi in
20 integro serva. Si vera sunt ista, abstinuisse animalibus inno-
centia est; si falsa, frugalitas est. Quod istic credulitatis tuae
damnum est? alimenta tibi leonum et vulturum eripio.' His 22
ego instinctus abstinere animalibus coepi, et anno peracto non
tantum facilis erat mihi consuetudo sed dulcis. Agitatiorem
25 mihi animum esse credebam nec tibi hodie adfirmaverim an
fuerit. Quaeris quomodo desierim? In primum Tiberii
Caesaris principatum iuventae tempus inciderat: alienigena

---

3 animorum *B*: aliorum *φψ*   4 nulla si illi] nullusilli *B*[1]: nullas
illi *B*[c]*Q*[1]   5 ne *ψ*: nec *Bφ*   9 possent *Buech.*: -sint
ω   10 corpore *add. Axelson (conl. p. 91. 20)*   11 hospitaretur
B man. rec.: hostis paretur *Eφ*: hostis putetur *ψ*   13 describi *ω*
15 animam *B*[1]   18 animas *ψ*   21 credulitatis *ς*: crudel- *ω*
24 sed] sed et *ψ*   26 primum *Buech.*: .i. *B*: *om. φψ*   27 iubente *φ*

tum sacra movebantur et inter argumenta superstitionis
ponebatur quorundam animalium abstinentia. Patre itaque
meo rogante, qui non calumniam timebat sed philosophiam
oderat, ad pristinam consuetudinem redii; nec difficulter
23 mihi ut inciperem melius cenare persuasit. Laudare solebat 5
Attalus culcitam quae resisteret corpori: tali utor etiam
senex, in qua vestigium apparere non possit.

Haec rettuli ut probarem tibi quam vehementes haberent
tirunculi impetus primos ad optima quaeque, si quis exhor-
taretur illos, si quis inpelleret. Sed aliquid praecipientium 10
vitio peccatur, qui nos docent disputare, non vivere, aliquid
discentium, qui propositum adferunt ad praeceptores suos
non animum excolendi sed ingenium. Itaque quae philosophia
24 fuit facta philologia est. Multum autem ad rem pertinet
quo proposito ad quamquam rem accedas. Qui grammaticus 15
futurus Vergilium scrutatur non hoc animo legit illud
egregium

> fugit inreparabile tempus:

'vigilandum est; nisi properamus relinquemur; agit nos
agiturque velox dies; inscii rapïmur; omnia in futurum dis- 20
ponimus et inter praecipitia lenti sumus': sed ut observet,
quotiens Vergilius de celeritate temporum dicit, hoc uti verbo
illum 'fugit'.

> Optima quaeque dies miseris mortalibus aevi
> prima fugit; subeunt morbi tristisque senectus 25
> et labor, et durae rapit inclementia mortis.

18 *Verg. georg. 3. 284.*   24 *Verg. georg. 3. 66–8.*

---

1 a- *vel* removebantur *coni. Summers*: vov- ψ   et *coni. Schweigh. dub.*:
sed ω   8 rettuli *B*: retuli φψ   9 optimas *B¹Q¹*   quis *Dψ*:
quisque *rell.*   10 inpelleret *Pinc.* (*cf. pp. 102. 12, 371. 4*): inpenderet
(imp- φ) *Bφ*: imprimeret ψ: incenderet *Hense*   15 quamquam] quam
Dψ: quamque ϛ   22 celeritate ϛ: clarit- ω

Ille qui ad philosophiam spectat haec eadem quo debet **25**
adducit. 'Numquam Vergilius' inquit 'dies dicit ire, sed
fugere, quod currendi genus concitatissimum est, et optimos
quosque primos rapi: quid ergo cessamus nos ipsi concitare,
5 ut velocitatem rapidissimae rei possimus aequare? Meliora
praetervolant, deteriora succedunt.' Quemadmodum ex am- **26**
phora primum quod est sincerissimum effluit, gravissimum
quodque turbidumque subsidit, sic in aetate nostra quod
est optimum in primo est. Id exhauriri [in] aliis potius
10 patimur, ut nobis faecem reservemus? Inhaereat istud animo
et tamquam missum oraculo placeat:

> optima quaeque dies miseris mortalibus aevi
> prima fugit.

Quare optima? quia quod restat incertum est. Quare optima? **27**
15 quia iuvenes possumus discere, possumus facilem animum et
adhuc tractabilem ad meliora convertere; quia hoc tempus
idoneum est laboribus, idoneum agitandis per studia ingeniis
[est] et exercendis per opera corporibus: quod superest
segnius et languidius est et propius a fine. Itaque toto hoc
20 agamus animo et omissis ad quae devertimur in rem unam
laboremus, ne hanc temporis pernicissimi celeritatem, quam
retinere non possumus, relicti demum intellegamus. Primus
quisque tamquam optimus dies placeat et redigatur in
nostrum. Quod fugit occupandum est. Haec non cogitat **28**
25 ille qui grammatici oculis carmen istud legit, ideo optimum
quemque primum esse diem quia subeunt morbi, quia senectus premit et adhuc adulescentiam cogitantibus supra caput
est, sed ait Vergilium semper una ponere morbos et senectutem—non mehercules inmerito; senectus enim insanabilis

4 rapi ς: rapit ω   9 id est hauriri Qθ   in *secl. Haase*   12 aevi]
est ut Qθ, *corr.* E²   14 quod restat *BD*: restat quod *rell.*   18 est
om. ς   20 emissis *B*   atquae *B*: atque *Q*   21 celeritate φ
25 grammatici φ: grammati *B*: tramatis ψ   26 subeant Qθ

29 morbus est. 'Praeterea' inquit 'hoc senectuti cognomen
inposuit, "tristem" illam vocat:

> subeunt morbi tristisque senectus.

Alio loco dicit

> pallentesque habitant Morbi tristisque Senectus.'   5

Non est quod mireris ex eadem materia suis quemque studiis
apta colligere: in eodem prato bos herbam quaerit, canis
leporem, ciconia lacertam.

30   Cum Ciceronis librum de re publica prendit hinc philologus aliquis, hinc grammaticus, hinc philosophiae deditus, 10
alius alio curam suam mittit. Philosophus admiratur contra
iustitiam dici tam multa potuisse. Cum ad hanc eandem
lectionem philologus accessit, hoc subnotat: duos Romanos
reges esse quorum alter patrem non habet, alter matrem.
Nam de Servi matre dubitatur; Anci pater nullus, Numae 15
31 nepos dicitur. Praeterea notat eum quem nos dictatorem
dicimus et in historiis ita nominari legimus apud antiquos
'magistrum populi' vocatum. Hodieque id extat in augurali-
bus libris, et testimonium est quod qui ab illo nominatur
'magister equitum' est. Aeque notat Romulum perisse solis 20
defectione; provocationem ad populum etiam a regibus fuisse;
id ita in pontificalibus libris †et aliqui qui† putant et Fene-
32 stella. Eosdem libros cum grammaticus explicuit, primum
[verba expresse] 'reapse' dici a Cicerone, id est 're ipsa', in

5 *Verg. Aen. 6. 275; cf. epist. 107. 3.*   13 *Cic. rep. 2, frg. 18. 33,
21. 37 (pp. 316, 318) Mueller.*   22 *Fenest. ann. frg. 6* Peter.*

2 vocans *ψ*   9 de re p. prendit *Eras.²*: deprendit *BQD*: depre-
hendit *rell.* (*cf. p. 36. 28*)   16 nepotes *B*   21 a *φ*: om. *Bψ*
22 (inveniri) in *coni. Hense*   et aliqui qui *B¹Qθ*: aliqui qui *D*: aliqui
Bᶜφ: et alii *Pinc.*: et alii quiqui *Hense*: et alii argui *Madvig*   fene-
stellam *B¹Dθ*   23 grammaticus *B man. rec.*: -cis *ω*   24 verba
expresse (-sa *φ*) *ω*: verba ex pse *Précbac, recte; sed ut glossema secludenda
arbitror*   reapse (reabse *Pinc.*) *Mur.*: ab se *ω*

commentarium refert, nec minus 'sepse', id est 'se ipse'.
Deinde transit ad ea quae consuetudo saeculi mutavit, tamquam ait Cicero 'quoniam sumus ab ipsa calce eius inter-
pellatione revocati.' Hanc quam nunc in circo 'cretam'
5 vocamus 'calcem' antiqui dicebant. Deinde Ennianos colligit 33
versus et in primis illos de Africano scriptos:

> cui nemo civis neque hostis
> quibit pro factis reddere opis pretium.

Ex eo se ait intellegere ⟨opem⟩ apud antiquos non tantum
10 auxilium significasse sed operam. Ait [opera] enim Ennius
neminem potuisse Scipioni neque civem neque hostem reddere operae pretium. Felicem deinde se putat quod in- 34
venerit unde visum sit Vergilio dicere

> quem super ingens
15 > porta tonat caeli.

Ennium hoc ait Homero [se] subripuisse, Ennio Vergilium;
esse enim apud Ciceronem in his ipsis de re publica hoc
epigramma Enni:

> si fas endo plagas caelestum ascendere cuiquam est,
20 > mi soli caeli maxima porta patet.

Sed ne et ipse, dum aliud ago, in philologum aut grammati- 35
cum delabar, illud admoneo, auditionem philosophorum
lectionemque ad propositum beatae vitae trahendam, non ut

---

3 *Cic. rep. frg.* 7, *p. 379 Mueller.*   7 *Enn. frg. var. 19–20 Vablen².*
14 *Verg. georg.* 3. 260–1.   19 *Cic. rep. frg. 6, p. 379 Mueller et Enn.*
frg. var. 23–24 Vablen².

---

1 sepse *Mur.*: sese *Bφ*: esse *ψ*   5 Ennianos *Pinc.*: inanes *ω*   8 quibit
Pinc.: quivult *ω*: quivit *Mur.*   opis *Vablen*: operae *ω*   9 opem *boc*
loco suppl. Korsch   10 opera *secl. Vablen*   Ennius *Haase*: in
eius *BQDR*: eius *Eψ*   11 Scipioni *Pinc. e quodam cod.*: scipionem *ω*
16 Ennium *Pinc.*: ennius *ω*   se *om.* ς   17 re publica ⟨libris⟩ *Q*
man. rec., ς   18–19 Enni: si *Schweigh.*: est nisi *BQDR¹*: *corruptius rell.*

verba prisca aut ficta captemus et translationes inprobas
figurasque dicendi, sed ut profutura praecepta et magnificas
voces et animosas quae mox in rem transferantur. Sic ista
36 ediscamus ut quae fuerint verba sint opera. Nullos autem
peius mereri de omnibus mortalibus iudico quam qui philo- 5
sophiam velut aliquod artificium venale didicerunt, qui
aliter vivunt quam vivendum esse praecipiunt. Exempla enim
se ipsos inutilis disciplinae circumferunt, nulli non vitio
37 quod insequuntur obnoxii. Non magis mihi potest quisquam
talis prodesse praeceptor quam gubernator in tempestate 10
nauseabundus. Tenendum rapiente fluctu gubernaculum,
luctandum cum ipso mari, eripienda sunt vento vela: quid
me potest adiuvare rector navigii attonitus et vomitans?
Quanto maiore putas vitam tempestate iactari quam ullam
38 ratem? Non est loquendum sed gubernandum. Omnia quae 15
dicunt, quae turba audiente iactant, aliena sunt: dixit illa
Platon, dixit Zenon, dixit Chrysippus et Posidonius et ingens
agmen nominum tot ac talium. Quomodo probare possint
sua esse monstrabo: faciant quae dixerint.

39   Quoniam quae volueram ad te perferre iam dixi, nunc 20
desiderio tuo satis faciam et in alteram epistulam integrum
quod exegeras transferam, ne ad rem spinosam et auribus
erectis curiosisque audiendam lassus accedas. Vale.

109   SENECA LVCILIO SVO SALVTEM

1   An sapiens sapienti prosit scire desideras. Dicimus plenum 25
omni bono esse sapientem et summa adeptum: quomodo

3–4 iste discamus Q^1: ista disc- Q *man. rec.*, θ 8 inutilis $B^2\psi$: -les
rell.   11 nausiabundus B^2D (*cf. p. 121. 11*)   tenendum ⟨est⟩ ς
18 nominum *Klammer* (*confert Axelson pp. 57. 12, 175. 15, nat. 3. 29. 8*):
non $B\phi$: *om.* ψ probare sint possint Q: sint prob- possunt θ 21 in]
inter B 23 audiendam $B^2\psi$: -dum *rell.*

prodesse aliqui possit summum habenti bonum quaeritur.
Prosunt inter se boni. Exercent enim virtutes et sapientiam
in suo statu continent; desiderat uterque aliquem cum quo
conferat, cum quo quaerat. Peritos luctandi usus exercet; **2**
5 musicum qui paria didicit movet. Opus est et sapienti
agitatione virtutum; ita quemadmodum ipse se movet, sic
movetur ab alio sapiente. Quid sapiens sapienti proderit? **3**
Impetum illi dabit, occasiones actionum honestarum com-
monstrabit. Praeter haec aliquas cogitationes suas exprimet;
10 docebit quae invenerit. Semper enim etiam sapienti restabit
quod inveniat et quo animus eius excurrat. Malus malo nocet **4**
facitque peiorem, iram eius incitando, tristitiae adsentiendo,
voluptates laudando; et tunc maxime laborant mali ubi
plurimum vitia miscuere et in unum conlata nequitia est.
15 Ergo ex contrario bonus bono proderit. 'Quomodo?' inquis. **5**
Gaudium illi adferet, fiduciam confirmabit; ex conspectu
mutuae tranquillitatis crescet utriusque laetitia. Praeterea
quarumdam illi rerum scientiam tradet; non enim omnia
sapiens scit; etiam si sciret, breviores vias rerum aliqui excogi-
20 tare posset et has indicare per quas facilius totum opus
circumfertur. Proderit sapienti sapiens, non scilicet tantum **6**
suis viribus sed ipsius quem adiuvabit. Potest quidem ille
etiam relictus sibi explicare partes suas: utetur propria
velocitate, sed nihilominus adiuvat etiam currentem hor-
25 tator.

'Non prodest sapienti sapiens sed sibi ipse. Hoc ⟨ut⟩ scias,

1 aliqui B^1QR^1: -quis $B^2D\psi$: -quid E: -cui R^2 5 sapientia BD
6 agitatione $E\psi$: -ionem Q: cogitatione BD: -ionem R 10 sapienti ς:
a sapiente ω 12 -que ς: quoque ω eius ψ: metus $B\phi$ 16 confirmavit B^1Q 19 aliquis $B^2\psi$ 20 posset B^2D: -sit $rell.$ opus]
corpus QD 22 adiuvabit ψ: -abat Q: -at $BD\theta$ 23–24 utetur . . . sed
$om. B$ 24 hortator $Schweigh.$: -tur ω ⟨qui⟩ currentem hortatur ς
26–p. 462. 1 non prodest . . . nihil aget $interlocutori dedit Gertz$ 26 ut
add. $Haase$ (cf. pp. 244. 16, 268. 21, 496. 18, nat. 2. 28. 3 al.)

7 detrahe illi vim propriam et ille nihil aget.' Isto modo dicas
licet non esse in melle dulcedinem; nam ipse ille qui esse
debeat ⟨nisi⟩ ita aptatus lingua palatoque est ad eiusmodi gustum ut illum talis sapor capiat, offendetur; sunt enim quidam
quibus morbi vitio mel amarum videatur. Oportet utrumque 5
valere ut et ille prodesse possit et hic profuturo idonea
materia sit.

8 '⟨Ut⟩ in summum' inquit 'perducto calorem calefieri
supervacuum est, et in summum perducto bonum supervacuum est ⟨si⟩ qui prosit. Numquid instructus omnibus 10
rebus agricola ab alio instrui quaerit? numquid armatus
miles quantum in aciem exituro satis est ulla amplius arma
desiderat? Ergo nec sapiens; satis enim vitae instructus, satis

9 armatus est.' Ad haec respondeo: et qui in summum ⟨per-
ductus est calorem⟩ opus est calore adiecto ut summum 15
teneat. 'Sed ipse se' inquit 'calor continet.' Primum multum
interest inter ista quae comparas. Calor enim unus est, prodesse varium est. Deinde calor non adiuvatur adiectione
caloris ut caleat: sapiens non potest in habitu mentis suae
stare nisi amicos aliquos similes sui admisit cum quibus 20

10 virtutes suas communicet. Adice nunc quod omnibus inter se
virtutibus amicitia est; itaque prodest qui virtutes alicuius
paris sui amat amandasque invicem praestat. Similia de-

1 vim *B^c*: viam ω   aget *Windhaus*: agit *Bθψ*: ait *QD*   isto *Pinc.*
(cf. pp. 310. 10, 334. 17, 369. 3, 375. 27, 495, 13 al.): uno ω: illo *Windhaus*
2 ipse] nisi *Haase*: an ⟨nisi⟩ ipse?   3 debet *Qθ*   nisi add. *Russell*
4 illum *Haase*: ille ω: illa *Buech.*   ille tali sapore capiatur *Mur.*: illi talis
sapor faciat *Gertz*   6 valere *Haase*: calere *B²DE*: colere *QR*:
colore *B¹*: colorem *W*: calorem *X*   huic *QDR*   8 ut add. *Castiglioni*: si *Gertz*   perducto *Pinc. e quodam cod.*: -ti (-tum *D*) ω   9 perducto *D*: -tum *rell.*   supervacuus *Schweigh.*   10 si add. *Buech.*
12 ulla *von Jan*: uti ω   14 et *B*: om. φψ: ei *Fick., fort. recte*   summum . . . opus est *scripsi*: summa motus est ω: summo est calore ei non
opus est *vel sim.* ς: summo est calore opus est *Madvig*   15 summum
Eras.¹: suum ω   23 paris sui *Buech.*: partes sui ω: pares suis ς:
pares sui *Mur.*   amandamque *B¹QDR¹*

lectant, utique ubi honesta sunt et probare ac probari sciunt. Etiamnunc sapientis animum perite movere nemo alius 11 potest quam sapiens, sicut hominem movere rationaliter non potest nisi homo. Quomodo ergo ad rationem movendam 5 ratione opus est, sic ut moveatur ratio perfecta opus est ratione perfecta. Prodesse dicuntur et qui media nobis 12 largiuntur, pecuniam, gratiam, incolumitatem, alia in usus vitae cara aut necessaria; in his dicetur etiam stultus prodesse sapienti. Prodesse autem est animum secundum naturam 10 movere virtute sua. Ut eius qui movebitur, hoc non sine ipsius quoque qui proderit bono fiet; necessest enim alienam virtutem exercendo exerceat et suam. Sed ut removeas ista 13 quae aut summa bona sunt aut summorum efficientia, nihilominus prodesse inter se sapientes possunt. Invenire 15 enim sapientem sapienti per se res expetenda est, quia natura bonum omne carum est bono et sic quisque conciliatur bono quemadmodum sibi.

Necesse est ex hac quaestione argumenti causa in alteram 14 transeam. Quaeritur enim an deliberaturus sit sapiens, an in 20 consilium aliquem advocaturus. Quod facere illi necessarium est cum ad haec civilia et domestica venitur et, ut ita dicam, mortalia; in his sic illi opus est alieno consilio quomodo medico, quomodo gubernatori, quomodo advocato et litis ordinatori. Proderit ergo sapiens aliquando sapienti; suadebit 25 enim. Sed in illis quoque magnis ac divinis, ut diximus, communiter honesta tractando et animos cogitationesque miscendo utilis erit. Praeterea secundum naturam est et amicos 15 conplecti et amicorum auctu ut suo proprioque laetari; nam nisi hoc fecerimus, ne virtus quidem nobis permanebit, quae

2 perite ς: -ti ω   6 quia *QD*: quae *E*   8 stultius *B¹QD*
10 *post* sua *dist. Russell*   11 necessest *coni. Hense*: necesse *BQθψ*:
necesse est *D*   12 exercendam exercendo *Qθ*   15 expetenda ς:
exced- *Bφ*: exerc- *ψ*   16 et *B²D*: est *rell.*   23-24 gubernatore . . .
ordinatore *R²E*   28 auctu *Haase*: actu ω   ut *ψς*: et *Bφ*

exercendo sensu valet. Virtus autem suadet praesentia bene
conlocare, in futurum consulere, deliberare et intendere
animum: facilius intendet explicabitque qui aliquem sibi
adsumpserit. Quaeret itaque aut perfectum virum aut pro-
ficientem vicinumque perfecto. Proderit autem ille perfectus, 5
16 si consilium communi prudentia iuverit. Aiunt homines plus
in alieno negotio videre †initio†. Hoc illis evenit quos amor
sui excaecat quibusque dispectum utilitatis timor in periculis excutit: incipiet sapere securior et extra metum positus.
Sed nihilominus quaedam sunt quae etiam sapientes in alio 10
quam in se diligentius vident. Praeterea illud dulcissimum et
honestissimum 'idem velle atque idem nolle' sapiens sapienti
praestabit; egregium opus pari iugo ducet.

17 Persolvi quod exegeras, quamquam in ordine rerum erat
quas moralis philosophiae voluminibus conplectimur. Cogita 15
quod soleo frequenter tibi dicere, in istis nos nihil aliud
quam acumen exercere. Totiens enim illo revertor: quid ista
me res iuvat? fortiorem fac me, iustiorem, temperantiorem.
18 Nondum exerceri vacat: adhuc medico mihi opus est. Quid
me poscis scientiam inutilem? Magna promisisti: exhibe 20
fidem. Dicebas intrepidum fore etiam si circa me gladii mica-
rent, etiam si mucro tangeret iugulum; dicebas securum fore
etiam si circa me flagrarent incendia, etiam si subitus turbo

1 sensu] usu sui *Haase*   4 quaeret ς: -it ω   5 profecto *QD*
7 quam in suo ς (*cf. v. 11 et Otto, Die Sprichwörter, s.v. alienus, 2*):
vitio (hoc illis) *Q man. rec.* ς, *edd. recc., vix recte*   amori *B*[1]   8 sui
excaecat *B man. rec.*: subexcaecat (sibi ex- E) ω   dispectum *Q*[1]: des-
rell.   11 et ς: est ω   14 persoluit *B*   ordine *B*: -nem φψ
15 moralis *B*: -les φψ   18 fac me *temptavi* (*cf. p. 502. 25*): faciam ω:
fac iam *Hense*: faciet (facit me *Gertz*) . . . tempera(n)tiorem? ς   temperantiorem *Buech.*: temperat- ω (*cf. p. 47. 20*)   19 nondum . . . novis
malis (*p. 468. 20*) *folio avulso desunt in Q. Testes adhibui codices TU ab
integro codice Q descriptos*   modico *B*   20 poscis *WX*[c]: posces *rell.*:
doces *Eras.*[2]   exhibe (*vel* exigo) fidem *Axelson*: exige vide ω: exigua
video *B man. rec., vulg.*

toto navem meam mari raperet: hanc mihi praesta curam, ut voluptatem, ut gloriam contemnam. Postea docebis inplicta solvere, ambigua distinguere, obscura perspicere: nunc doce quod necesse est. Vale.

1 totam (tota *R*) φ   hanc] haec *vel* hoc ς   praesta curam, ut *Hense*: praestaturum ω: praesta tu, ut *Pinc.*   2 inplicta *B*: implicita φψ   4 *post* Vale *add.* L. ANNAEI SENECAE AD LVCILIVM EPISTVLARVM MORALIVM LIBER XVIII EXPLICIT. INCIPIT EIVSDEM EPISTVLARVM MORALIVM LIBER XVIIII *B*: *om.* φψ

LIBER VNDEVICENSIMVS

110   SENECA LVCILIO SVO SALVTEM

1   Ex Nomentano meo te saluto et iubeo habere mentem
bonam, hoc est propitios deos omnis, quos habet placatos et
faventes quisquis sibi se propitiavit. Sepone in praesentia 5
quae quibusdam placent, unicuique nostrum paedagogum
dari deum, non quidem ordinarium, sed hunc inferioris
notae ex eorum numero quos Ovidius ait 'de plebe deos'. Ita
tamen hoc seponas volo ut memineris maiores nostros qui
crediderunt Stoicos fuisse; singulis enim et Genium et 10
2 Iunonem dederunt. Postea videbimus an tantum dis vacet ut
privatorum negotia procurent: interim illud scito, sive ad-
signati sumus sive neglecti et fortunae dati, nulli te posse
inprecari quicquam gravius quam si inprecatus fueris ut se
habeat iratum. Sed non est quare cuiquam quem poena 15
putaveris dignum optes ut infestos deos habeat: habet,
3 inquam, etiam si videtur eorum favore produci. Adhibe
diligentiam tuam et intuere quid sint res nostrae, non
quid vocentur, et scies plura mala contingere nobis quam
accidere. Quotiens enim felicitatis et causa et initium fuit 20
quod calamitas vocabatur! quotiens magna gratulatione
excepta res gradum sibi struxit in praeceps et aliquem iam
eminentem adlevavit etiamnunc, tamquam adhuc ibi staret
4 unde tuto cadunt! Sed ipsum illud cadere non habet in se
mali quicquam si exitum spectes, ultra quem natura neminem 25

8 cf. Ov. met. I. 595.

---

4 omnis B: omnes φψ   8 eorum] horum φ   11 dis B: diis φψ
12 procurent ψ: -rarent Bφ   17 adhibe BD: adhibeat in [Q]: adhibe
vim in ras. R, E: adhibe adhuc ψ   20 et causa Schweigh.: est causa ω

466

deiecit. Prope est rerum omnium terminus, prope est, inquam,
et illud unde felix eicitur et illud unde infelix emittitur: nos
utraque extendimus et longa spe ac metu facimus. Sed, si
sapis, omnia humana condicione metire; simul et quod gaudes
5 et quod times contrahe. Est autem tanti nihil diu gaudere ne
quid diu timeas.

Sed quare istuc malum adstringo? Non est quod quic- 5
quam timendum putes: vana sunt ista quae nos movent,
quae attonitos habent. Nemo nostrum quid veri esset excussit,
10 sed metum alter alteri tradidit; nemo ausus est ad id quo
perturbabatur accedere et naturam ac bonum timoris sui
nosse. Itaque res falsa et inanis habet adhuc fidem quia non
coarguitur. Tanti putemus oculos intendere: iam apparebit 6
quam brevia, quam incerta, quam tuta timeantur. Talis est
15 animorum nostrorum confusio qualis Lucretio visa est:

> nam veluti pueri trepidant atque omnia caecis
> in tenebris metuunt, ita nos in luce timemus.

Quid ergo? non omni puero stultiores sumus qui in luce
timemus? Sed falsum est, Lucreti, non timemus in luce: 7
20 omnia nobis fecimus tenebras. Nihil videmus, nec quid
noceat nec quid expediat; tota vita incursitamus nec ob hoc
resistimus aut circumspectius pedem ponimus. Vides autem
quam sit furiosa res in tenebris impetus. At mehercules id
agimus ut longius revocandi simus, et cum ignoremus quo
25 feramur, velociter tamen illo quo intendimus perseveramus.
Sed lucescere, si velimus, potest. Uno autem modo potest, si 8
quis hanc humanorum divinorumque notitiam [scientia] ac-

16 *Lucr. 2. 55–56.*

---

7 astringor *DU*[1]: distringor *T*   11 bonum] modum *Madvig*   14 tota
B[1]   20–21 ne . . . ne φ   25 illo . . . perseveramus *cf. Suet. Vesp. 6.*
2, Caes. civ. 3. 14. 2   27 notitiam *vulg.* (*cf. p. 439. 19*): notitiam
scientia ω: scientiam *coni. Schweigh.* (*cf. pp. 231. 14, 326. 5, dial. 12. 9. 3*)

ceperit, si illa se non perfuderit sed infecerit, si eadem, quamvis sciat, retractaverit et ad se saepe rettulerit, si quaesierit
quae sint bona, quae mala, quibus hoc falso sit nomen adscriptum, si quaesierit de honestis et turpibus, de providentia.

9 Nec intra haec humani ingenii sagacitas sistitur: prospicere 5
et ultra mundum libet, quo feratur, unde surrexerit, in
quem exitum tanta rerum velocitas properet. Ab hac divina
contemplatione abductum animum in sordida et humilia
pertraximus, ut avaritiae serviret, ut relicto mundo terminis-
que eius et dominis cuncta versantibus terram rimaretur et 10
quaereret quid ex illa mali effoderet, non contentus oblatis.

10 Quidquid nobis bono futurum erat deus et parens noster in
proximo posuit; non expectavit inquisitionem nostram et
ultro dedit: nocitura altissime pressit. Nihil nisi de nobis
queri possumus: ea quibus periremus nolente rerum natura 15
et abscondente protulimus. Addiximus animum voluptati,
cui indulgere initium omnium malorum est, tradidimus
ambitioni et famae, ceteris aeque vanis et inanibus.

11   Quid ergo nunc te hortor ut facias? nihil novi—nec enim
novis malis remedia quaeruntur—sed hoc primum, ut tecum 20
ipse dispicias quid sit necessarium, quid supervacuum.
Necessaria tibi ubique occurrent: supervacua et semper et

12 toto animo quaerenda sunt. Non est autem quod te nimis
laudes si contempseris aureos lectos et gemmeam supellectilem; quae est enim virtus supervacua contemnere? Tunc te 25
admirare cum contempseris necessaria. Non magnam rem
facis quod vivere sine regio apparatu potes, quod non desideras milliarios apros nec linguas phoenicopterorum et alia
portenta luxuriae iam tota animalia fastidientis et certa
membra ex singulis eligentis: tunc te admirabor si contem- 30

2 scias B^1 5 nec ς: et ω   11 quaeret $B^1[Q]$ 14 nobis
B: bonis φψ   22 et semper et] et semper $B\phi$: semper et ψ   27 regio
ψς: recto $B\phi$ 28 foenicopterorum B

pseris etiam sordidum panem, si tibi persuaseris herbam, ubi
necesse est, non pecori tantum sed homini nasci, si scieris
cacumina arborum explementum esse ventris in quem sic
pretiosa congerimus tamquam recepta servantem. Sine
5 fastidio implendus est; quid enim ad rem pertinet quid
accipiat, perditurus quidquid acceperit? Delectant te dis- 13
posita quae terra marique capiuntur, alia eo gratiora si
recentia perferuntur ad mensam, alia si diu pasta et coacta
pinguescere fluunt ac vix saginam continent suam; delectat
10 te nitor horum arte quaesitus. At mehercules ista sollicite
scrutata varieque condita, cum subierint ventrem, una atque
eadem foeditas occupabit. Vis ciborum voluptatem contemnere? exitum specta.

Attalum memini cum magna admiratione omnium haec 14
15 dicere: 'diu' inquit 'mihi inposuere divitiae. Stupebam ubi
aliquid ex illis alio atque alio loco fulserat; existimabam
similia esse quae laterent his quae ostenderentur. Sed in
quodam apparatu vidi totas opes urbis, caelata et auro et
argento et iis quae pretium auri argentique vicerunt, ex-
20 quisitos colores et vestes ultra non tantum nostrum sed ultra
finem hostium advectas; hinc puerorum perspicuos cultu
atque forma greges, hinc feminarum, et alia quae res suas
recognoscens summi imperii fortuna protulerat. "Quid hoc 15
est" inquam "aliud inritare cupiditates hominum per se
25 incitatas? quid sibi vult ista pecuniae pompa? ad discendam
avaritiam convenimus?" At mehercules minus cupiditatis
istinc effero quam adtuleram. Contempsi divitias, non quia
supervacuae sed quia pusillae sunt. Vidistine quam intra 16

1 et tam *B*   7 eo] ego *Q*: ergo *D*   8 alia si] alias *QR*: alia *E*
10 nidor *R²E*   admehercules *BQR*   11 scruta *B¹Q*   12 occupabit *B²ψ*: -avit *rell.*   16 fulserat *ψς*: -eram *Bφ*   18 caelata
B¹Qψ (*cf. p. 530. 14*): -tas *BᶜDθ*   et auro] ex auro *B man. rec.*, *ψ*   19 iis
Hense: hiis *B*: his *φψ*   21 conspicuos *Madvig, sed cf. Apul. met. 4. 32*
24 aliud] aliud quam *DR²ψ*: aliud nisi *E*   26 admehercules *BQ*

paucas horas ille ordo quamvis lentus dispositusque transierit?
Hoc totam vitam nostram occupabit quod totum diem
occupare non potuit? Accessit illud quoque: tam supervacuae mihi visae sunt habentibus quam fuerunt spectantibus.

17 Hoc itaque ipse mihi dico quotiens tale aliquid praestrinxerit 5
oculos meos, quotiens occurrit domus splendida, cohors culta
servorum, lectica formonsis inposita calonibus: "quid
miraris? quid stupes? pompa est. Ostenduntur istae res, non
18 possidentur, et dum placent transeunt". Ad veras potius te
converte divitias; disce parvo esse contentus et illam vocem 10
magnus atque animosus exclama: habemus aquam, habemus
polentam; Iovi ipsi controversiam de felicitate faciamus.
Faciamus, oro te, etiam si ista defuerint; turpe est beatam
vitam in auro et argento reponere, aeque turpe in aqua et
19 polenta. "Quid ergo faciam si ista non fuerint?" Quaeris 15
quod sit remedium inopiae? Famem fames finit: alioquin
quid interest magna sint an exigua quae servire te cogant?
quid refert quantulum sit quod tibi possit negare fortuna?
20 Haec ipsa aqua et polenta in alienum arbitrium cadit; liber est
autem non in quem parum licet fortunae, sed in quem nihil. 20
Ita est: nihil desideres oportet si vis Iovem provocare nihil
desiderantem.'

Haec nobis Attalus dixit, natura omnibus dixit; quae si
voles frequenter cogitare, id ages ut sis felix, non ut videaris,
et ut tibi videaris, non aliis. Vale.   25

---

2 occupabit *Mur.*: -vit ω   5 praestrinxit *Madvig, sed cf. p. 24.* 22
6 occurrerit *Waldaestel*   10 illam vocem *hic rursus incipit C*   11 habemus . . . habemus ς: habeamus . . . habeamus ω   12 *post* ipsi
glossema habent BQθ quam pauper eras tu seneca qui ista dixisti   fecilitate
B¹: facil- Bᶜ   21 ista B   23 natura omnibus dixit *om.* B
24 ages ς: agis ω

111   SENECA LVCILIO SVO SALVTEM

Quid vocentur Latine sophismata quaesisti a me. Multi 1
temptaverunt illis nomen inponere, nullum haesit; videlicet,
quia res ipsa non recipiebatur a nobis nec in usu erat, nomini
5 quoque repugnatum est. Aptissimum tamen videtur mihi
quo Cicero usus est: 'cavillationes' vocat. Quibus quisquis se 2
tradidit quaestiunculas quidem vafras nectit, ceterum ad
vitam nihil proficit: neque fortior fit neque temperantior
neque elatior. At ille qui philosophiam in remedium suum
10 exercuit ingens fit animo, plenus fiduciae, inexsuperabilis et
maior adeunti. Quod in magnis evenit montibus, quorum 3
proceritas minus apparet longe intuentibus: cum accesseris,
tunc manifestum fit quam in arduo summa sint. Talis est,
mi Lucili, verus et rebus, non artificiis philosophus. In edito
15 stat, admirabilis, celsus, magnitudinis verae; non exsurgit in
plantas nec summis ambulat digitis eorum more qui mendacio staturam adiuvant longioresque quam sunt videri
volunt; contentus est magnitudine sua. Quidni contentus sit 4
eo usque crevisse quo manus fortuna non porrigit? Ergo et
20 supra humana est et par sibi in omni statu rerum, sive secundo
cursu vita procedit, sive fluctuatur et ⟨it⟩ per adversa ac
difficilia: hanc constantiam cavillationes istae de quibus
paulo ante loquebar praestare non possunt. Ludit istis
animus, non proficit, et philosophiam a fastigio suo deducit
25 in planum. Nec te prohibuerim aliquando ista agere, sed tunc 5
cum voles nihil agere. Hoc tamen habent in se pessimum:

6 *Cic. frg. inc. K 19, p. 413 Mueller.*

---

3 nomen] non B^1 ponere $Q\theta$ 7 nectit *om.* $Q\eta$ 8 tempe-
ratior Q (*cf. p. 47. 20*)   9 qui *om.* B^1QR^1 13 quam ς (*confert
Axelson dial. 9. 14. 6*): quod ω: quo *Windhaus*   19 manu Q^1R:
manum Q *man. rec.*, ηE 21 it *suppl. Rossb.*   24 suo *om.* ϕ

dulcedinem quandam sui faciunt et animum specie sub-
tilitatis inductum tenent ac morantur, cum tanta rerum
moles vocet, cum vix tota vita sufficiat ut hoc unum discas,
vitam contemnere. 'Quid regere?' inquis. Secundum opus est;
nam nemo illam bene rexit nisi qui contempserat. Vale.   5

112   SENECA LVCILIO SVO SALVTEM

1   Cupio mehercules amicum tuum formari ut desideras et
institui, sed valde durus capitur; immo, quod est molestius,
valde mollis capitur et consuetudine mala ac diutina fractus.
2 Volo tibi ex nostro artificio exemplum referre. Non quaelibet 10
insitionem vitis patitur: si vetus et exesa est, si infirma gracilis-
que, aut non recipiet surculum aut non alet nec adplicabit
sibi nec in qualitatem eius naturamque transibit. Itaque
solemus supra terram praecidere ut, si non respondit,
temptari possit secunda fortuna et iterum repetita infra 15
3 terram inseratur. Hic de quo scribis et mandas non habet vires:
indulsit vitiis. Simul et emarcuit et induruit; non potest
recipere rationem, non potest nutrire. 'At cupit ipse.' Noli
credere. Non dico illum mentiri tibi: putat se cupere.
Stomachum illi fecit luxuria: cito cum illa redibit in gratiam. 20
4 'Sed dicit se offendi vita sua.' Non negaverim; quis enim non
offenditur? Homines vitia sua et amant simul et oderunt.
Tunc itaque de illo feremus sententiam cum fidem nobis
fecerit invisam iam sibi esse luxuriam: nunc illis male
convenit. Vale.   25

---

2 tenet B^1Q^1 8 *post* immo *add.* potius *Q in marg.,* η   9 fructus *B*
12 sarculum *Q*η   20 illam (*om.* redibit in) *Q*θ   22 vitia sua *B*:
vitam suam φψ   23 feremus *B*: -amus φψ

113   SENECA LVCILIO SVO SALVTEM

Desideras tibi scribi a me quid sentiam de hac quaestione 1
iactata apud nostros, an iustitia, fortitudo, prudentia ceteraeque virtutes animalia sint. Hac subtilitate effecimus, Lucili
5 carissime, ut exercere ingenium inter inrita videremur et
disputationibus nihil profuturis otium terere. Faciam quod
desideras et quid nostris videatur exponam; sed me in alia
esse sententia profiteor: puto quaedam esse quae deceant
phaecasiatum palliatumque. Quae sint ergo quae antiquos
10 moverint vel quae sint quae antiqui moverint dicam.

Animum constat animal esse, cum ipse efficiat ut simus 2
animalia, cum ab illo animalia nomen hoc traxerint; virtus
autem nihil aliud est quam animus quodam modo se habens;
ergo animal est. Deinde virtus agit aliquid; agi autem nihil
15 sine impetu potest; si impetum habet, qui nulli est nisi
animali, animal est. 'Si animal est' inquit 'virtus, habet ipsa 3
virtutem.' Quidni habeat se ipsam? quomodo sapiens omnia
per virtutem gerit, sic virtus per se. 'Ergo' inquit 'et omnes
artes animalia sunt et omnia quae cogitamus quaeque mente
20 conplectimur. Sequitur ut multa millia animalium habitent
in his angustiis pectoris, et singuli multa simus animalia aut
multa habeamus animalia.' Quaeris quid adversus istud
respondeatur? Unaquaeque ex istis res animal erit: multa
animalia non erunt. Quare? dicam, si mihi accommodaveris
25 subtilitatem et intentionem tuam. Singula animalia singulas 4
habere debent substantias; ista omnia unum animum habent;
itaque singula esse possunt, multa esse non possunt. Ego et
animal sum et homo, non tamen duos esse nos dices. Quare?
quia separati debent esse. Ita dico: alter ab altero debet esse

3 iactata ψς: iacta Bφ   4 effecimus ς: effic- ω   5 videamur ς
10 vel quae ... moverint B: om. φψ, sed supra v. suppl. qui antiqui moverint C
12 cum B: et cum φψ   16 habet ⟨et⟩ Hermes   20 millia] milli B¹:
milia Bᶜφψ   22 istud φ: istut B: ista ψ   26 debent habere φ

diductus ut duo sint. Quidquid in uno multiplex est sub
5 unam naturam cadit; itaque unum est. Et animus meus animal
est et ego animal sum, duo tamen non sumus. Quare? quia
animus mei pars est. Tunc aliquid per se numerabitur cum
per se stabit; ubi vero alterius membrum erit, non poterit 5
videri aliud. Quare? dicam: quia quod aliud est suum oportet
esse et proprium et totum et intra se absolutum.

6   Ego in alia esse me sententia professus sum; non enim
tantum virtutes animalia erunt, si hoc recipitur, sed opposita
quoque illis vitia et adfectus, tamquam ira, timor, luctus, 10
suspicio. Ultra res ista procedet: omnes sententiae, omnes
cogitationes animalia erunt. Quod nullo modo recipiendum
7 est; non enim quidquid ab homine fit homo est. 'Iustitia
quid est?' inquit. Animus quodam modo se habens. 'Itaque
si animus animal est, et iustitia.' Minime; haec enim habitus 15
animi est et quaedam vis. Idem animus in varias figuras con-
vertitur et non totiens animal aliud est quotiens aliud facit;
8 nec illud quod fit ab animo animal est. ⟨Si⟩ iustitia animal
est, ⟨si⟩ fortitudo, si ceterae virtutes, utrum desinunt esse
animalia subinde aut rursus incipiunt, an semper sunt? 20
desinere virtutes non possunt. Ergo multa animalia, immo
9 innumerabilia, in hoc animo versantur. 'Non sunt' inquit
'multa, quia ex uno religata sunt et partes unius ac membra
sunt.' Talem ergo faciem animi nobis proponimus qualis est
hydrae multa habentis capita, quorum unumquodque per se 25
pugnat, per se nocet. Atqui nullum ex illis capitibus animal
est, sed animalis caput: ceterum ipsa unum animal est. Nemo
in Chimaera leonem animal esse dixit aut draconem: hae

---

1 deductus *QDθ*   unum *φ*   4 par *B¹Q¹R¹*   8 alia . . .
sententiam *Q*: aliam . . . sententiam *η*   11 praecedet *φ*   16 vis]
ut si *QR*: vis si *E*   17 alius est *B*   18 si *suppl. Pinc.*
e quodam cod.   19 si *suppl. Mur.*: et *ς*   si (*alterum*) *Mur.*: sic *ω*
20 aut *Bη*: ut *Qθψ*: ac *Eras.²*: autem *Hense*   incipiunt *BηQR¹*: -iant
R²Eψ   25 habentes *B¹Q¹R¹*   unumquoque *B¹Q¹CR¹*

partes erant eius; partes autem non sunt animalia. Quid est **10**
quo colligas iustitiam animal esse? 'Agit' inquit 'aliquid et
prodest; quod autem agit et prodest impetum habet; ⟨quod
autem impetum habet⟩ animal est.' Verum est si suum
5 impetum habet; ⟨suum autem non habet⟩ sed animi. Omne **11**
animal donec moriatur id est quod coepit: homo donec
moriatur homo est, equus equus, canis canis; transire in
aliud non potest. Iustitia, id est animus quodam modo se
habens, animal est. Credamus: deinde animal est fortitudo,
10 id est animus quodam modo se habens. Quis animus? ille
qui modo iustitia erat? Tenetur in priore animali, in aliud
animal transire ei non licet; in eo illi in quo primum esse
coepit perseverandum est. Praeterea unus animus duorum **12**
esse animalium non potest, multo minus plurium. Si iustitia,
15 fortitudo, temperantia ceteraeque virtutes animalia sunt,
quomodo unum animum habebunt? singulos habeant oportet,
aut non sunt animalia. Non potest unum corpus plurium **13**
animalium esse. Hoc et ipsi fatentur. Iustitiae quod est
corpus? 'Animus'. Quid? fortitudinis quod est corpus? 'Idem
20 animus'. Atqui unum corpus esse duorum animalium non
potest. 'Sed idem animus' inquit 'iustitiae habitum induit et **14**
fortitudinis et temperantiae.' Hoc fieri posset si quo tempore
iustitia esset fortitudo non esset, quo tempore fortitudo esset
temperantia non esset; nunc vero omnes virtutes simul sunt.
25 Ita quomodo singulae erunt animalia, cum unus animus sit,
qui plus quam unum animal non potest facere? Denique nul- **15**
lum animal pars est alterius animalis; iustitia autem pars est
animi; non est ergo animal.

2 quo *B*: quod *φψ*   3 quod autem ... prodest *om. QDX*   3–4 quod
autem ... animal est *om. W*   quod ... habet *suppl.* ς   5 suum
autem non habet ς: suum non habet *R in marg.*, *ψ*: suum *E*: *om. BQηR*¹
7 homo est *ante* id est (*v.* 6) *transp. QDθ*   equus canis *bis R*²*E*: *semel rell.*
21 induit *ψς*: inbuit (imb- *QC*) *Bφ*   25 singula *φ*   26 qui
*C*¹*R*²*Eψ*: quis *rell.*

Videor mihi in re confessa perdere operam; magis enim
indignandum de isto quam disputandum est. Nullum animal
alteri par est. Circumspice omnium corpora: nulli non et
16 color proprius est et figura sua et magnitudo. Inter cetera
propter quae mirabile divini artificis ingenium est hoc 5
quoque existimo esse, quod in tanta copia rerum numquam
in idem incidit; etiam quae similia videntur, cum contuleris,
diversa sunt. Tot fecit genera foliorum: nullum non sua
proprietate signatum; tot animalia: nullius magnitudo cum
altero convenit, utique aliquid interest. Exegit a se ut quae 10
alia erant et dissimilia essent et inparia. Virtutes omnes, ut
17 dicitis, pares sunt; ergo non sunt animalia. Nullum non
animal per se agit; virtus autem per se nihil agit, sed cum
homine. Omnia animalia aut rationalia sunt, ut homines, ut
dii, ⟨aut inrationalia, ut ferae, ut pecora⟩; virtutes utique 15
rationales sunt; atqui nec homines sunt nec dii; ergo non
18 sunt animalia. Omne rationale animal nihil agit nisi primum
specie alicuius rei inritatum est, deinde impetum cepit,
deinde adsensio confirmavit hunc impetum. Quid sit adsensio
dicam. Oportet me ambulare: tunc demum ambulo cum hoc 20
mihi dixi et adprobavi hanc opinionem meam; oportet me
sedere: tunc demum sedeo. Haec adsensio in virtute non est.
19 Puta enim prudentiam esse: quomodo adsentietur 'oportet me
ambulare'? Hoc natura non recipit. Prudentia enim ei cuius
est prospicit, non sibi; nam nec ambulare potest nec sedere. 25
Ergo adsensionem non habet; quod adsensionem non habet
rationale animal non est. Virtus si animal est, rationale est;

3 par *QηR¹*: pars *rell.*   6 esse, quod *Pinc.*: et quod *Bφ sunt qui*
legunt: quod ψ: quod et *coni. Hense* (*cf. p. 498. 16*)   8 foliorum ς: fil- ω
9 nullius magnitudo *suspectum*   12–17 nullum non . . . animalia *om.* ψ
13 *ante* agit (*prius*) *add.* aliquid φ   15 aut . . . pecora *suppl. E et*
(*in marg.*) *C*: aut inrat- ut pecora *D*: aut inrat- sunt, ut ferae, ut pecora
suppl. v. 14 post animalia *Windhaus*   16 di *B*   18 cepit *DEW*:
coepit *rell.*   26 quod . . . habet *om. B*

476

rationale autem non est; ergo nec animal. Si virtus animal est, 20
virtus autem bonum omnest, omne bonum animal est. Hoc
nostri fatentur. Patrem servare bonum est, et sententiam
prudenter in senatu dicere bonum est, et iuste decernere
5 bonum est; ergo et patrem servare animal est et prudenter
sententiam dicere animal est. Eo usque res †exegit† ut risum
tenere non possis: prudenter tacere bonum est, ⟨* * *
cenare bonum est⟩; ita et tacere et cenare animal est.

Ego mehercules titillare non desinam et ludos mihi ex istis 21
10 subtilibus ineptiis facere. Iustitia et fortitudo, si animalia
sunt, certe terrestria sunt; omne animal terrestre alget,
esurit, sitit; ergo iustitia alget, fortitudo esurit, clementia
sitit. Quid porro? non interrogabo illos quam figuram habeant 22
ista animalia? hominis an equi an ferae? Si rotundam illis
15 qualem deo dederint, quaeram an et avaritia et luxuria et
dementia aeque rotundae sint; sunt enim et ipsae animalia.
Si has quoque conrotundaverint, etiamnunc interrogabo an
prudens ambulatio animal sit. Necesse est confiteantur,
deinde dicant ambulationem animal esse et quidem rotun-
20 dum.

Ne putes autem primum ⟨me⟩ ex nostris non ex prae- 23
scripto loqui sed meae sententiae esse, inter Cleanthen et
discipulum eius Chrysippum non convenit quid sit ambulatio.
Cleanthes ait spiritum esse a principali usque in pedes per-
25 missum, Chrysippus ipsum principale. Quid est ergo cur non

22-25 *Cleanth. frg. phys. 525 et Chrysip. frg. phys. 836 ab Arnim.*

---

2 omnest *Kronenberg*: non est *BQCθ*: est *Dψ*   virtus autem bonum,
non est . . . animal? est. *dist. Hense*   5 ut patrem *B*   prudenter
sententiam] prudentiam *φ*   6 *post* animal est *supplendum coni. Hense*
et iuste decernere animal est   excedet *Eras.*[2]: exigitur *Gertz*: exiit *Fick.*
dub.   7-8 cenare bene bonum est *suppl. ς*: frugaliter c. b. e. *coni.*
Hense: et prudenter c. b. e. *Kronenberg*   21 primum ⟨me⟩ *Hermes*:
⟨me⟩ primum *ς*   23 ambulatio] animatio *Madvig*   25 quid *ς*:
quod *ω*

ipsius Chrysippi exemplo sibi quisque se vindicet et ista tot
animalia quot mundus ipse non potest capere derideat?

24   'Non sunt' inquit 'virtutes multa animalia, et tamen
animalia sunt. Nam quemadmodum aliquis et poeta est et
orator, et tamen unus, sic virtutes istae animalia sunt sed   5
multa non sunt. Idem est animus et animus et iustus et
prudens et fortis, ad singulas virtutes quodam modo se
25 habens.' Sublata * * * convenit nobis. Nam et ego interim
iateor animum animal esse, postea visurus quam de ista re
sententiam feram: actiones eius animalia esse nego. Alioqui   10
et omnia verba erunt animalia et omnes versus. Nam si
prudens sermo bonum est, bonum autem omne animal est,
⟨sermo animal est⟩. Prudens versus bonum est, bonum autem
omne animal est; versus ergo animal est. Ita

arma virumque cano   15

animal est, quod non possunt rotundum dicere cum sex pedes
26 habeat. 'Textorium' inquis 'totum mehercules istud quod cum
maxime agitur.' Dissilio risu cum mihi propono soloecismum
animal esse et barbarismum et syllogismum et aptas illis facies
tamquam pictor adsigno. Haec disputamus attractis super-   20
ciliis, fronte rugosa? Non possum hoc loco dicere illud Caelianum: 'o tristes ineptias!' Ridiculae sunt.

     Quin itaque potius aliquid utile nobis ac salutare tracta-
mus et quaerimus quomodo ad virtutes pervenire possimus,

---

15 *Verg. Aen. 1. 1.*   21 Caelianum *cf. quae infra adnotantur.*

1 quisquis *Qθ*   2 quot *Eψ*: quod *rell.*   6 et (*alterum*) *om.* 5   animus
(temperans) et iustus *coni.* Hense (*conl. p. 488. 9–10*)   7 ad *E*: at
rell.   singulas *θ*: -lae *ω*   8 lis est *suppl.* Bartsch: lite Hermes:
controversia *Brakman* (*conl. ben. 3. 7. 7*)   13 sermo ergo animal
est *suppl.* 5: ergo *eiecit* Hense   14 itaque *φ*   17 vehercules *B*
20 et tractis *Qη*   21–22 caecilianum *θ*: *haec verba vulgo tribuunt Caecilio
Statio comico* (*cf. com. Rom. frg. p. 92 Ribb.³*), *Caelio Rufo oratori Lipsius
aliique*   24 venire *Qη*   possumus *QR*

quae nos ad illas via adducat? Doce me non an fortitudo 27
animal sit, sed nullum animal felix esse sine fortitudine, nisi
contra fortuita convaluit et omnis casus antequam exciperet
meditando praedomuit. Quid est fortitudo? Munimentum
5 humanae imbecillitatis inexpugnabile, quod qui circumdedit
sibi securus in hac vitae obsidione perdurat; utitur enim suis
viribus, suis telis. Hoc loco tibi Posidonii nostri referre senten- 28
tiam volo: 'non est quod umquam fortunae armis putes esse
te tutum: tuis pugna. Contra ipsam fortuna non armat;
10 itaque contra hostes instructi, contra ipsam inermes sunt.'
Alexander Persas quidem et Hyrcanos et Indos et quidquid 29
gentium usque in oceanum extendit oriens vastabat fuga-
batque, sed ipse modo occiso amico, modo amisso, iacebat in
tenebris, alias scelus, alias desiderium suum maerens, victor
15 tot regum atque populorum irae tristitiaeque succumbens;
id enim egerat ut omnia potius haberet in potestate quam
adfectus. O quam magnis homines tenentur erroribus qui ius 30
dominandi trans maria cupiunt permittere felicissimosque
se iudicant si multas [pro] milite provincias obtinent et novas
20 veteribus adiungunt, ignari quod sit illud ingens parque dis
regnum: imperare sibi maximum imperium est. Doceat me 31
quam sacra res sit iustitia alienum bonum spectans, nihil ex se
petens nisi usum sui. Nihil sit illi cum ambitione famaque:
sibi placeat. Hoc ante omnia sibi quisque persuadeat: me
25 iustum esse gratis oportet. Parum est. Adhuc illud persuadeat
sibi: me in hanc pulcherrimam virtutem ultro etiam inpendere
iuvet; tota cogitatio a privatis commodis quam longissime
aversa sit. Non est quod spectes quod sit iustae rei praemium:

1 via *E²ψ*: vias *rell.*   3 casus *ς*: causas *ω*   4 perdomuit *Windhaus*
17 qui ius *B man. rec.*: quibus *ω*   19 simulatas *B*   milite *Buech.*: pro
milite *ω*: per militem *Windhaus*: proprio milite *Madvig*   20 parque
dis *ς*: parqueris *BC²R*: perqueris *Q¹C¹*: par quo quaeris *E*: parque caelis
ψ: *om. D*   21 doce *Haase* (*cf. v. 1*)   24 persuadeat *ψς*: -det *Bφ*
27 iubent *Qη*   a *BC*: *om. rell.*

32 maius in iusto est. Illud adhuc tibi adfige quod paulo
ante dicebam, nihil ad rem pertinere quam multi aequitatem
tuam noverint. Qui virtutem suam publicari vult non virtuti
laborat sed gloriae. Non vis esse iustus sine gloria? at mehercules saepe iustus esse debebis cum infamia, et tunc, si sapis, 5
mala opinio bene parta delectet. Vale.

114   SENECA LVCILIO SVO SALVTEM

1   Quare quibusdam temporibus provenerit corrupti generis
oratio quaeris et quomodo in quaedam vitia inclinatio in-
geniorum facta sit, ut aliquando inflata explicatio vigeret, 10
aliquando infracta et in morem cantici ducta; quare alias
sensus audaces et fidem egressi placuerint, alias abruptae
sententiae et suspiciosae, in quibus plus intellegendum esset
quam audiendum; quare aliqua aetas fuerit quae transla-
tionis iure uteretur inverecunde. Hoc quod audire vulgo soles, 15
quod apud Graecos in proverbium cessit: talis hominibus
2 fuit oratio qualis vita. Quemadmodum autem uniuscuiusque
actio †dicendi† similis est, sic genus dicendi aliquando imitatur
publicos mores, si disciplina civitatis laboravit et se in delicias
dedit. Argumentum est luxuriae publicae orationis lascivia, 20
si modo non in uno aut in altero fuit, sed adprobata est et
3 recepta. Non potest alius esse ingenio, alius animo color. Si
ille sanus est, si compositus, gravis, temperans, ingenium
quoque siccum ac sobrium est: illo vitiato hoc quoque ad-
flatur. Non vides, si animus elanguit, trahi membra et pigre 25
moveri pedes? si ille effeminatus est, in ipso incessu apparere
mollitiam? si ille acer est et ferox, concitari gradum? si furit
aut, quod furori simile est, irascitur, turbatum esse corporis

1 in iusto *ed. Ven. 1490*: iniustae (-te ψ) Bψ: iniusta φ   esse Qθ
4 iustus] intus B   admehercules BQ¹   18 dicendi Bφ:dicenti ψς:
dicendi ⟨generi⟩ *Russell*   19 si ς: sic ω   27 mollitiem θψ

motum nec ire sed ferri? Quanto hoc magis accidere ingenio
putas, quod totum animo permixtum est, ab illo fingitur,
illi paret, inde legem petit?

   Quomodo Maecenas vixerit notius est quam ut narrari **4**
5 nunc debeat quomodo ambulaverit, quam delicatus fuerit,
quam cupierit videri, quam vitia sua latere noluerit. Quid
ergo? non oratio eius aeque soluta est quam ipse discinctus?
non tam insignita illius verba sunt quam cultus, quam comitatus, quam domus, quam uxor? Magni vir ingenii fuerat si
10 illud egisset via rectiore, si non vitasset intellegi, si non etiam
in oratione difflueret. Videbis itaque eloquentiam ebrii
hominis involutam et errantem et licentiae plenam. [Mae-
cenas de cultu suo.] Quid turpius 'amne silvisque ripa coman- **5**
tibus'? Vide ût 'alveum lyntribus arent versoque vado
15 remittant hortos'. Quid? si quis 'feminae cinno crispat et
labris columbatur incipitque suspirans, ut cervice lassa
fanantur nemoris tyranni'. 'Inremediabilis factio rimantur
epulis lagonaque temptant domos et spe mortem exigunt.'
'Genium festo vix suo testem.' 'Tenuisve cerei fila et cre-
20 pacem molam.' 'Focum mater aut uxor investiunt.' Non **6**
statim cum haec legeris hoc tibi occurret, hunc esse qui
solutis tunicis in urbe semper incesserit (nam etiam cum
absentis Caesaris partibus fungeretur, signum a discincto

13 *sqq. Maecen. frg. 11 Lunderstedt.*

---

9 viri *BQ*¹*ηR*¹   12–13 Maecenas . . . suo *secl. Hense*² *Gruterum secutus.*
*Haec fragmenta in primis explicare conati sunt Fr. Harder (Ueber die Frag-
mente des Maecenas, Berolini, 1889, pp. 6–11) et P. Lunderstedt (De C.
Maecenatis fragmentis, Lipsiae, 1911, pp. 73–87), emendare maluit W. C.
Summers (Classical Quarterly, ii (1908), pp. 170–4)*   14 vide ut
Senecae dedit Harder, Maecenati Lunderstedt   lintribus *Qη*   vado *Q
man. rec.,* η: vada *B*: vade *rell.*   15 remittunt *B*¹   cinno (*cf. T. L. L.
iii. 1077. 37 sqq.*)] concinno ς: concinnos *Haase*: cirro *edd. vett*: cirrôs
Harder   17 memoris tyranni *Harder, qui cum sqq. coniungit*   19 -ve
Senecae dedit Harder   20 aut] et *QD*: ut θ

petebatur); hunc esse qui ⟨in⟩ tribunali, in rostris, in omni
publico coetu sic apparuerit ut pallio velaretur caput exclusis
utrimque auribus, non aliter quam in mimo fugitivi divitis
solent; hunc esse cui tunc maxime civilibus bellis strepentibus
et sollicita urbe et armata comitatus hic fuerit in publico, 5
spadones duo, magis tamen viri quam ipse; hunc esse qui
7 uxorem milliens duxit, cum unam habuerit? Haec verba tam
inprobe structa, tam neglegenter abiecta, tam contra consuetudinem omnium posita ostendunt mores quoque non
minus novos et pravos et singulares fuisse. Maxima laus illi 10
tribuitur mansuetudinis: pepercit gladio, sanguine abstinuit,
nec ulla alia re quid posset quam licentia ostendit. Hanc
ipsam laudem suam corrupit istis orationis portentosissimae
8 delicis; apparet enim mollem fuisse, non mitem. Hoc istae
ambages compositionis, hoc verba transversa, hoc sensus 15
miri, magni quidem saepe sed enervati dum exeunt, cuivis
manifestum facient: motum illi felicitate nimia caput. Quod
9 vitium hominis esse interdum, interdum temporis solet. Ubi
luxuriam late felicitas fudit, cultus primum corporum esse
diligentior incipit; deinde supellectili laboratur; deinde in 20
ipsas domos inpenditur cura ut in laxitatem ruris excurrant,
ut parietes advectis trans maria marmoribus fulgeant, ut
tecta varientur auro, ut lacunaribus pavimentorum respon-
deat nitor; deinde ad cenas lautitia transfertur et illic com-
mendatio ex novitate et soliti ordinis commutatione captatur, 25
ut ea quae includere solent cenam prima ponantur, ut quae
10 advenientibus dabantur exeuntibus dentur. Cum adsuevit
animus fastidire quae ex more sunt et illi pro sordidis solita

1 in *suppl.* ς (*cf. p. 354. 28*)   3 fugitivi divitis *Lips.*: fug- divites
*B*ψ: divites fug- φ   7 duxerit *Windhaus*   14 deliciis ω
16 miri *Buech.*: mihi *B*φ: *om.* ψ   18 interdum *semel Q*η   19 cultus *Mur.*: luxus ω   20 incipit *B man. rec.*, ψ: -cepti *B¹*φ: -cepit *Q
man. rec.*, *C²*   21 puris *B¹*   excurrent *B¹Q¹*η*R*

sunt, etiam in oratione quod novum est quaerit et modo
antiqua verba atque exoleta revocat ac profert, modo fingit
†et ignota ac† deflectit, modo, id quod nuper increbruit, pro
cultu habetur audax translatio ac frequens. Sunt qui sensus 11
5 praecidant et hoc gratiam sperent, si sententia pependerit et
audienti suspicionem sui fecerit; sunt qui illos detineant et
porrigant; sunt qui non usque ad vitium accedant (necesse
est enim hoc facere aliquid grande temptanti) sed qui ipsum
vitium ament.

10   Itaque ubicumque videris orationem corruptam placere,
ibi mores quoque a recto descivisse non erit dubium. Quomodo conviviorum luxuria, quomodo vestium aegrae civitatis indicia sunt, sic orationis licentia, si modo frequens est,
ostendit animos quoque a quibus verba exeunt procidisse.
15 Mirari quidem non debes corrupta excipi non tantum a 12
corona sordidiore sed ab hac quoque turba cultiore; togis
enim inter se isti, non iudicîs distant. Hoc magis mirari potes,
quod non tantum vitiosa sed vitia laudentur. Nam illud
semper factum est: nullum sine venia placuit ingenium. Da
20 mihi quemcumque vis magni nominis virum: dicam quid illi
aetas sua ignoverit, quid in illo sciens dissimulaverit. Multos
tibi dabo quibus vitia non nocuerint, quosdam quibus pro-
fuerint. Dabo, inquam, maximae famae et inter admiranda
propositos, quos si quis corrigit, delet; sic enim vitia virtuti-
25 bus inmixta sunt ut illas secum tractura sint.

    Adice nunc quod oratio certam regulam non habet: con- 13
suetudo illam civitatis, quae numquam in eodem diu stetit,
versat. Multi ex alieno saeculo petunt verba, duodecim
tabulas loquuntur; Gracchus illis et Crassus et Curio nimis

2 exsolita *BQ*   (nova) fingit *Rossb.*   3 et *vel* ac *om.* ς   et
iungit ac *Summers*   6 illo *Bη*   11 ubi *QCθ*   15 a *om.* B (*cf.*
p. 354. 28)   16 turba quoque *Qη*   17 iudiciis *ω*   18 laudantur ς
19 venia *φ*: venta *B*: vento *ψ*   20 virum *φ*: utrum *Bψ*   22 nocuerunt *φ*
25 inmixta ς: inmissa *ω*

culti et recentes sunt, ad Appium usque et Coruncanium
redeunt. Quidam contra, dum nihil nisi tritum et usitatum
14 volunt, in sordes incidunt. Utrumque diverso genere corru-
ptum est, tam mehercules quam nolle nisi splendidis uti ac
sonantibus et poeticis, necessaria atque in usu posita vitare. 5
Tam hunc dicam peccare quam illum: alter se plus iusto
colit, alter plus iusto neglegit; ille et crura, hic ne alas quidem
vellit.

15   Ad compositionem transeamus. Quot genera tibi in hac
dabo quibus peccetur? Quidam praefractam et asperam 10
probant; disturbant de industria si quid placidius effluxit;
nolunt sine salebra esse iuncturam; virilem putant et fortem
quae aurem inaequalitate percutiat. Quorundam non est
compositio, modulatio est; adeo blanditur et molliter labitur.

16 Quid de illa loquar in qua verba differuntur et diu expectata 15
vix ad clausulas redeunt? Quid illa in exitu lenta, qualis
Ciceronis est, devexa et molliter detinens nec aliter quam
solet ad morem suum pedemque respondens?

Non tantum * * * in genere sententiarum vitium est, si aut
pusillae sunt et pueriles aut inprobae et plus ausae quam pu- 20
dore salvo licet, si floridae sunt et nimis dulces, si in vanum
exeunt et sine effectu nihil amplius quam sonant.

17   Haec vitia unus aliquis inducit, sub quo tunc eloquentia
est, ceteri imitantur et alter alteri tradunt. Sic Sallustio
vigente anputatae sententiae et verba ante expectatum 25
cadentia et obscura brevitas fuere pro cultu. L. Arruntius, vir
rarae frugalitatis, qui historias belli Punici scripsit, fuit
Sallustianus et in illud genus nitens. Est apud Sallustium

28 *Sall. hist. frg. 1. 27* Maurenbrecher.*

---

1 coruncantum *Bψ*: *corruptius φ*   4 nolle nisi *B* (*sed i prius in*
ras.): nollent si *QηR¹*: si nollent *rell.*   7 ne *ϛ*: nec *ω*   8 velit
QC¹θ   9 quot *E²ψ*: quod *rell.*   14 et molliter labitur *om. QDRψ*
19 *lacunam statui*

'exercitum argento fecit', id est, pecunia paravit. Hoc
Arruntius amare coepit; posuit illud omnibus paginis. Dicit
quodam loco 'fugam nostris fecere', alio loco 'Hiero rex
Syracusanorum bellum fecit', et alio loco 'quae audita Pan-
5 hormitanos dedere Romanis fecere'. Gustum tibi dare volui: **18**
totus his contexitur liber. Quae apud Sallustium rara fuerunt
apud hunc crebra sunt et paene continua, nec sine causa; ille
enim in haec incidebat, at hic illa quaerebat. Vides autem
quid sequatur ubi alicui vitium pro exemplo est. Dixit **19**
10 Sallustius 'aquis hiemantibus'. Arruntius in primo libro belli
Punici ait 'repente hiemavit tempestas', et alio loco cum
dicere vellet frigidum annum fuisse ait 'totus hiemavit
annus', et alio loco 'inde sexaginta onerarias leves praeter
militem et necessarios nautarum hiemante aquilone misit'.
15 Non desinit omnibus locis hoc verbum infulcire. Quodam
loco dicit Sallustius 'dum inter arma civilia aequi bonique
famas petit'. Arruntius non temperavit quominus primo
statim libro poneret ingentes esse 'famas' de Regulo. Haec **20**
ergo et eiusmodi vitia, quae alicui inpressit imitatio, non
20 sunt indicia luxuriae nec animi corrupti; propria enim esse
debent et ex ipso nata ex quibus tu aestimes alicuius adfectus:
iracundi hominis iracunda oratio est, commoti nimis incitata,
delicati tenera et fluxa. Quod vides istos sequi qui aut vellunt **21**
barbam aut intervellunt, qui labra pressius tondent et
25 adradunt servata et summissa cetera parte, qui lacernas
coloris inprobi sumunt, qui perlucentem togam, qui nolunt
facere quicquam quod hominum oculis transire liceat: in-

---

3 sqq. *Arrunt. hist. frg. 1–7 Peter.*   10 *hist. frg. ut videtur; cf.*
T.L.L. vi. 3. 2773. 46 sqq.   16 *Sall. hist. frg. 1. 90* Maurenbrecher.*

---

5 ⟨se⟩ dedere ς, dedere ⟨se⟩ *Rossb., sed cf. Curt. 3. 1. 6*   6 rare *Qη*
8 adhic *B*: adhuc *Q*   at *secl. Windhaus, fort. recte*   14 mistit *B*
16 dum *om. Bη*   25 abradunt *B man. rec., Eψ*

ritant illos et in se avertunt, volunt vel reprehendi dum
conspici. Talis est oratio Maecenatis omniumque aliorum
22 qui non casu errant sed scientes volentesque. Hoc a magno
animi malo oritur: quomodo in vino non ante lingua titubat
quam mens cessit oneri et inclinata vel prodita est, ita ista 5
orationis quid aliud quam ebrietas nulli molesta est nisi
animus labat. Ideo ille curetur: ab illo sensus, ab illo verba
exeunt, ab illo nobis est habitus, vultus, incessus. Illo sano
ac valente oratio quoque robusta, fortis, virilis est: si ille
procubuit, et cetera ruinam sequuntur.   10

23   Rege incolumi mens omnibus una est:
              amisso rupere fidem.

Rex noster est animus; hoc incolumi cetera manent in
officio, parent, obtemperant: cum ille paulum vacillavit,
simul dubitant. Cum vero cessit voluptati, artes quoque eius 15
actusque marcent et omnis ex languido fluidoque conatus est.
24   Quoniam hac similitudine usus sum, perseverabo. Animus
noster modo rex est, modo tyrannus: rex cum honesta intuetur, salutem commissi sibi corporis curat et illi nihil imperat
turpe, nihil sordidum; ubi vero inpotens, cupidus, delicatus 20
est, transit in nomen detestabile ac dirum et fit tyrannus.
Tunc illum excipiunt adfectus inpotentes et instant; qui
initio quidem gaudet, ut solet populus largitione nocitura
25 frustra plenus et quae non potest haurire contrectans; cum
vero magis ac magis vires morbus exedit et in medullas 25
nervosque descendere deliciae, conspectu eorum quibus se
nimia aviditate inutilem reddidit laetus, pro suis voluptatibus

11 *Verg. georg. 4. 212–13.*

---

5 perdita ς   6 orationis *Q*: orationisi *B*: oratio *rell.*   14 vaccillavit *B*
15 cum] eum *B¹Q*   19 sibi *om. Qθ*   23 gaudet *Lips.*: –dent *ω*
24 contrectans ς: –tat *ω*   25 exedit *B*: exced– *φψ*   26 conspectu
ς: –tum *ω*

habet alienarum spectaculum, sumministrator libidinum testisque, quarum usum sibi ingerendo abstulit. Nec illi tam gratum est abundare iucundis quam acerbum quod non omnem illum apparatum per gulam ventremque transmittit, 5 quod non cum omni exoletorum feminarumque turba convolutatur, maeretque quod magna pars suae felicitatis exclusa corporis angustiis cessat. Numquid enim, mi Lucili, ⟨non⟩ in 26 hoc furor est, quod nemo nostrum mortalem se cogitat, quod nemo inbecillum? immo quod nemo nostrum unum 10 esse se cogitat? Aspice culinas nostras et concursantis inter tot ignes cocos: unum videri putas ventrem cui tanto tumultu comparatur cibus? Aspice veteraria nostra et plena multorum saeculorum vindemiis horrea: unum putas videri ventrem cui tot consulum regionumque vina cluduntur? Aspice 15 quot locis terra vertatur, quot millia colonorum arent, fodiant: unum videri putas ventrem cui et in Sicilia et in Africa seritur? Sani erimus et modica concupiscemus si unusquisque se 27 numeret, metiatur simul corpus, sciat quam nec multum capere nec diu possit. Nihil tamen aeque tibi profuerit ad 20 temperantiam omnium rerum quam frequens cogitatio brevis aevi et huius incerti: quidquid facies, respice ad mortem. Vale.

115 SENECA LVCILIO SVO SALVTEM

Nimis anxium esse te circa verba et compositionem, mi 1 Lucili, nolo: habeo maiora quae cures. Quaere quid scribas, 25 non quemadmodum; et hoc ipsum non ut scribas sed ut sentias, ut illa quae senseris magis adplices tibi et velut signes. Cuiuscumque orationem videris sollicitam et politam, 2 scito animum quoque non minus esse pusillis occupatum.

7 non *suppl. Beltrami: post* furor iam ς   9 immo *Eras.*[2]: in illo *Bφ*: in nullo ψ   12 veterana ς, *sed cf. nat. 4. 13. 3*   15 quod *et sic mox BQ*[1]   vertatur terra φ   millia *B*[1]: milia *B*ᶜφψ   17 unum quisque *Badstuebner*   18 numeret. Metiatur simul corpus: sciet *Haase*

Magnus ille remissius loquitur et securius; quaecumque dicit
plus habent fiduciae quam curae. Nosti comptulos iuvenes,
barba et coma nitidos, de capsula totos: nihil ab illis speraveris
forte, nihil solidum. Oratio cultus animi est: si circumtonsa
est et fucata et manu facta, ostendit illum quoque non esse 5
sincerum et habere aliquid fracti. Non est ornamentum
3 virile concinnitas. Si nobis animum boni viri liceret inspicere,
o quam pulchram faciem, quam sanctam, quam ex magnifico
placidoque fulgentem videremus, hinc iustitia, illinc fortitudine, hinc temperantia prudentiaque lucentibus! Praeter 10
has frugalitas et continentia et tolerantia et liberalitas
comitasque et (quis credat?) in homine rarum humanitas
bonum splendorem illi suum adfunderent. Tunc providentia
cum elegantia et ex istis magnanimitas eminentissima
quantum, di boni, decoris illi, quantum ponderis gravita- 15
tisque adderent! quanta esset cum gratia auctoritas! Nemo
4 illam amabilem qui non simul venerabilem diceret. Si quis
viderit hanc faciem altiorem fulgentioremque quam cerni
inter humana consuevit, nonne velut numinis occursu obstu-
pefactus resistat et ut fas sit vidisse tacitus precetur, tum 20
evocante ipsa vultus benignitate productus adoret ac sup-
plicet, et diu contemplatus multum extantem superque
mensuram solitorum inter nos aspici elatam, oculis mite
quiddam sed nihilominus vivido igne flagrantibus, tunc
deinde illam Vergili nostri vocem verens atque attonitus 25
emittat?

5   O quam te memorem, virgo? namque haut tibi vultus

27–p. 489. 2 Verg. Aen. 1. 327–8 et 330.

---

2 comptulos *Buech.*: complutos ω   5 est et ηE: esset BQ: esse
et R: est ψ   19 nominis B¹   21 benignitatem Qη   25 vergili
B¹QC¹: vergilii B²ψ: virgili *vel* virgilii *rell.*   27 haut] haud B²: aut
Q¹R

mortalis nec vox hominem sonat . .
sis felix nostrumque leves quaecumque laborem.

Aderit levabitque, si colere eam voluerimus. Colitur autem
non taurorum opimis corporibus contrucidatis nec auro
5 argentoque suspenso nec in thensauros stipe infusa, sed pia et
recta voluntate. Nemo, inquam, non amore eius arderet si 6
nobis illam videre contingeret; nunc enim multa obstrigillant
et aciem nostram aut splendore nimio repercutiunt aut
obscuritate retinent. Sed si, quemadmodum visus oculorum
10 quibusdam medicamentis acui solet et repurgari, sic nos
aciem animi liberare inpedimentis voluerimus, poterimus
perspicere virtutem etiam obrutam corpore, etiam paupertate opposita, etiam humilitate et infamia obiacentibus;
cernemus, inquam, pulchritudinem illam quamvis sordido 7
15 obtectam. Rursus aeque malitiam et aerumnosi animi veter-
num perspiciemus, quamvis multus circa divitiarum radian-
tium splendor inpediat et intuentem hinc honorum, illinc
magnarum potestatium falsa lux verberet. Tunc intellegere 8
nobis licebit quam contemnenda miremur, simillimi pueris,
20 quibus omne ludicrum in pretio est; parentibus quippe nec
minus fratribus praeferunt parvo aere empta monilia. Quid
ergo inter nos et illos interest, ut Ariston ait, nisi quod nos
circa tabulas et statuas insanimus, carius inepti? Illos reperti
in litore calculi leves et aliquid habentes varietatis delectant,
25 nos ingentium maculae columnarum, sive ex Aegyptiis
harenis sive ex Africae solitudinibus advectae porticum
aliquam vel capacem populi cenationem ferunt. Miramur 9

18 sqq. Aristo Chius frg. 372 ab Arnim.

---

3 colore. *B*: colorem *Q*¹   5 thensauros *B*¹: thes- *B*ᶜφψ   infusas et
*B*¹*Q*¹   7 obstrigillant *Pinc.*: obstig- ω   9 obscuritate *Pinc.*: obscure
ω: obscuro *Mur.*   10–11 ste nos actem *B*   14–15 sordida obiectam
Q: sordidam ob- θ   21 monilia *Eras.*¹: mobilia ω   23 insanimus
B man. rec., φ: inanimus *B*¹: manemus ψ   26 harent. sive *BW*

parietes tenui marmore inductos, cum sciamus quale sit quod
absconditur. Oculis nostris inponimus, et cum auro tecta
perfudimus, quid aliud quam mendacio gaudemus? Scimus
enim sub illo auro foeda ligna latitare. Nec tantum parietibus
aut lacunaribus ornamentum tenue praetenditur: omnium 5
istorum quos incedere altos vides bratteata felicitas est.
Inspice, et scies sub ista tenui membrana dignitatis quantum
10 mali iaceat. Haec ipsa res quae tot magistratus, tot iudices
detinet, quae et magistratus et iudices facit, pecunia, ex quo
in honore esse coepit, verus rerum honor cecidit, mercatores- 10
que et venales in vicem facti quaerimus non quale sit quidque
sed quanti; ad mercedem pii sumus, ad mercedem impii, et
honesta quamdiu aliqua illis spes inest sequimur, in con-
11 trarium transituri si plus scelera promittent. Admirationem
nobis parentes auri argentique fecerunt, et teneris infusa 15
cupiditas altius sedit crevitque nobiscum. Deinde totus
populus in alia discors in hoc convenit: hoc suspiciunt, hoc
suis optant, hoc dis velut rerum humanarum maximum, cum
grati videri volunt, consecrant. Denique eo mores redacti
sunt ut paupertas maledicto probroque sit, contempta diviti- 20
12 bus, invisa pauperibus. Accedunt deinde carmina poetarum,
quae adfectibus nostris facem subdant, quibus divitiae velut
unicum vitae decus ornamentumque laudantur. Nihil illis
melius nec dare videntur di inmortales posse nec habere.

13   Regia Solis erat sublimibus alta columnis,   25
           clara micante auro.

Eiusdem currum aspice:

           Aureus axis erat, temo aureus, aurea summae
           curvatura rotae, radiorum argenteus ordo.

25 *Ov. met.* 2. *1–2.*   28 *Ov. met.* 2. *107–8.*

---

17 suspiciunt $B\eta R^2$: suscip- *rell.*   18 dis *B*: diis $\phi\psi$ 24 di *B*:
dii $\phi\psi$ 28 summa $Q\theta$

Denique quod optimum videri volunt saeculum aureum
appellant. Nec apud Graecos tragicos desunt qui lucro 14
innocentiam, salutem, opinionem bonam mutent.

> Sine me vocari pessimum, [simul] ut dives vocer.
>
> An dives omnes quaerimus, nemo an bonus.
>
> Non quare et unde, quid habeas tantum rogant.
>
> Ubique tanti quisque, quantum habuit, fuit.
>
> Quid habere nobis turpe sit quaeris ? nihil.
>
> Aut dives opto vivere aut pauper mori.
>
> Bene moritur quisquis moritur dum lucrum facit.

> Pecunia, ingens generis humani bonum,
> cui non voluptas matris aut blandae potest
> par esse prolis, non sacer meritis parens;
> tam dulce si quid Veneris in vultu micat,
> merito illa amores caelitum atque hominum movet.

Cum hi novissimi versus in tragoedia Euripidis pronuntiati 15
essent, totus populus ad eiciendum et actorem et carmen
consurrexit uno impetu, donec Euripides in medium ipse
prosilivit petens ut expectarent viderentque quem admirator
auri exitum faceret. Dabat in illa fabula poenas Bellero-
phontes quas in sua quisque dat. Nulla enim avaritia sine 16
poena est, quamvis satis sit ipsa poenarum. O quantum
lacrimarum, quantum laborum exigit! quam misera desideratis, quam misera partis est! Adice cotidianas sollicitudines

---

4 *Trag. Graec. frg. adesp. 181. 1 Nauck²*.   5–10 *Trag. Graec. frg. adesp. 461 Nauck²*.   11–15 *Eur. Danae fr. 324 Nauck², cui Seneca erravisse videtur Bellerophonti tribuens; cf. Hense² p. 559. 20 adnot.*

---

2 traicos ψ   4 simul *om. Eras.*¹   14 veneris *B man. rec.*:
-erit *B*¹φ: -erat ψ   15 amores *Eras.*¹: mores ω   16 hii *B*
19 exspectarent *Mur.*: spect- ω   23 desideratis *Q*: desiderates *B*¹*R*ψ:
desiderat esse *B*²ηE   24 misera *Eras.*¹: -rae *B*: -re *QηEψ*: -ra e *R*

quae pro modo habendi quemque discruciant. Maiore tormento pecunia possidetur quam quaeritur. Quantum damnis ingemescunt, quae et magna incidunt et videntur maiora. Denique ut illis fortuna nihil detrahat, quidquid non
17 adquiritur damnum est. 'At felicem illum homines et divitem 5 vocant et consequi optant quantum ille possidet.' Fateor. Quid ergo? tu ullos esse condicionis peioris existimas quam qui habent et miseriam et invidiam? Utinam qui divitias optaturi essent cum divitibus deliberarent; utinam honores petituri cum ambitiosis et summum adeptis dignitatis 10 statum! Profecto vota mutassent, cum interim illi nova suscipiunt cum priora damnaverint. Nemo enim est cui felicitas sua, etiam si cursu venit, satis faciat; queruntur et de consiliis et de processibus suis maluntque semper quae
18 reliquerunt. Itaque hoc tibi philosophia praestabit, quo 15 equidem nihil maius existimo: numquam te paenitebit tui. Ad hanc tam solidam felicitatem, quam tempestas nulla concutiat, non perducent te apte verba contexta et oratio fluens leniter: eant ut volent, dum animo compositio sua constet, dum sit magnus et opinionum securus et ob ipsa 20 quae aliis displicent sibi placens, qui profectum suum vita aestimet et tantum scire se iudicet quantum non cupit, quantum non timet. Vale.

116   SENECA LVCILIO SVO SALVTEM

1   Utrum satius sit modicos habere adfectus an nullos saepe 25 quaesitum est. Nostri illos expellunt, Peripatetici temperant. Ego non video quomodo salubris esse aut utilis possit ulla mediocritas morbi. Noli timere: nihil eorum quae tibi non vis negari eripio. Facilem me indulgentemque praebebo rebus

7 quid] qui $B^1Q^1\theta$ illos φ, *corr.* C   peiores B^1Q 11 novas
B   12 suspiciunt BQ   damnaverunt *s, sed cf.* ·*p.* 24. 22

ad quas tendis et quas aut necessarias vitae aut utiles aut
iucundas putas: detraham vitium. Nam cum tibi cupere inter-
dixero, velle permittam, ut eadem illa intrepidus facias, ut
certiore consilio, ut voluptates ipsas magis sentias: quidni ad
5 te magis perventurae sint si illis imperabis quam si servies?
'Sed naturale est' inquis 'ut desiderio amici torquear: da ius 2
lacrimis tam iuste cadentibus. Naturale est opinionibus
hominum tangi et adversis contristari: quare mihi non per-
mittas hunc tam honestum malae opinionis metum?' Nullum
10 est vitium sine patrocinio; nulli non initium verecundum est
et exorabile, sed ab hoc latius funditur. Non obtinebis ut
desinat si incipere permiseris. Inbecillus est primo omnis 3
adfectus; deinde ipse se concitat et vires dum procedit parat:
excluditur facilius quam expellitur. Quis negat omnis adfectus
15 a quodam quasi naturali fluere principio? Curam nobis nostri
natura mandavit, sed huic ubi nimium indulseris, vitium est.
Voluptatem natura necessariis rebus admiscuit, non ut illam
peteremus, sed ut ea sine quibus non possumus vivere gratiora nobis illius faceret accessio: suo veniat iure, luxuria est.
20 Ergo intrantibus resistamus, quia facilius, ut dixi, non reci-
piuntur quam exeunt. 'Aliquatenus' inquis 'dolere, aliquate- 4
nus timere permitte.' Sed illud 'aliquatenus' longe producitur
nec ubi vis accipit finem. Sapienti non sollicite custodire se
tutum est, et lacrimas suas et voluptates ubi volet sistet:
25 nobis, quia non est regredi facile, optimum est omnino non
progredi. Eleganter mihi videtur Panaetius respondisse 5
adulescentulo cuidam quaerenti an sapiens amaturus esset.
'De sapiente' inquit 'videbimus: mihi et tibi, qui adhuc a

26 *Panaet. frg. 114 van Straaten.*

6 da ius *Lips.*: datus ω   10–11 verecundum est et ς: ver- est ut *B*:
est ver- et φψ   14 omnis *B*: omnes φψ   18 gratia *B*   24 et
(*alterum*) om. *Qθ*

sapiente longe absumus, non est committendum ut incidamus
in rem commotam, inpotentem, alteri emancupatam, vilem
sibi. Sive enim nos respicit, humanitate eius inritamur, sive
contempsit, superbia accendimur. Aeque facilitas amoris
quam difficultas nocet: facilitate capimur, cum difficultate 5
certamus. Itaque conscii nobis inbecillitatis nostrae quiesca-
mus; nec vino infirmum animum committamus nec formae
6 nec adulationi nec ullis rebus blande trahentibus.' Quod
Panaetius de amore quaerenti respondit, hoc ego de omnibus
adfectibus dico: quantum possumus nos a lubrico recedamus; 10
in sicco quoque parum fortiter stamus.
7   Occurres hoc loco mihi illa publica contra Stoicos voce:
'nimis magna promittitis, nimis dura praecipitis. Nos
homunciones sumus; omnia nobis negare non possumus.
Dolebimus, sed parum; concupiscemus, sed temperate; 15
8 irascemur, sed placabimur.' Scis quare non possimus ista?
quia nos posse non credimus. Immo mehercules aliud est in re:
vitia nostra quia amamus defendimus et malumus excusare
illa quam excutere. Satis natura homini dedit roboris si illo
utamur, si vires nostras colligamus ac totas pro nobis, certe 20
non contra nos concitemus. Nolle in causa est, non posse
praetenditur. Vale.

117   SENECA LVCILIO SVO SALVTEM

1   Multum mihi negotii concinnabis et, dum nescis, in
magnam me litem ac molestiam inpinges, qui mihi tales 25
quaestiunculas ponis, in quibus ego nec dissentire a nostris
salva gratia nec consentire salva conscientia possum. Quaeris
an verum sit quod Stoicis placet, sapientiam bonum esse,

2 emancupatum *B*: emancip- φψ   3 nos] non *B*   humanitatem
B   10 adfectibus *om.* φ   16 possimus *Madvig*: -sumus ω
17 non posse nos *Gertz*

sapere bonum non esse. Primum exponam quid Stoicis
videatur; deinde tunc dicere sententiam audebo.

Placet nostris quod bonum est corpus esse, quia quod **2**
bonum est facit, quidquid facit corpus est. Quod bonum est
5 prodest; faciat autem aliquid oportet ut prosit; si facit, corpus
est. Sapientiam bonum esse dicunt; sequitur ut necesse sit
illam corporalem quoque dicere. At sapere non putant eius- **3**
dem condicionis esse. Incorporale est et accidens alteri, id est
sapientiae; itaque nec facit quicquam nec prodest. 'Quid
10 ergo?' inquit 'non dicimus: bonum est sapere?' Dicimus
referentes ad id ex quo pendet, id est ad ipsam sapientiam.

Adversus hos quid ab aliis respondeatur audi, antequam ego **4**
incipio secedere et in alia parte considere. 'Isto modo'
inquiunt 'nec beate vivere bonum est. Velint nolint, respon-
15 dendum est beatam vitam bonum esse, beate vivere bonum
non esse.' Etiamnunc nostris illud quoque opponitur: 'vultis **5**
sapere; ergo expetenda res est sapere; si expetenda res
est, bona est'. Coguntur nostri verba torquere et unam
syllabam expetendo interponere quam sermo noster inseri
20 non sinit. Ego illam, si pateris, adiungam. 'Expetendum est'
inquiunt 'quod bonum est, expetibile quod nobis contingit
cum bonum consecuti sumus. Non petitur tamquam bonum,
sed petito bono accedit.'

Ego non idem sentio et nostros iudico in hoc descendere **6**
25 quia iam primo vinculo tenentur et mutare illis formulam non
licet. Multum dare solemus praesumptioni omnium hominum
et apud nos veritatis argumentum est aliquid omnibus videri;
tamquam deos esse inter alia hoc colligimus, quod omnibus
insita de dis opinio est nec ulla gens usquam est adeo extra
30 leges moresque proiecta ut non aliquos deos credat. Cum de
animarum aeternitate disserimus, non leve momentum apud

nos habet consensus hominum aut timentium inferos aut
colentium. Utor hac publica persuasione: neminem invenies
qui non putet et sapientiam bonum et sapere.

7   Non faciam quod victi solent, ut provocem ad populum:
nostris incipiamus armis confligere. Quod accidit alicui, utrum 5
extra id cui accidit est an in eo cui accidit? Si in eo est cui
accidit, tam corpus est quam illud cui accidit. Nihil enim
accidere sine tactu potest; quod tangit corpus est: nihil
accidere sine actu potest; quod agit corpus est. Si extra est,
postea quam acciderat recessit; quod recessit motum habet; 10

8 quod motum habet corpus est. Speras me dicturum non esse
aliud cursum, aliud currere, nec aliud calorem, aliud calere,
nec aliud lucem, aliud lucere: concedo ista alia esse, sed non
sortis alterius. Si valetudo indifferens est, ⟨et⟩ bene valere indifferens est; si forma indifferens est, et formonsum esse. 15
Si iustitia bonum est, et iustum esse; si turpitudo malum est,
et turpem esse malum est, tam mehercules quam si lippitudo
malum est, lippire quoque malum est. Hoc ut scias, neutrum
esse sine altero potest: qui sapit sapiens est; qui sapiens est
sapit. Adeo non potest dubitari an quale illud sit, tale hoc sit, 20

9 ut quibusdam utrumque unum videatur atque idem. Sed
illud libenter quaesierim, cum omnia aut mala sint aut bona
aut indifferentia, sapere in quo numero sit? Bonum negant
esse; malum utique non est; sequitur ut medium sit. Id
autem medium atque indifferens vocamus quod tam malo 25
contingere quam bono possit, tamquam pecunia, forma,
nobilitas. Hoc, ut sapiat, contingere nisi bono non potest;
ergo indifferens non est. Atqui ne malum quidem est, quod

1 sensus $Q\eta$ 3 bonum et sapere η: et bonum sapere $BQ\theta$: et
sapere bonum ψ 8 corpus *bis* ψ, *fort. recte*   9 actu B^cX:
tactu *rell.*   corpus *bis* $Q\theta\psi$, *fort. recte*   11 speres $Q\eta$ 14 et
suppl. Eras.[2]   bene valere indifferens est *om. B*   18 lippire quoque
malum est *BE: om.* $Q\eta R$: lippum esse malum est ψ 24 ut *om.* ϕ
26 potest ϕ

contingere malo non potest; ergo bonum est. Quod nisi bonus
non habet bonum est; sapere non nisi bonus habet; ergo
bonum est. 'Accidens ᴇst' inquit 'sapientiae.' Hoc ergo quod 10
vocas sapere, utrum facit sapientiam an patitur? Sive facit
5 illud sive patitur, utroque modo corpus est; nam et quod fit
et quod facit corpus est. Si corpus est, bonum est; unum
enim illi deerat quominus bonum esset, quod incorporale erat.

Peripateticis placet nihil interesse inter sapientiam et 11
sapere, cum in utrolibet eorum et alterum sit. Numquid
10 enim quemquam existimas sapere nisi qui sapientiam habet?
numquid quemquam qui sapit non putas habere sapientiam?
Dialectici veteres ista distinguunt; ab illis divisio usque ad 12
Stoicos venit. Qualis sit haec dicam. Aliud est ager, aliud
agrum habere, quidni? cum habere agrum ad habentem, non
15 ad agrum pertineat. Sic aliud est sapientia, aliud sapere.
Puto, concedes duo esse haec, id quod habetur et eum qui
habet: habetur sapientia, habet qui sapit. Sapientia est mens
perfecta vel ad summum optimumque perducta; ars enim
vitae est. Sapere quid est? non possum dicere 'mens perfecta',
20 sed id quod contingit perfectam mentem habenti; ita alterum
est mens bona, alterum quasi habere mentem bonam.

'Sunt' inquit 'naturae corporum, tamquam hic homo est, 13
hic equus; has deinde sequuntur motus animorum enuntiativi
corporum. Hi habent proprium quiddam et a corporibus
25 seductum, tamquam video Catonem ambulantem: hoc sensus
ostendit, animus credidit. Corpus est quod video, cui et oculos
intendi et animum. Dico deinde: Cato ambulat. Non corpus'
inquit 'est quod nunc loquor, sed enuntiativum quiddam de
corpore, quod alii effatum vocant, alii enuntiatum, alii

2 non *om.* B¹Q   bonus] bonum B¹Q   4–5 sive facit . . .
patitur *om.* B   12 distingunt φ   16 concedas Qη   23 enuntiativi BᶜC: enuntiatibi B¹: enuntiet ibi Q: *corruptius rell.*   24 hi
Bᶜη: hii B¹ψ: ibi Q: hic θ   28 enuntiativum B *man. rec.*, R²:
-tiavom B¹: *corruptius rell.*

dictum. Sic cum dicimus "sapientiam", corporale quiddam
intellegimus; cum dicimus "sapit", de corpore loquimur.
Plurimum autem interest utrum illud dicas an de illo.'

14   Putemus in praesentia ista duo esse (nondum enim quid
mihi videatur pronuntio): quid prohibet quominus aliud 5
quidem ⟨sit⟩ sed nihilominus bonum? Dicebam paulo ante
aliud esse agrum, aliud habere agrum. Quidni? in alia enim
natura est qui habet, in alia quod habetur: illa terra est, hic
homo est. At in hoc de quo agitur eiusdem naturae sunt
15 utraque, et qui habet sapientiam et ipsa. Praeterea illic aliud 10
est quod habetur, alius qui habet: hic in eodem est et quod
habetur et qui habet. Ager iure possidetur, sapientia natura;
ille abalienari potest et alteri tradi, haec non discedit a
domino. Non est itaque quod compares inter se dissimilia.

Coeperam dicere posse ista duo esse et tamen utraque bona 15
esse, tamquam sapientia et sapiens duo sunt et utrumque
bonum esse concedis. Quomodo nihil obstat quominus et
sapientia bonum sit et habens sapientíam, sic nihil obstat
quominus et sapientia bonum sit et habere sapientiam, id est
16 sapere. Ego in hoc volo sapiens esse, ut sapiam. Quid ergo? 20
non est id bonum sine quo nec illud bonum est? Vos certe
dicitis sapientiam, si sine usu detur, accipiendam non esse.
Quid est usus sapientiae? sapere: hoc est in illa pretiosissi-
mum, quo detracto supervacua fit. Si tormenta mala sunt,
torqueri malum est, adeo quidem ut illa non sint mala si quod 25
sequitur detraxeris. Sapientia habitus perfectae mentis est,
sapere usus perfectae mentis: quomodo potest usus eius
17 bonum non esse quae sine usu bonum non est? Interrogo te

1 dictum *B*: edic- *φψ*   3 illud *ς*: illum *ω*   6 sit *suppl. ς*   dicebam *Hermes* (*conl. p. 497. 13*): -bas *ω*   8 qui habet . . . terra est
om. B   9 at] ad *B¹Q¹*: aut *θ*   10 *post* ipsa *add.* quae habetur *η*
12 iure poss- ager *φ*   16 esse, tamquam *Rossb.*: et tamquam (et
punct. B²) *ω*: tamquam et *Schweigh.* (*cf. p. 476. 6*)   23 quis *B*
28 non est *θ*: est *rell.*   interroga *B¹Q*

an sapientia expetenda sit: fateris. Interrogo an usus sapientiae expetendus sit: fateris. Negas enim te illam recepturum
si uti ea prohibearis. Quod expetendum est bonum est.
Sapere sapientiae usus est, quomodo eloquentiae eloqui,
5 quomodo oculorum videre. Ergo sapere sapientiae usus est,
usus autem sapientiae expetendus est; sapere ergo expetendum est; si expetendum est, bonum est.

Olim ipse me damno qui illos imitor dum accuso et verba 18
apertae rei inpendo. Cui enim dubium potest esse quin, si
10 aestus malum est, et aestuare malum sit? si algor malum est,
malum sit algere? si vita bonum est, et vivere bonum sit?
Omnia ista circa sapientiam, non in ipsa sunt; at nobis in
ipsa commorandum est. Etiam si quid evagari libet, 19
amplos habet illa spatiososque secessus: de deorum natura
15 quaeramus, de siderum alimento, de his tam variis stellarum
discursibus, an ad illarum motus nostra moveantur, an corporibus omnium animisque illinc impetus veniat, an et haec
quae fortuita dicuntur certa lege constricta sint nihilque in
hoc mundo repentinum aut expers ordinis volutetur. Ista iam
20 a formatione morum recesserunt, sed levant animum et ad
ipsarum quas tractat rerum magnitudinem attollunt; haec
vero de quibus paulo ante dicebam minuunt et deprimunt nec,
ut putatis, exacuunt, sed extenuant. Obsecro vos, tam neces- 20
sariam curam maioribus melioribusque debitam in re nescio
25 an falsa, certe inutili terimus? Quid mihi profuturum est
scire an aliud sit sapientia, aliud sapere? Quid mihi profuturum est scire illud bonum esse, ⟨hoc non esse⟩? Temere
me geram, subibo huius voti aleam: tibi sapientia, mihi
sapere contingat. Pares erimus. Potius id age ut mihi viam 21
30 monstres qua ad ista perveniam. Dic quid vitare debeam,

14 spatiososque *C²θψ*: speci- *rell. (confert Hense p. 320. 12)* 15 desiderium *B¹Q* 16 an (*alterum*)] in *B* 19–20 iam a *B²ηE*: ima *B¹QR*:
ima a *ψ* 27 hoc non esse *suppl. Mur.* 28 subibo *Eras.²*: subito *ω*

quid adpetere, quibus animum labantem studiis firmem,
quemadmodum quae me ex transverso feriunt aguntque
procul a me repellam, quomodo par esse tot malis possim,
quomodo istas calamitates removeam quae ad me inruperunt,
quomodo illas ad quas ego inrupi. Doce quomodo feram 5
aerumnam sine gemitu meo, felicitatem sine alieno, quomodo ultimum ac necessarium non expectem sed ipsemet,
22 cum visum erit, profugiam. Nihil mihi videtur turpius quam
optare mortem. Nam si vis vivere, quid optas mori ? sive non
vis, quid deos rogas quod tibi nascenti dederunt ? Nam ut 10
quandoque moriaris etiam invito positum est, ut cum voles in
23 tua manu est; alterum tibi necesse est, alterum licet. Turpissimum his diebus principium diserti mehercules viri legi:
'ita[que]' inquit 'quam primum moriar'. Homo demens,
optas rem tuam. 'Ita quam primum moriar.' Fortasse inter 15
has voces senex factus es; alioqui quid in mora est ? Nemo te
tenet: evade qua visum est; elige quamlibet rerum naturae
partem, quam tibi praebere exitum iubeas. Haec nempe sunt
et elementa quibus hic mundus administratur; aqua, terra,
spiritus, omnia ista tam causae vivendi sunt quam viae 20
24 mortis. 'Ita quam primum moriar': 'quam primum' istud
quid esse vis ? quem illi diem ponis ? citius fieri quam optas
potest. Inbecillae mentis ista sunt verba et hac detestatione
misericordiam captantis: non vult mori qui optat. Deos
vitam et salutem roga: si mori placuit, hic mortis est fructus, 25
optare desinere.
25   Haec, mi Lucili, tractemus, his formemus animum. Hoc est
sapientia, hoc est sapere, non disputatiunculis inanibus
subtilitatem vanissimam agitare. Tot quaestiones fortuna

1 libantem B^1Q 7 expetem $Q\eta$ ipsemet cum *Pinc. e quodam cod.*:
ipse mecum ω   9 si] sive *Haase*   14 -que *secl. Pinc.*   19 et *exp.*
C, om. D   administratur; . . . spiritus, *dist. Axelson*: administratur,
. . . spiritus: *priores*   25 vitam et salutem roga $B\theta$: vitam roga et sal-
$Q\eta$: sal- et vitam roga ψ   27 firmemus *Hermes, sed cf. p. 499. 20*

tibi posuit, nondum illas solvisti: iam cavillaris? Quam stultum est, cum signum pugnae acceperis, ventilare. Remove ista lusoria arma: decretoriis opus est. Dic qua ratione nulla animum tristitia, nulla formido perturbet, qua ratione hoc
5 secretarum cupiditatium pondus effundam. Agatur aliquid. 'Sapientia bonum est, sapere non est bonum': sic fit ⟨ut⟩ 26 negemur sapere, ut hoc totum studium derideatur tamquam operatum supervacuis.

Quid si scires etiam illud quaeri, an bonum sit futura
10 sapientia? Quid enim dubi est, oro te, an nec messem futuram iam sentiant horrea nec futuram adulescentiam pueritia viribus aut ullo robore intellegat? Aegro interim nil ventura sanitas prodest, non magis quam currentem luctantemque post multos secuturum menses otium reficit. Quis 27
15 nescit hoc ipso non esse bonum id quod futurum est, quia futurum est? Nam quod bonum est utique prodest; nisi praesentia prodesse non possunt. Si non prodest, bonum non est; si prodest, iam est. Futurus sum sapiens; hoc bonum erit cum fuero: interim non est. Prius aliquid esse debet, deinde
20 quale esse. Quomodo, oro te, quod adhuc nihil est iam bonum 28 est? Quomodo autem tibi magis vis probari non esse aliquid quam si dixero 'futurum est'? nondum enim venisse apparet quod veniet. Ver secuturum est: scio nunc hiemem esse. Aestas secutura est: scio aestatem non esse. Maximum
25 argumentum habeo nondum praesentis futurum esse. Sapiam, spero, sed interim non sapio; si illud bonum 29 haberem, iam hoc carerem malo. Futurum est ut sapiam: ex hoc licet nondum sapere me intellegas. Non possum simul et in illo bono et in hoc malo esse; duo ista non coeunt nec
30 apud eundem sunt una malum et bonum.

1 illa $Q\eta$: om. θ 3 luxuriae ϕ 6 ut *suppl. Schweigh.*   7 negemus ϕ 9 futura ψ: puta B: fotu Q: vel fuit R: an fuit E: om. η
10 dubi B^1: dubii $B^2\psi$: dubium ϕ 12 nil B: nihil $\phi\psi$ 14 menses ς:
senses B^1: -sos Q: -sus B *man. rec.*, ηE: sudores ψ 23 veniet ς: -nit ω

30   Transcurramus sollertissimas nugas et ad illa quae nobis
aliquam opem sunt latura properemus. Nemo qui obstetri-
cem parturienti filiae sollicitus accersit edictum et ludorum
ordinem perlegit; nemo qui ad incendium domus suae currit
tabulam latrunculariam prospicit ut sciat quomodo alligatus 5
31 exeat calculus. At mehercule omnia tibi undique nuntiantur,
et incendium domus et periculum liberorum et obsidio
patriae et bonorum direptio; adice isto naufragia motusque
terrarum et quidquid aliud timeri potest: inter ista districtus
rebus nihil aliud quam animum oblectantibus vacas? quid 10
inter sapientiam et sapere intersit inquiris? nodos nectis ac
32 solvis tanta mole inpendente capiti tuo? Non tam benignum
ac liberale tempus natura nobis dedit ut aliquid ex illo vacet
perdere. Et vide quam multa etiam diligentissimis pereant:
aliud valetudo• sua cuique abstulit, aliud suorum; aliud 15
necessaria negotia, aliud publica occupaverunt; vitam nobiscum dividit somnus. Ex hoc tempore tam angusto et rapido
et nos auferente quid iuvat maiorem partem mittere in
33 vanum? Adice nunc quod adsuescit animus delectare se
potius quam sanare et philosophiam oblectamentum facere 20
cum remedium sit. Inter sapientiam et sapere quid intersit
nescio: scio mea non interesse sciam ista an nesciam. Dic
mihi: cum quid inter sapientiam et sapere intersit didicero,
sapiam? Cur ergo potius inter vocabula me sapientiae
detines quam inter opera? Fac me fortiorem, fac securiorem, 25
fac fortunae parem, fac superiorem. Possum autem superior
esse si derexero ⟨eo⟩ omne quod disco. Vale.

2 qui] quod *Qη*   6 mehercules *ς* (*cf. p. 251. 18*)   7 ob-
sidie *Q*: -dium *η*   8 naufragio *Qη*   9 distructus *B¹Q*
17 ex *Pinc.*: et *ω*   19 adsuescis *B¹Q*   24 sapiam *Eψ*: sapientiam *BQR*: *om. η*   27 dixero *QD, superscr. C*   eo *suppl. Haase*
post Vale *add.* L. ANNAEI SENECAE LIBER XVIIII EXPLICIT. INCIPIT EIVSDEM
LIBER XX *B*: *om.* *φψ*

LIBER VICENSIMVS

118   SENECA LVCILIO SVO SALVTEM

Exigis a me frequentiores epistulas. Rationes conferamus: 1
solvendo non eris. Convenerat quidem ut tua priora essent:
5 tu scriberes, ego rescriberem. Sed non ero difficilis: bene
credi tibi scio. Itaque in anticessum dabo nec faciam quod
Cicero, vir disertissimus, facere Atticum iubet, ut etiam
'si rem nullam habebit, quod in buccam venerit scribat'.
Numquam potest deesse quod scribam, ut omnia illa quae 2
10 Ciceronis implent epistulas transeam: quis candidatus laboret;
quis alienis, quis suis viribus pugnet; quis consulatum fiducia
Caesaris, quis Pompei, quis arcae petat; quam durus sit
fenerator Caecilius, a quo minoris centesimis propinqui
nummum movere non possint. Sua satius est mala quam
15 aliena tractare, se excutere et videre quam multarum rerum
candidatus sit, et non suffragari. Hoc est, mi Lucili, egre- 3
gium, hoc securum ac liberum, nihil petere et tota fortunae
comitia transire. Quam putas esse iucundum tribubus vocatis,
cum candidati in templis suis pendeant et alius nummos
20 pronuntiet, alius per sequestrem agat, alius eorum manus
osculis conterat quibus designatus contingendam manum
negaturus est, omnes attoniti vocem praeconis expectent,
stare otiosum et spectare illas nundinas nec ementem quicquam nec vendentem ? Quanto hic maiore gaudio fruitur qui 4
25 non praetoria aut consularia comitia securus intuetur, sed
magna illa in quibus alii honores anniversarios petunt, alii

8 *Cic. Att. I. 12. 4.*   13 *Cic. Att. I. 12. I.*

8 habebis *Cic.*   scribito *Cic.*   11 consulatum *Eras.*[2]: consulat
$B\theta\psi$: consulet $Q\eta$ 13-14 a Caecilio propinqui minoris centesimis . . .
possunt *Cic.*   19 alios B^1Q 21 oculis $Q\theta$ 22 omnis $Q\theta$
exspectent *Haase*: -tant ω

503

perpetuas potestates, alii bellorum eventus prosperos
triumphosque, alii divitias, alii matrimonia ac liberos, alii
salutem suam suorumque! Quanti animi res est solum nihil
petere, nulli supplicare, et dicere, 'nihil mihi tecum, fortuna; non facio mei tibi copiam. Scio apud te Catones repelli, 5
Vatinios fieri. Nihil rogo.' Hoc est privatam facere fortunam.

5　　Licet ergo haec in vicem scribere et hanc semper integram
egerere materiam circumspicientibus tot milia hominum
inquieta, qui ut aliquid pestiferi consequantur per mala
nituntur in malum petuntque mox fugienda aut etiam 10
6 fastidienda. Cui enim adsecuto satis fuit quod optanti nimium
videbatur? Non est, ut existimant homines, avida felicitas
sed pusilla; itaque neminem satiat. Tu ista credis excelsa quia
longe ab illis iaces; ei vero qui ad illa pervenit humilia sunt.
Mentior nisi adhuc quaerit escendere: istud quod tu sum- 15
7 mum putas gradus est. Omnes autem male habet ignorantia
veri. Tamquam ad bona feruntur decepti rumoribus, deinde
mala esse aut inania aut minora quam speraverint adepti ac
multa passi vident; maiorque pars miratur ex intervallo
fallentia, et vulgo bona pro magnis sunt. 20

8　　Hoc ne nobis quoque eveniat, quaeramus quid sit bonum.
Varia eius interpretatio fuit, alius illud aliter expressit.
Quidam ita finiunt: 'bonum est quod invitat animos, quod
ad se vocat'. Huic statim opponitur: quid si invitat quidem
sed in perniciem? scis quam multa mala blanda sint. Verum 25
et veri simile inter se differunt. Ita quod bonum est vero
iungitur; non est enim bonum nisi verum est. At quod invitat
ad se et adlicefacit veri simile est: subrepit, sollicitat, ad-

7 libet *Eras.*[2]　　integram semper φ　　8 gerere *QR*ψ　　　　15 e-
scendere *B*[1]: ascen- *B*ᶜηθ: scin- *Q*: descen- ψ　　17 decepti *B*ᶜη: -cepit
B[1]*QR*: -cipit *E*ψ　　18 minora] miro *B*　　20 magna pro bonis *Mur.*,
fort. recte　　21 eveniet *Q*η　　　23 invitata *B*[1]*Q*[1]　　　26 ita *BE*:
itaque *rell.*　　　28 adlicefacit *Gronovius*: adlicer facit *BQ*[1]*R*[1]: adlicere
facit *rell.*　　subrepit *Pinc.*: -ripit ω

trahit. Quidam ita finierunt: 'bonum est quod adpetitionem **9**
sui movet, vel quod impetum animi tendentis ad se movet.'
Et huic idem opponitur; multa enim impetum animi movent
quae petantur petentium malo. Melius illi qui ita finierunt:
5 'bonum est quod ad se impetum animi secundum naturam
movet et ita demum petendum est cum coepit esse expetendum'. Iam et honestum est; hoc enim est perfecte petendum.
Locus ipse me admonet ut quid intersit inter bonum hone- **10**
stumque dicam. Aliquid inter se mixtum habent et insepara-
10 bile: nec potest bonum esse nisi cui aliquid honesti inest, et
honestum utique bonum est. Quid ergo inter duo interest?
Honestum est perfectum bonum, quo beata vita completur,
cuius contactu alia quoque bona fiunt. Quod dico talest: **11**
sunt quaedam neque bona neque mala, tamquam militia,
15 legatio, iurisdictio. Haec cum honeste administrata sunt,
bona esse incipiunt et ex dubio in bonum transeunt.
Bonum societate honesti fit, honestum per se bonum est;
bonum ex honesto fluit, honestum ex se est. Quod bonum
est malum esse potuit; quod honestum est nisi bonum esse
20 non potuit.

Hanc quidam finitionem reddiderunt: 'bonum est quod **12**
secundum naturam est'. Adtende quid dicam: quod bonum,
est secundum naturam: non protinus quod secundum naturam
est etiam bonum est. Multa naturae quidem consentiunt, sed
25 tam pusilla sunt ut non conveniat illis boni nomen; levia
enim sunt, contemnenda. Nullum est minimum contemnen-
dum bonum; nam quamdiu exiguum est bonum non est: cum
bonum esse coepit, non est exiguum. Unde adcognoscitur
bonum? si perfecte secundum naturam est. 'Fateris' inquis **13**
30 'quod bonum est secundum naturam esse; haec eius pro-

1 petitionem *B, Hense*   2 tendentes *B¹Q*   6 movet. [et] Ita
Madvig   11–12 utique . . . honestum *om. B*   13 talest *B¹*: tale est
Bᶜφψ   22–23 bonum, est *sic dist. Hense*   24 naturam *QCR*: -ra *DE¹*

prietas est. Fateris et alia secundum naturam quidem
esse sed bona non esse. Quomodo ergo illud bonum est cum
haec non sint? quomodo ad aliam proprietatem pervenit
cum utrique praecipuum illud commune sit, secundum
14 naturam esse?' Ipsa scilicet magnitudine. Nec hoc novum est, 5
quaedam crescendo mutari. Infans fuit; factus est pubes:
alia eius proprietas fit; ille enim inrationalis est, hic rationalis. Quaedam incremento non tantum in maius exeunt
15 sed in aliud. 'Non fit' inquit 'aliud quod maius fit. Utrum
lagonam an dolium impleas vino, nihil refert: in utroque 10
proprietas vini est. Et exiguum mellis pondus et magnum
sapore non differt.' Diversa ponis exempla; in istis enim
16 eadem qualitas est; quamvis augeantur, manet. Quaedam
amplificata in suo genere et in sua proprietate perdurant;
quaedam post multa incrementa ultima demum vertit 15
adiectio et novam illis aliamque quam in qua fuerunt condicionem inprimit. Unus lapis facit fornicem, ille qui latera
inclinata cuneavit et interventu suo vinxit. Summa adiectio
quare plurimum facit vel exigua? quia non auget sed implet.
17 Quaedam processu priorem exuunt formam et in novam 20
transeunt. Ubi aliquid animus diu protulit et magnitudinem
eius sequendo lassatus est, infinitum coepit vocari; quod
longe aliud factum est quam fuit cum magnum videretur sed
finitum. Eodem modo aliquid difficulter secari cogitavimus:
novissime crescente hac difficultate insecabile inventum est. 25
Sic ab eo quod vix et aegre movebatur processimus ad in-
mobile. Eadem ratione aliquid secundum naturam fuit: hoc
in aliam proprietatem magnitudo sua transtulit et bonum
fecit. Vale.

5 ipsa . . . magnitudine *ς*: ipsam . . . magnitudinem *ω*   10 lagonam
*BQ*¹: -genam *rell.*   11 et magnum *θ*: ex magno *rell.*   13 qualitas *θ, sed in ras. R*: aequal- *rell.*   manet *B*¹*Q*: -ent *rell.*   17 fornicem *ψς*: -nacem *Bφ*   18 cuneavit *Qθψ*: cenavit *Bη*   21 animus
aliquid (aliquid *superscr. in Q*) *φ*

119   SENECA LVCILIO SVO SALVTEM

Quotiens aliquid inveni, non expecto donec dicas 'in com- **1**
mune': ipse mihi dico. Quid sit quod invenerim quaeris?
Sinum laxa, merum lucrum est. Docebo quomodo fieri dives
5 celerrime possis. Quam valde cupis audire! nec inmerito: ad
maximas te divitias conpendiaria ducam. Opus erit tamen
tibi creditore: ut negotiari possis, aes alienum facias oportet,
sed nolo per intercessorem mutueris, nolo proxenetae nomen
tuum iactent. Paratum tibi creditorem dabo Catonianum **2**
10 illum, a te mutuum sumes. Quantulumcumque est, satis
erit si, quidquid deerit, id a nobis petierimus. Nihil enim, mi
Lucili, interest utrum non desideres an habeas. Summa rei
in utroque eadem est: non torqueberis. Nec illud praecipio,
ut aliquid naturae neges—contumax est, non potest vinci,
15 suum poscit—sed ut quidquid naturam excedit scias pre-
carium esse, non necessarium. Esurio: edendum est. Utrum **3**
hic panis sit plebeius an siligineus ad naturam nihil pertinet:
illa ventrem non delectari vult sed impleri. Sitio: utrum haec
aqua sit quam ex lacu proximo excepero an ea quam multa
20 nive clusero, ut rigore refrigeretur alieno, ad naturam nihil
pertinet. Illa hoc unum iubet, sitim extingui; utrum sit
aureum poculum an crustallinum an murreum an Tiburtinus
calix an manus concava, nihil refert. Finem omnium rerum **4**
specta, et supervacua dimittes. Fames me appellat: ad pro-
25 xima quaeque porrigatur manus; ipsa mihi commendabit
quodcumque conprendero. Nihil contemnit esuriens.

Quid sit ergo quod me delectaverit quaeris? Videtur mihi **5**
egregie dictum, 'sapiens divitiarum naturalium est quaesitor

10 *Cato ad fil. frg. 13 Iordan.*

7 creditori B^1Q^1 11 dederit *B*   18 haec $\psi\varsigma$: hoc $B\phi$ 22 crustallinum *Hense*: crustal- BQ^1: cristal- $Q^c\psi$: cristall- ηE: scrustal- *R* (*cf. p.*
530. 14, dial. 5. 40. 2 et 3)   23 an] in *B*   25 in ipsa Q: en ipsa θ
commendabit ς: -avit ω

acerrimus'. 'Inani me' inquis 'lance muneras. Quid est istud?
Ego iam paraveram fiscos; circumspiciebam in quod me mare
negotiaturus inmitterem, quod publicum agitarem, quas
arcesserem merces. Decipere est istud, docere paupertatem
cum divitias promiseris.' Ita tu pauperem iudicas cui nihil 5
deest? 'Suo' inquis 'et patientiae suae beneficio, non fortunae.' Ideo ergo illum non iudicas divitem quia divitiae eius
6 desinere non possunt? Utrum mavis habere multum an satis?
Qui multum habet plus cupit, quod est argumentum nondum illum satis habere; qui satis habet consecutus est quod 10
numquam diviti contigit, finem. An has ideo non putas esse
divitias quia propter illas nemo proscriptus est? quia propter
illas nulli venenum filius, nulli uxor inpegit? quia in bello
tutae sunt? quia in pace otiosae? quia nec habere illas periculosum est nec operosum disponere? 15
7 'At parum habet qui tantum non alget, non esurit, non
sitit.' Plus Iuppiter non habet. Numquam parum est quod
satis est, et numquam multum est quod satis non est. Post
Dareum et Indos pauper est Alexander. Mentior? Quaerit
quod suum faciat, scrutatur maria ignota, in oceanum classes 20
novas mittit et ipsa, ut ita dicam, mundi claustra perrumpit.
8 Quod naturae satis est homini non est. Inventus est qui
concupisceret aliquid post omnia: tanta est caecitas mentium
et tanta initiorum suorum unicuique, cum processit, oblivio.
Ille modo ignobilis anguli non sine controversia dominus 25
tacto fine terrarum per suum rediturus orbem tristis est.
9 Neminem pecunia divitem fecit, immo contra nulli non
maiorem sui cupidinem incussit. Quaeris quae sit huius rei
causa? plus incipit habere posse qui plus habet. Ad summam

1 inanime *Q*: inanima *BηR*: inane *ψ*: inanem *E*   4 accerserem
QC: access- *D*   11 diviti *B^c*: -tis *ω*: -tiis *ς*   19 dareum *BQ¹*:
darium *rell.*   mentior? *sic dist. Madvig*   21 mittit novas *φ*
ut ita] uti *BQR¹*   26 tacto *B*: tanto *φψ*

quem voles mihi ex his quorum nomina cum Crasso Licinoque
numerantur in medium licet protrahas; adferat censum et
quidquid habet et quidquid sperat simul conputet: iste, si
mihi credis, pauper est, si tibi, potest esse. At hic qui se ad **10**
5 quod exigit natura composuit non tantum extra sensum est
paupertatis sed extra metum. Sed ut scias quam difficile sit
res suas ad naturalem modum coartare, hic ipse quem circumcidimus, quem tu vocas pauperem, habet aliquid et super-
vacui. At excaecant populum et in se convertunt opes, si **11**
10 numerati multum ex aliqua domo effertur, si multum auri
tecto quoque eius inlinitur, si familia aut corporibus electa
aut spectabilis cultu est. Omnium istorum felicitas in publicum spectat: ille quem nos et populo et fortunae subduxi-
mus beatus introsum est. Nam quod ad illos pertinet apud **12**
15 quos falso divitiarum nomen invasit occupata paupertas, sic
divitias habent quomodo habere dicimur febrem, cum illa
nos habeat. E contrario dicere solemus 'febris illum tenet':
eodem modo dicendum est 'divitiae illum tenent'.

Nihil ergo monuisse te malim quam hoc, quod nemo
20 monetur satis, ut omnia naturalibus desideriis metiaris, quibus aut gratis satis fiat aut parvo: tantum miscere vitia
desideriis noli. Quaeris quali mensa, quali argento, quam **13**
paribus ministeriis et levibus adferatur cibus? nihil praeter
cibum natura desiderat.

25   Num, tibi cum fauces urit sitis, aurea quaeris
         pocula? num esuriens fastidis omnia praeter
         pavonem rhombumque?

25 *Hor. sat. 1. 2. 114–16.*

---

1 quam *Qη*   crasso *Pinc. ex* ς: croeso *ω*   Licino *Mur.*:
licinio *ω*   3 si *om. φ*   7–8 circumcidimus *Madvig (cf. dial. 3. 6.*
2, 12. 12. 2): circa dicimus *BQRψ*: circa naturam dicimus *ηE*   8 et
om. QC: ex (supervacuis) *θ*   9 at] ad *BQ*   12 cultus *B*
13–14 subdiximus *B*   14 introsum *B*: -orsum *φψ (cf. p. 150. 16)*

14 Ambitiosa non est fames, contenta desinere est; quo desinat
non nimis curat. Infelicis luxuriae ista tormenta sunt: quaerit
quemadmodum post saturitatem quoque esuriat, quemadmodum non impleat ventrem sed farciat, quemadmodum
sitim prima potione sedatam revocet. Egregie itaque Horatius 5
negat ad sitim pertinere quo poculo [aquae] aut quam elegan-
ti manu ministretur. Nam si pertinere ad te iudicas quam
crinitus puer et quam perlucidum tibi poculum porrigat, non
15 sitis. Inter reliqua hoc nobis praestitit natura praecipuum,
quod necessitati fastidium excussit. Recipiunt supervacua 10
dilectum: 'hoc parum decens, illud parum lautum, oculos
hoc meos laedit'. Id actum est ab illo mundi conditore, qui
nobis vivendi iura discripsit, ut salvi essemus, non ut delicati:
ad salutem omnia parata sunt et in promptu, delicis omnia
16 misere ac sollicite comparantur. Utamur ergo hoc naturae 15
beneficio inter magna numerando et cogitemus nullo nomine
melius illam meruisse de nobis quam quia quidquid ex necessitate desideratur sine fastidio sumitur. Vale.

120   SENECA LVCILIO SVO SALVTEM

1   Epistula tua per plures quaestiunculas vagata est sed in una 20
constitit et hanc expediri desiderat, quomodo ad nos boni
honestique notitia pervenerit. Haec duo apud alios diversa
2 sunt, apud nos tantum divisa. Quid sit hoc dicam. Bonum
putant esse aliqui id quod utile est. Itaque hoc et divitiis et
equo et vino et calceo nomen inponunt; tanta fit apud illos 25
boni vilitas et adeo in sordida usque descendit. Honestum
putant cui ratio recti officii constat, tamquam pie curatam

4 faciat B   5 sit in BQθ   sedatam ϛ: -ta ω   6 aquae (aqua
BᶜC²θ edd.) susp. Hense, secl. Axelson (cf. T.L.L. viii. 1018. 69 sqq.)
10 necessitatis Qη   11 lautum Lips.: laudatum ω   13 descripsit
ω   14 delicis B: -iis φψ   17 illa Qη   24 aliqui id Buech. et
Windhaus: aliquid (-quit B) ω: aliqui vulg.   dedivitiis BGD

patris senectutem, adiutam amici paupertatem, fortem ex-
peditionem, prudentem moderatamque sententiam. ⟨Nos⟩ **3**
ista duo quidem facimus, sed ex uno. Nihil est bonum nisi
quod honestum est; quod honestum, est utique bonum.
5 Supervacuum iudico adicere quid inter ista discriminis sit,
cum saepe dixerim. Hoc unum dicam, nihil nobis videri
⟨bonum⟩ quo quis et male uti potest; vides autem divitiis,
nobilitate, viribus quam multi male utantur.

Nunc ergo ad id revertor de quo desideras dici, quomodo
10 ad nos prima boni honestique notitia pervenerit. Hoc nos **4**
natura docere non potuit: semina nobis scientiae dedit,
scientiam non dedit. Quidam aiunt nos in notitiam incidisse,
quod est incredibile, virtutis alicui speciem casu occucurrisse.
Nobis videtur observatio collegisse et rerum saepe factarum
15 inter se conlatio; per analogian nostri intellectum et honestum et bonum iudicant. Hoc verbum cum Latini grammatici
civitate donaverint, ego damnandum non puto, ⟨immo⟩ in
civitatem suam redigendum. Utar ergo illo non tantum
tamquam recepto sed tamquam usitato. Quae sit haec ana-
20 logia dicam. Noveramus corporis sanitatem: ex hac cogitavi- **5**
mus esse aliquam et animi. Noveramus vires corporis: ex his
collegimus esse et animi robur. Aliqua benigna facta, aliqua
humana, aliqua fortia nos obstupefecerant: haec coepimus
tamquam perfecta mirari. Suberant illis multa vitia quae
25 species conspicui alicuius facti fulgorque celabat: haec dis-
simulavimus. Natura iubet augere laudanda, nemo non
gloriam ultra verum tulit: ex his ergo speciem ingentis boni

2 sentiam *B*   nos *suppl.* ς   4 honestum, est utique bonum
(*dist. Hense*) *BGDθ*: honestum est, utique bonum est *QCψ*   7 bonum
ψς: *om. rell.*   divitis *BQ¹*   11–12 scientiae non scientiam dedit
G   13 occucurrisse *B*: occur- *rell.*   14 observatione *G*   15 analogian *B*: -iam *rell.*   17 ⟨immo⟩ in *Mueck*: ⟨puto⟩ in *Buech.*: civitatem ⟨autem⟩ *Beltrami*   18 civitate suum *Qη*   redeundum *G*
22 collegimus *Gηψ*: collig- *BQθ*   25 facti *ψς*: facta *rell.*

6 traximus. Fabricius Pyrrhi regis aurum reppulit maiusque
regno iudicavit regias opes posse contemnere. Idem medico
Pyrrhi promittente venenum se regi daturum monuit Pyr-
rhum caveret insidias. Eiusdem animi fuit auro non vinci,
veneno non vincere. Admirati sumus ingentem virum quem 5
non regis, non contra regem promissa flexissent, boni exempli
tenacem, quod difficillimum est, in bello innocentem, qui
aliquod esse crederet etiam in hostes nefas, qui in summa
paupertate quam sibi decus fecerat non aliter refugit divitias
quam venenum. 'Vive' inquit 'beneficio meo, Pyrrhe, et 10
gaude quod adhuc dolebas, Fabricium non posse corrumpi.'
7 Horatius Cocles solus implevit pontis angustias adimique a
tergo sibi reditum, dummodo iter hosti auferretur, iussit et
tam diu prementibus restitit donec revulsa ingenti ruina
tigna sonuerunt. Postquam respexit et extra periculum esse 15
patriam periculo suo sensit, 'veniat, si quis vult' inquit 'sic
euntem sequi' iecitque se in praeceps et non minus sollicitus
in illo rapido alveo fluminis ut armatus quam ut salvus exiret,
retento armorum victricium decore tam tutus redît quam si
8 ponte venisset. Haec et eiusmodi facta imaginem nobis 20
ostendere virtutis.

Adiciam quod mirum fortasse videatur: mala interdum
speciem honesti obtulere et optimum ex contrario enituit.
Sunt enim, ut scis, virtutibus vitia confinia, et perditis
quoque ac turpibus recti similitudo est: sic mentitur prodigus 25
liberalem, cum plurimum intersit utrum quis dare sciat an
servare nesciat. Multi, inquam, sunt, Lucili, qui non donant
sed proiciunt: non voco ego liberalem pecuniae suae iratum.
Imitatur neglegentia facilitatem, temeritas fortitudinem.

3 se] si $Q\eta$ 4 cavere $G\psi$ 10 vive] bibe $QR\psi$ 13 offer-
retur $Q\eta$ 14 tam ʒ: iam ω revulsa] involuit G 17 iecitque
ψ: legit- $BGQ\eta R^1$: dedit- R^2E 19 redit $B\phi$: -iit $G\psi$ 20 nobis
om. G 23 enituit ʒ: nit- ω

Haec nos similitudo coegit adtendere et distinguere specie 9
quidem vicina, re autem plurimum inter se dissidentia. Dum
observamus eos quos insignes egregium opus fecerat, coepimus adnotare quis rem aliquam generoso animo fecisset et
5 magno impetu, sed semel. Hunc vidimus in bello fortem, in
foro timidum, animose paupertatem ferentem, humiliter
infamiam: factum laudavimus, contempsimus virum. Alium 10
vidimus adversus amicos benignum, adversus inimicos tem-
peratum, et publica et privata sancte ac religiose admini-
10 strantem; non deesse ei in iis quae toleranda erant patientiam,
in iis quae agenda prudentiam. Vidimus ubi tribuendum
esset plena manu dantem, ubi laborandum, pertinacem et
obnixum et lassitudinem corporis animo sublevantem. Praeterea idem erat semper et in omni actu par sibi, iam non con-
15 silio bonus, sed more eo perductus ut non tantum recte facere
posset, sed nisi recte facere non posset. Intelleximus in illo 11
perfectam esse virtutem. Hanc in partes divisimus: oportebat
cupiditates refrenari, metus conprimi, facienda provideri,
reddenda distribui: conprehendimus temperantiam, forti-
20 tudinem, prudentiam, iustitiam et suum cuique dedimus
officium. Ex quo ergo virtutem intelleximus? ostendit illam
nobis ordo eius et decor et constantia et omnium inter se
actionum concordia et magnitudo super omnia efferens sese.
Hinc intellecta est illa beata vita secundo defluens cursu,
25 arbitrii sui tota. Quomodo ergo hoc ipsum nobis apparuit? 12
dicam. Numquam vir ille perfectus adeptusque virtutem
fortunae maledixit, numquam accidentia tristis excepit,
civem esse se universi et militem credens labores velut im-
peratos subit. Quidquid inciderat non tamquam malum

---

3 coepimus *om. BG*   4 quis] ut quis *G*   10 ei *ϛ*: et *BGφ*:
om. ψ   13 obnixum *ϛ*: obnoxium *ω*   17 hac *Q*: ac *R*: et·*E*
23 consordia *B¹*: -tia *G*   28 universis *G*   29 subit *BQη*: -iit
Gθφ

aspernatus est et in se casu delatum, sed quasi delegatum sibi.
'Hoc qualecumque est' inquit 'meum est; asperum est,
13 durum est, in hoc ipso navemus operam.' Necessario itaque
magnus apparuit qui numquam malis ingemuit, numquam de
fato suo questus est; fecit multis intellectum sui et non aliter 5
quam in tenebris lumen effulsit advertitque in se omnium
animos, cum esset placidus et lenis, humanis divinisque rebus
14 pariter aequus. Habebat perfectum animum et ad summam
sui adductum, supra quam nihil est nisi mens dei, ex quo pars
et in hoc pectus mortale defluxit; quod numquam magis 10
divinum est quam ubi mortalitatem suam cogitat et scit in
hoc natum hominem, ut vita defungeretur, nec domum esse
hoc corpus sed hospitium, et quidem breve hospitium, quod
relinquendum est ubi te gravem esse hospiti videas.

15   Maximum, inquam, mi Lucili, argumentum est animi ab 15
altiore sede venientis, si haec in quibus versatur humilia
iudicat et angusta, si exire non metuit; scit enim quo exiturus
sit qui unde venerit meminit. Non videmus quam multa nos
incommoda exagitent, quam male nobis conveniat hoc cor-
16 pus? Nunc de capite, nunc de ventre, nunc de pectore ac 20
faucibus querimur; alias nervi nos, alias pedes vexant, nunc
deiectio, nunc destillatio; aliquando superest sanguis, aliquando deest: hinc atque illinc temptamur et expellimur.
17 Hoc evenire solet in alieno habitantibus. At nos corpus tam
putre sortiti nihilominus aeterna proponimus et in quantum 25
potest aetas humana protendi, tantum spe occupamus, nulla
contenti pecunia, nulla potentia. Quid hac re fieri inpuden-
tius, quid stultius potest? Nihil satis est morituris, immo

1 casu *Gψ*: casum *B¹Qθ*: cassum *Bᶜη*   2 asperum est *hic desinit*
Q (*ubi* asperum esse)   3 navemus *B*: novimus *ηψ*: havemus *T*:
habemus *GUθ*   5 fatu *B¹[Q]*   fecit *om. G*   6 offulsit *Bη*
7 animos *hic desinit excerptum in G servatum*   9 adductum *X²*:
-tus *ω*   ex qua *ψϛ*   19 commoda *BR¹*   25 aeterna *ϛ*:
alt- *ω*

morientibus; cotidie enim propius ab ultimo stamus, et illo
unde nobis cadendum est hora nos omnis inpellit. Vide in **18**
quanta caecitate mens nostra sit: hoc quod futurum dico
cum maxime fit, et pars eius magna iam facta est; nam quod
5 viximus tempus eo loco est quo erat antequam viximus. Erra-
mus autem qui ultimum timemus diem, cum tantumdem in
mortem singuli conferant. Non ille gradus lassitudinem facit
in quo deficimus, sed ille profitetur; ad mortem dies extre-
mus pervenit, accedit omnis; carpit nos illa, non corripit.
10 Ideo magnus animus conscius sibi melioris naturae dat quidem operam ut in hac statione qua positus est honeste se
atque industrie gerat, ceterum nihil horum quae circa sunt
suum iudicat, sed ut commodatis utitur, peregrinus et
properans.
15 Cum aliquem huius videremus constantiae, quidni subiret **19**
nos species non usitatae indolis? utique si hanc, ut dixi,
magnitudinem veram esse ostendebat aequalitas. Vero tenor
permanet, falsa non durant. Quidam alternis Vatinii, alternis
Catones sunt; et modo parum illis severus est Curius, parum
20 pauper Fabricius, parum frugi et contentus vilibus Tubero,
modo Licinum divitis, Apicium cenis, Maecenatem delicis
provocant. Maximum indicium est malae mentis fluctuatio **20**
et inter simulationem virtutum amoremque vitiorum adsidua
iactatio. [is]

25   Habebat saepe ducentos,
            saepe decem servos; modo reges atque tetrarchas;

25–*p. 516. 5 Hor. sat. 1. 3. 11–17.*

5 tempus . . . viximus *om.* B   9 accidit B   13 et] ut [Q]θ
17 aequalitas ς: qualitas (-tatis R²E) ω   veri ψ   18 vatini
(vatim B¹) BC¹ψ: vaticini [Q]Dθ   21 licinum ς: linum BDRψ:
linium [Q]E   divitis φψ: dividitis B: divitiis ς   deliciis ω
23 et inter] cancer B   amoremque θψ: -umque *rell.*   vitiorum ψς:
utiliorum Bφ   24 is *del. Mur.*: *emendaverunt alii, nemo feliciter*
26 ducem B

omnia magna loquens, modo 'sit mihi mensa tripes et
concha salis puri, toga quae defendere frigus
quamvis crassa queat'. Decies centena dedisses
huic parco, paucis contento: quinque diebus
nil erat.   5

21 Homines multi tales sunt qualem hunc describit Horatius
Flaccus, numquam eundem, ne similem quidem sibi; adeo
in diversum aberrat. Multos dixi? prope est ut omnes sint.
Nemo non cotidie et consilium mutat et votum: modo
uxorem vult habere, modo amicam, modo regnare vult, 10
modo id agit ne quis sit officiosior servus, modo dilatat se
usque ad invidiam, modo subsidit et contrahitur infra
humilitatem vere iacentium, nunc pecuniam spargit, nunc
22 rapit. Sic maxime coarguitur animus inprudens: alius prodit
atque alius et, quo turpius nihil iudico, inpar sibi est. 15
Magnam rem puta unum hominem agere. Praeter sapientem
autem nemo unum agit, ceteri multiformes sumus. Modo
frugi tibi videbimur et graves, modo prodigi et vani; muta-
mus subinde personam et contrariam ei sumimus quam
eximus. Hoc ergo a te exige, ut qualem institueris prae- 20
stare te, talem usque ad exitum serves; effice ut possis laudari,
si minus, ut adgnosci. De aliquo quem here vidisti merito
dici potest 'hic qui est?': tanta mutatio est. Vale.

121   SENECA LVCILIO SVO SALVTEM

1   Litigabis, ego video, cum tibi hodiernam quaestiunculam, 25
in qua satis diu haesimus, exposuero; iterum enim exclamabis

25–p. 517. 3 *Archid. Stoic. frg. 17 ab Arnim.*

---

2 puri et toga ⵈ *Hor.*   3 crassaque ad *B*[*Q*]   dedisses η *Hor.*:
-set *rell.*   5 nil ψⵈ *Hor.*: nihil *Bφ*   6 homines *Buech.*: omnes
ω   multi *Capel* (*conl. v. 8* multos dixi?): isti ω   16 sapientem ⵈ:
-tiam ω   17 unum *Rψ*: unam *rell.*   22 here *B*: heri φψ   23 quis ηψ

516

'hoc quid ad mores?' Sed exclama, dum tibi primum alios
opponam cum quibus litiges, Posidonium et Archidemum
(hi iudicium accipient), deinde dicam: non quidquid morale
est mores bonos facit. Aliud ad hominem alendum pertinet. 2
5 aliud ad exercendum, aliud ad vestiendum, aliud ad docen-
dum, aliud ad delectandum; omnia tamen ad hominem pertinent, etiam si non omnia meliorem eum faciunt. Mores
alia aliter attingunt: quaedam illos corrigunt et ordinant,
quaedam naturam eorum et originem scrutantur. Cum 3
10 ⟨quaero⟩ quare hominem natura produxerit, quare prae-
tulerit animalibus ceteris, longe me iudicas mores reliquisse?
falsum est. Quomodo enim scies qui habendi sint nisi quid
homini sit optimum inveneris, nisi naturam eius inspexeris?
Tunc demum intelleges quid faciendum tibi, quid vitandum
15 sit, cum didiceris quid naturae tuae debeas. 'Ego' inquis 'volo 4
discere quomodo minus cupiam, minus timeam. Supersti-
tionem mihi excute; doce leve esse vanumque hoc quod felicitas dicitur, unam illi syllabam facillime accedere.' Desiderio
tuo satis faciam: et virtutes exhortabor et vitia converberabo.
20 Licet aliquis nimium inmoderatumque in hac parte me iudicet, non desistam persequi nequitiam et adfectus efferatis-
simos inhibere et voluptates ituras in dolorem conpescere et
votis obstrepere. Quidni? cum maxima malorum optaveri-
mus, et ex gratulatione natum sit quidquid adloquimur.
25   Interim permitte mihi ea quae paulo remotiora videntur 5
excutere. Quaerebamus an esset omnibus animalibus constitutionis suae sensus. Esse autem ex eo maxime apparet quod
membra apte et expedite movent non aliter quam in hoc
erudita; nulli non partium suarum agilitas est. Artifex
26 cf. SVF iii, p. 44.

---

1 quod φ   exclama, dum *Gruter*: exclamandum ω   2 posidonium
B: poss- φψ   3 morale ς: mort- ω   7 timores *B*   10 quaero
suppl. Schweigh.   18 illis φ

instrumenta sua tractat ex facili, rector navis scite gubernaculum flectit, pictor colores quos ad reddendam similitudinem multos variosque ante se posuit celerrime denotat et
inter ceram opusque facili vultu ac manu commeat: sic
6 animal in omnem usum sui mobilest. Mirari solemus saltandi 5
peritos quod in omnem significationem rerum et adfectuum
parata illorum est manus et verborum velocitatem gestus ad-
sequitur: quod illis ars praestat, his natura. Nemo aegre
molitur artus suos, nemo in usu sui haesitat. Hoc edita protinus faciunt; cum hac scientia prodeunt; instituta nascuntur. 10
7   'Ideo' inquit 'partes suas animalia apte movent quia, si
aliter moverint, dolorem sensura sunt. Ita, ut vos dicitis,
coguntur, metusque illa in rectum, non voluntas movet.'
Quod est falsum; tarda enim sunt quae necessitate inpellun-
tur, agilitas sponte motis est. Adeo autem non adigit illa ad 15
hoc doloris timor ut in naturalem motum etiam dolore
8 prohibente nitantur. Sic infans qui stare meditatur et ferre
se adsuescit, simul temptare vires suas coepit, cadit et cum
fletu totiens resurgit donec se per dolorem ad id quod natura
poscit exercuit. Animalia quaedam tergi durioris inversa tam 20
diu se torquent ac pedes exerunt et obliquant donec ad locum
reponantur. Nullum tormentum sentit supina testudo, inquieta est tamen desiderio naturalis status nec ante desinit
9 niti, quatere se, quam in pedes constitit. Ergo omnibus
constitutionis suae sensus est et inde membrorum tam ex- 25
pedita tractatio, nec ullum maius indicium habemus cum hac

---

1 scite *Windhaus*: scit ω   2 flectit ϛ: -ti (-tere *UE²*) ω   4 facili
ϛ: -le ω   5 animali nomen [*Q*]η   mobilest *Hense*: mobilem *B*ηθ:
mobile [*Q*]ψ   saltandi *Gronovius*: satiant ω   8 aegro *B*
9 haesitat *Madvig*: haesit. ad ω   10 nascentur *B*   18 as(s)uescit
se [*Q*]θ   19 resurgit *DE*ψ: -gat *rell*.   20 poscit [*Q*]θ: -cet *rell*.
22 supina testudo [*Q*]ηψ: supinate studio *B*: supinata studio *R*: supinata
testudo *E*, *edd. multi*   23 negante *B*   24 niti ⟨et⟩ ϛ   25 con-
stitutionibus *B¹*[*Q*]η

illa ad vivendum venire notitia quam quod nullum animal
ad usum sui rude est.

'Constitutio' inquit 'est, ut vos dicitis, principale animi 10
quodam modo se habens erga corpus. Hoc tam perplexum
5 et subtile et vobis quoque vix enarrabile quomodo infans
intellegit? Omnia animalia dialectica nasci oportet ut istam
finitionem magnae parti hominum togatorum obscuram
intellegant.' Verum erat quod opponis si ego ab animalibus 11
constitutionis finitionem intellegi dicerem, non ipsam consti-
10 tutionem. Facilius natura intellegitur quam enarratur. Itaque
infans ille quid sit constitutio non novit, constitutionem suam
novit; et quid sit animal nescit, animal esse se sentit. Prae- 12
terea ipsam constitutionem suam crasse intellegit et summatim et obscure. Nos quoque animum habere nos scimus: quid
15 sit animus, ubi sit, qualis sit aut unde nescimus. Qualis ad nos
[pervenerit] animi nostri sensus, quamvis naturam eius ignoremus ac sedem, talis ad omnia animalia constitutionis suae
sensus est. Necesse est enim id sentiant per quod alia quoque
sentiunt; necesse est eius sensum habeant cui parent, a quo
20 reguntur. Nemo non ex nobis intellegit esse aliquid quod 13
impetus suos moveat: quid sit illud ignorat. Et conatum sibi
esse scit: quis sit aut unde sit nescit. Sic infantibus quoque
animalibusque principalis partis suae sensus est non satis
dilucidus nec expressus.

25   'Dicitis' inquit 'omne animal primum constitutioni suae 14
conciliari, hominis autem constitutionem rationalem esse et
ideo conciliari hominem sibi non tamquam animali sed tamquam rationali; ea enim parte sibi carus est homo qua homo
est. Quomodo ergo infans conciliari constitutioni rationali

1 illa ς: illam ω   4 perplexum θ: perfl- *rell.*   8 intellegant
ψ₅: -at *Bφ*   12 ⟨animal⟩ nescit *Bartsch*   13 -ea ipsam *hic*
incipit p   suam *Bη*: *om. rell.*   14 noscimus *B*   16 pervenerit
secl. Haase (adscriptum putat Hense ex p. 510. 22)   21 conatum] quo
natum (quo *in* quod *mut. C*) [*Q*]η   22 quid [*Q*]θ

15 potest, cum rationalis nondum sit?' Unicuique aetati sua
constitutio est, alia infanti, alia puero, ⟨alia adulescenti⟩, alia
seni: omnes ei constitutioni conciliantur in qua sunt. Infans
sine dentibus est: huic constitutioni suae conciliatur. Enati
sunt dentes: huic constitutioni conciliatur. Nam et illa herba 5
quae in segetem frugemque ventura est aliam constitutionem
habet tenera et vix eminens sulco, aliam cum convaluit et
molli quidem culmo, sed quo ferat onus suum, constitit, aliam
cum flavescit et ad aream spectat et spica eius induruit: in
quamcumque constitutionem venit, eam tuetur, in eam 10
16 componitur. Alia est aetas infantis, pueri, adulescentis, senis;
ego tamen idem sum qui et infans fui et puer et adulescens.
Sic, quamvis alia atque alia cuique constitutio sit, conciliatio
constitutionis suae eadem est. Non enim puerum mihi aut
iuvenem aut senem, sed me natura commendat. Ergo infans 15
ei constitutioni suae conciliatur quae tunc infanti est, non
quae futura iuveni est; neque enim si aliquid illi maius in
quod transeat restat, non hoc quoque in quo nascitur secun-
17 dum naturam est. Primum sibi ipsum conciliatur animal;
debet enim aliquid esse ad quod alia referantur. Voluptatem 20
peto. Cui? mihi; ergo mei curam ago. Dolorem refugio.
Pro quo? pro me; ergo mei curam ago. Si omnia propter
curam mei facio, ante omnia est mei cura. Haec animalibus
18 inest cunctis, nec inseritur sed innascitur. Producit fetus suos
natura, non abicit; et quia tutela certissima ex proximo est, 25
sibi quisque commissus est. Itaque, ut in prioribus epistulis
dixi, tenera quoque animalia et materno utero vel ovo modo
effusa quid sit infestum ipsa protinus norunt et mortifera

2 constitio *p*   alia adulescenti *supp. Gertz* (*cf. v. 11*)   3 ei]
enim [*Q*]*η*   4 conciliatu renati [*Q*]: conciliatur renati *ηR*: conciliantur renati *E*   5 conciliatur *Bηp²*: -ietur *p¹E*: -ientur [*Q*]*R*
8 sed *om. p*   quo *ϛ*: quod *ω*   14 enim] enim in *B*   16 ei *om. p*
18 non] si [*Q*]: nam *θ*   19 ipsi *p*   27 et] ex *ϛ*   ovo *Bartsch*:
quo *B*[*Q*]*p¹*: quoquo *rell.*   28 ipsa *Hense*: ipsi *BTηp¹*: ipsis *rell.*

520

devitant; umbram quoque transvolantium reformidant ob-
noxia avibus rapto viventibus. Nullum animal ad vitam
prodit sine metu mortis.

'Quemadmodum' inquit 'editum animal intellectum ha- **19**
5 bere aut salutaris aut mortiferae rei potest?' Primum quaeritur an intellegat, non quaemadmodum intellegat. Esse
autem illis intellectum ex eo apparet quod nihil amplius, si
intellexerint, facient. Quid est quare pavonem, quare anserem
gallina non fugiat, at tanto minorem et ne notum quidem
10 sibi accipitrem? quare pulli faelem timeant, canem non timeant? Apparet illis inesse nocituri scientiam non experimento
collectam; nam antequam possint experisci, cavent. Deinde **20**
ne hoc casu existimes fieri, nec metuunt alia quam debent
nec umquam obliviscuntur huius tutelae et diligentiae:
15 aequalis est illis a pernicioso fuga. Praeterea non fiunt timi-
diora vivendo; ex quo quidem apparet non usu illa in hoc
pervenire sed naturali amore salutis suae. Et tardum est et
varium quod usus docet: quidquid natura tradit et aequale
omnibus est et statim. Si tamen exigis, dicam quomodo omne **21**
20 animal perniciosa intellegere cogatur. Sentit se carne constare; itaque sentit quid sit quo secari caro, quo uri, quo
obteri possit, quae sint animalia armata ad nocendum:
horum speciem trahit inimicam et hostilem. Inter se ista
coniuncta sunt; simul enim conciliatur saluti suae quidque
25 et iuvatura petit, laesura formidat. Naturales ad utilia impetus, naturales a contrariis aspernationes sunt; sine ulla

9 non fugiat *E*: ne fugiat *B*[*Q*]*CRp*¹: refugiat *Dp*²: non refugiat *ς*
11 noscituri *B*   12 possent *BE*   experisci cavent *Buech.*: experisca-
vent *B*¹*p*¹: experiri cavent (-eant *D*) *rell.*   18 tradit, ⟨tradit⟩ *cons.*
Hense (*secl.* est)   19 statim ⟨fit⟩ *Hermes*: statim *frustra temptaverunt alii*
(*cf. ben. 4. 39. 2*)   si *spat. rel. om. p*¹: et *p*²   20 cogatur *van der*
Vliet: conatur *ω*   21 itaque sentit *BD*: itasentique *p*¹: itasentitque
*cum signis transpositionis p*²: itaque consentit [*Q*]*θ*: itaque cum sentit *C*
24 salutis [*Q*]*η*   25 iuvatura *coni. Hense*² (iuvantia *iam Haase*): iuvant
illa *B*[*Q*]*θp*: quae iuvant illa *η*   25–26 naturales . . . impetus *B*: *om. φp*

cogitatione quae hoc dictet, sine consilio fit quidquid natura
22 praecepit. Non vides quanta sit subtilitas apibus ad fingenda
domicilia, quanta dividui laboris ọbeundi undique concordia?
Non vides quam nulli mortalium imitabilis illa aranei tex-
tura, quanti operis sit fila disponere, alia in rectum inmissa 5
firmamenti loco, alia in orbem currentia ex denso rara, qua
minora animalia, in quorum perniciem illa tenduntur, velut
23 retibus inplicata teneantur? Nascitur ars ista, non discitur.
Itaque nullum est animal altero doctius: videbis araneorum
pares telas, par in favis angulorum omnium foramen. Incer- 10
tum est et inaequabile quidquid ars tradit: ex aequo venit
quod natura distribuit. Haec nihil magis quam tutelam sui et
eius peritiam tradidit, ideoque etiam simul incipiunt et di-
24 scere et vivere. Nec est mirum cum eo nasci illa sine quo
frustra nascerentur. Primum hoc instrumentum ⟨in⟩ illa 15
natura contulit ad permanendum, [in] conciliationem et
caritatem sui. Non poterant salva esse nisi vellent; nec [non]
hoc per se profuturum erat, sed sine hoc nulla res profuisset.
Sed in nullo deprendes vilitatem sui, ⟨ne⟩ neglegentiam quidem; tacitis quoque et brutis, quamquam in cetera torpeant, 20
ad vivendum sollertia est. Videbis quae aliis inutilia sunt sibi
ipsa non deesse. Vale.

122   SENECA LVCILIO SVO SALVTEM

1   Detrimentum iam dies sensit; resiluit aliquantum, ita
tamen ut liberale adhuc spatium sit si quis cum ipso, ut ita 25

1 dictet *B*^c: dictit *B*¹: dicit *φp*   3 dividui] dividendi *Haase*
obeundi undique *Buech*.: obeundique *ω*   4 imitabilis *θ*: -les
B[*Q*]*p*¹: -lis est *ηp*²   6 qua *ç*: quam *ω*   7 perniciem *ç*: pr(a)e-
tium *ω*   10 par est telas *B*¹: parsestellas *p*   11 ex aequo *ç*: et quo *ω*
15 in illa *Windhaus*: illa *ω*: illis *vulg., fort. recte*   16 in *secl. Bartsch*
17 non *om. Eras.*²   18 per se *om. p*   19 sed *secl. Bartsch, fort. recte*
nullo *ç*: -la *ω*   deprehendes [*Q*]*η*   ne *suppl. ç*   20 taciti/is
*B*¹: tacitus *p*[*Q*]   quamquam *ç*: quam *B*[*Q*]*Rp*: quamvis *ηE*

dicam, die surgat. Officiosior meliorque si quis illum expectat
et lucem primam excipit: turpis qui alto sole semisomnus
iacet, cuius vigilia medio die incipit; et adhuc multis hoc
antelucanum est. Sunt qui officia lucis noctisque perverterint **2**
5 nec ante diducant oculos hesterna graves crapula quam
adpetere nox coepit. Qualis illorum condicio dicitur quos
natura, ut ait Vergilius, pedibus nostris subditos e contrario
posuit,

> nosque ubi primus equis Oriens adflavit anhelis,
> 10   illis sera rubens accendit lumina Vesper,

talis horum contraria omnibus non regio sed vita est. Sunt **3**
quidam in eadem urbe antipodes qui, ut M. Cato ait, nec
orientem umquam solem viderunt nec occidentem. Hos tu
existimas scire quemadmodum vivendum sit, qui nesciunt
15 quando? Et hi mortem timent, in quam se vivi condiderunt?
tam infausti ominis quam nocturnae aves sunt. Licet in vino
unguentoque tenebras suas exigant, licet epulis et quidem
in multa fericula discoctis totum perversae vigiliae tempus
educant, non convivantur sed iusta sibi faciunt. Mortuis certe
20 interdiu parentatur. At mehercules nullus agenti dies longus
est. Extendamus vitam: huius et officium et argumentum
actus est. Circumscribatur nox et aliquid ex illa in diem
transferatur. Aves quae conviviis comparantur, ut inmotae **4**
facile pinguescant, in obscuro continentur; ita sine ulla

9 *Verg. georg. I. 250–1.*   12 *Cato dict. 76 Iordan.*

---

2 excipit *Gruter*: exuit ω   3 incipit φ: -cepit *Bp*   5 diducant ς:
ded- ω   7 pedibus ς (*cf. v. 12, Verg. georg. I. 242–3, Sen. Phaedr.
932*): sedibus ω   9 adfluit *B¹R¹p¹*   10 illis] illic *Verg.*   11 omnibus
bis B¹p¹   15 hi *ηR¹*: hii [*Q*]: in *Bp*: ubi *R²E*   in quam in se *sed
prius in punct. B*   16 ominis *Pinc.*: homines φp: om. *B*   18 fericula
Turnebus: per- ω   discoctis] discretis ς: distinctis *Mur.*   20 nullus]
nil [*Q*]p   23 conviviis *TEp²*: -vis *rell.*

exercitatione iacentibus tumor pigrum corpus invadit et †su-
perba umbra† iners sagina subcrescit. At istorum corpora qui
se tenebris dicaverunt foeda visuntur, quippe suspectior illis
quam morbo pallentibus color est: languidi et evanidi albent,
et in vivis caro morticina est. Hoc tamen minimum in illis 5
malorum dixerim: quanto plus tenebrarum in animo est! ille
in se stupet, ille caligat, invidet caecis. Quis umquam oculos
tenebrarum causa habuit?

5   Interrogas quomodo haec animo pravitas fiat aversandi
diem et totam vitam in noctem transferendi? Omnia vitia 10
contra naturam pugnant, omnia debitum ordinem deserunt;
hoc est luxuriae propositum, gaudere perversis nec tantum
discedere a recto sed quam longissime abire, deinde etiam e
6 contrario stare. Non videntur tibi contra naturam vivere
⟨qui⟩ ieiuni bibunt, qui vinum recipiunt inanibus venis et ad 15
cibum ebrii transeunt? Atqui frequens hoc adulescentium
vitium est, qui vires excolunt ⟨ut⟩ in ipso paene balinei
limine inter nudos bibant, immo potent et sudorem quem
moverunt potionibus crebris ac ferventibus subinde destrin-
gant. Post prandium aut cenam bibere vulgare est; hoc 20
patres familiae rustici faciunt et verae voluptatis ignari:
merum illud delectat quod non innatat cibo, quod libere
penetrat ad nervos; illa ebrietas iuvat quae in vacuum venit.
7 Non videntur tibi contra naturam vivere qui commutant
cum feminis vestem? Non vivunt contra naturam qui spe- 25
ctant ut pueritia splendeat tempore alieno? Quid fieri crudelius

1 tumor R^2E: timor *rell*.   1–2 superba umbra $B[Q]\theta$: superva umbra
p: superbam umbram η: super membra *vel* sub umbra ς: sub perpetua
(arta *Brakman*, parva *Kronenberg*) umbra *Badstuebner*: *alii alia*   2 sagi
$B^I[Q]R^Ip$ at] ad BUp^I: ita ς: ita et *Windhaus*   4 calor *B*
5 vivis] vis p^I: visa p^2 7 stupe *p*   9 aversandi *B*: adv- ϕp^I
13 etiam me p^I: etiam ne p^2 14 stare] istarum [*Q*]: isti η 15 qui
suppl. ς 16 atqui *Pinc. e quodam cod.*: atque ω 17 ut *suppl.* p^2
balinei BCp^I: balnei *rell*.   19 moverunt] verterunt *p*   distringant
[*Q*]ηE 21 patresfamilias *p* (*cf. p. 122. 22*)

vel miserius potest? numquam vir erit, ut diu virum pati
possit? et cum illum contumeliae sexus eripuisse debuerat,
non ne aetas quidem eripiet? Non vivunt contra naturam qui 8
hieme concupiscunt rosam fomentoque aquarum calentium
5 et locorum apta mutatione bruma lilium [florem vernum]
exprimunt? Non vivunt contra naturam qui pomaria in
summis turribus serunt? quorum silvae in tectis domuum
ac fastigiis nutant, inde ortis radicibus quo inprobe cacumina
egissent? Non vivunt contra naturam qui fundamenta
10 thermarum in mari iaciunt et delicate natare ipsi sibi non
videntur nisi calentia stagna fluctu ac tempestate feriantur?
Cum instituerunt omnia contra naturae consuetudinem 9
velle, novissime in totum ab illa desciscunt. 'Lucet: somni
tempus est. Quies est: nunc exerceamur, nunc gestemur,
15 nunc prandeamus. Iam lux propius accedit: tempus est
cenae. Non oportet id facere quod populus; res sordida est
trita ac vulgari via vivere. Dies publicus relinquatur: proprium nobis ac peculiare mane fiat.' Isti vero mihi defun- 10
ctorum loco sunt; quantulum enim a funere absunt et quidem
20 acerbo qui ad faces et cereos vivunt?

Hanc vitam agere eodem tempore multos meminimus,
inter quos et Acilium Butam praetorium, cui post patri-

3 non ne *Hense*: none *Bp*: non φ   eripet *B¹p¹*   4 valentium [*Q*]*R¹p*
5 locorum *Haase*: colorum *B*[*Q*]η*R¹p¹*: calorum *rell.*   bruma lilium
Pinc.: brumalium ω   flore *B*   florem vernum *secl. P. Thomas*
6 exprimunt η: prima int *B*: primunt (-nt *superscr.*) *p*: exprimant [*Q*]θ:
promunt *coni. Hense*   conaturam *Bp¹*   7 summisit *B¹p¹*   domuum [*Q*]: domum *B*η*R¹p*: domorum *R²E*   8 nutant *R²E*: mut- *rell.*
cacumina ς: -ne ω   10–11 non videntur [*Q*]: dentur *B¹p¹*: videntur
*B*ᶜηθ   12 naturae *R²E*: -ras *B*[*Q*]*R¹p¹*: -ram η*p²*   cumseetudine *B¹p¹*
13 desciscunt *U*η*Rp²*: deseiscunt *B¹p¹*: *corruptius rell.*   lucet somni
C¹) *B*η: iucus omni *p¹*: locus omni [*Q*]: locus som(p)ni θ   14 nunc
gestemur *Cp*: nunc gestemus [*Q*]*D*θ: *om. B*   17 publicus *B man. rec.*,
ηθ: -ces *B¹*: -cos [*Q*]: huplices *p¹*   proprium ς: -prius [*Q*]: -pius *rell.*
19 a *om. p*   quidem ς: quide *vel* qui de ω   20 acerbo [*Q*]*Rp*: -vo
rell.

monium ingens consumptum Tiberius paupertatem con-
11 fitenti 'sero' inquit 'experrectus es'. Recitabat Montanus
Iulius carmen, tolerabilis poeta et amicitia Tiberi notus et
frigore. Ortus et occasus libentissime inserebat; itaque cum
indignaretur quidam illum toto die recitasse et negaret 5
accedendum ad recitationes eius, Natta Pinarius ait: 'numquid possum liberalius agere? paratus sum illum audire ab
12 ortu ad occasum'. Cum hos versus recitasset

> incipit ardentes Phoebus producere flammas,
> spargere ⟨se⟩ rubicunda dies; iam tristis hirundo   10
> argutis reditura cibos inmittere nidis
> incipit et molli partitos ore ministrat,

Varus eques Romanus, M. Vinicii comes, cenarum bonarum
adsectator, quas inprobitate linguae merebatur, exclamavit
13 'incipit Buta dormire'. Deinde cum subinde recitasset   15

> iam sua pastores stabulis armenta locarunt,
> iam dare sopitis nox pigra silentia terris
> incipit,

idem Varus inquit 'quid dicis? iam nox est? ibo et Butam
salutabo'.   20
    Nihil erat notius hac eius vita in contrarium circumacta;
14 quam, ut dixi, multi eodem tempore egerunt. Causa autem
est ita vivendi quibusdam, non quia aliquid existiment no-

9–12 *et* 16–18 *Iul. Montan. frg. 1 et 2 Morel.*

1–2 confitentis ero [Q]: -tenti ero η   2 expectus p¹: expertus p² recitat p
3 iulius ς: illius ω   poeta et B: poetae [Q]θp: poetae et η   6 nata
[Q]θ: nauta C   pinarius [Q]: pinn- *rell.*   numquid ς: -quam ω   7 liberalius [Q]p²: -aligs B¹p¹: -alis Bᶜηθ   10 se *suppl.* p²   11 inmittere
B *man. rec.*, θ: mittere B¹[Q]: et mittere η: mittere (-ndis) p   12 incipiet moli p   partitos B *man. rec.*: -tus B¹ηp: -tas [Q]: -tur et θ
13 varus eq. s. r. m. vinicii B¹: varusq; s. r. m. vinicii [Q]θp: *sim. rell.*
borum p   15 cum *om.* B   19 dicit [Q]η

ctem ipsam habere iucundius, sed quia nihil iuvat solitum, et
gravis malae conscientiae lux est, et omnia concupiscenti aut
contemnenti prout magno aut parvo empta sunt fastidio est
lumen gratuitum. Praeterea luxuriosi vitam suam esse in ser-
5 monibus dum vivunt volunt; nam si tacetur, perdere se putant
operam. Itaque aliquotiens faciunt quod excitet famam. Multi
bona comedunt, multi amicas habent: ut inter istos nomen
invenias, opus est non tantum luxuriosam rem sed notabilem
facere; in tam occupata civitate fabulas vulgaris nequitia non
10 invenit. Pedonem Albinovanum narrantem audieramus (erat **15**
autem fabulator elegantissimus) habitasse se supra domum
Sex. Papini. Is erat ex hac turba lucifugarum. 'Audio' inquit
'circa horam tertiam noctis flagellorum sonum. Quaero quid
faciat: dicitur rationes accipere. Audio circa horam sextam
15 noctis clamorem concitatum. Quaero quid sit: dicitur vocem
exercere. Quaero circa horam octavam noctis quid sibi ille
sonus rotarum velit: gestari dicitur. Circa lucem discurritur, **16**
pueri vocantur, cellarii, coqui tumultuantur. Quaero quid
sit: dicitur mulsum et halicam poposcisse, a balneo exisse.
20 "Excedebat" inquit "huius diem cena." Minime; valde enim
frugaliter vivebat; nihil consumebat nisi noctem.' Itaque
Pedo dicentibus illum quibusdam avarum et sordidum 'vos'
inquit 'illum et lychnobium dicetis'.

Non debes admirari si tantas invenis vitiorum proprietates: **17**

1 solitum ς (confert Axelson pp. 482. 28, 528. 10, dial. 9. 17. 11):
oblitum ω: obvium Eras.² 2 concupiscenti B²p²: -tis ω 3 con-
tempnenti p²: -tenentis B¹p¹: -tinentis φ 6 excitet Bηp²: excidet rell.
8 notabilem θ: notilem rell. 9 facerere B¹p¹ 12 S. Papinii. is
Hense (Sp. Papinii. is iam Pinc., S. Papinii. is Buech.)· spapinii is p¹:
spapiniis θ: spapinii qui [Q]: spaniis Bη audio inquit (-quid Bp)
circum audio inquit (-quid B) circa ω 13–14 tertiam . . .
horam om. p 17 velit ς: vellet ω 19 mulsum] multum B
alicham [Q]η 20 inquis Summers, qui excedebat . . . cena Lucilio
tribuit huius ς: cuius ω 22 Pedo Pinc.: credo φp: credendo B:
ridendo Axelson

varia sunt, innumerabiles habent facies, conprendi eorum
genera non possunt. Simplex recti cura est, multiplex pravi,
et quantumvis novas declinationes capit. Idem moribus
evenit: naturam sequentium faciles sunt, soluti sunt, exiguas
differentias habent; [his] distorti plurimum et omnibus et 5
18 inter se dissident. Causa tamen praecipua mihi videtur huius
morbi vitae communis fastidium. Quomodo cultu se a ceteris
distinguunt, quomodo elegantia cenarum, munditiis vehicu-
lorum, sic volunt separari etiam temporum dispositione.
Nolunt solita peccare quibus peccandi praemium infamia est. 10
19 Hanc petunt omnes isti qui, ut ita dicam, retro vivunt. Ideo,
Lucili, tenenda nobis via est quam natura praescripsit, nec
ab illa declinandum: illam sequentibus omnia facilia, expedita
sunt, contra illam nitentibus non alia vita est quam contra
aquam remigantibus. Vale.   15

123   SENECA LVCILIO SVO SALVTEM

1   Itinere confectus incommodo magis quam longo in
Albanum meum multa nocte perveni: nihil habeo parati
nisi me. Itaque in lectulo lassitudinem pono, hanc coci ac
pistoris moram boni consulo. Mecum enim de hoc ipso 20
loquor, quam nihil sit grave quod leviter excipias, quam
2 indignandum nihil ⟨dum nihil⟩ ipse indignando adstruas. Non

---

1 vavaria *p*   comprehendi *φ*   5 his *secl. Haase*: hi distorti *ς*:
his distortis *Gronovius*   ⟨cum⟩ omnibus *Schweigh.*, *fort. recte*
6 dissiden *B¹p¹*: dissidens *B²*   tamen *p*: tam *Bφ*   7 vitae *Cp²*: vita
BUθp¹: intra *T*: *om. D*   8 distingunt *ω*   9 sic *p²*: si *ω*   separari
Madvig: separare *ω*: ⟨se⟩ separare *Bartsch*: ⟨se⟩ volunt separare *Hense*   dispositione *Mur.*: -nes *ω*   10 peccare *Eras.²*: spectare *ω*   11 út *p*: *om. Bφ*
dicant [*Q*]*η*   retro *ς*: recto *ω*   14 nitibus *B¹*[*Q*]*p¹*   15 remigantibus
B²η: -tis *rell.*   vale *hic desinit p*   17 confestus *B*   18 paratum [*Q*]*η*
19 lectulo lassitudinem *Bᶜ*: lectulossitudinem *B¹*: lectu lassitudinem [*Q*]*η*:
lecto lassitudinem *ψ*: lectum lassitudine *θ*   21 quam *ς*: quod *ω*: *secl.*
Buech.   22 dum nihil *suppl. Beltrami*: si nihil *Haase*: nisi *vel* nisi quod *ς*

habet panem meus pistor; sed habet vilicus, sed habet
atriensis, sed habet colonus. 'Malum panem' inquis. Expecta:
bonus fiet; etiam illum tibi tenerum et siligineum fames
reddet. Ideo non est ante edendum quam illa imperat.
5 Expectabo ergo nec ante edam quam aut bonum panem
habere coepero aut malum fastidire desiero. Necessarium est 3
parvo adsuescere: multae difficultates locorum, multae temporum etiam locupletibus et instructis †advobus optantem
prohibent et† occurrent. Quidquid vult habere nemo potest,
10 illud potest, nolle quod non habet, rebus oblatis hilaris uti.
Magna pars libertatis est bene moratus venter et contumeliae
patiens. Aestimari non potest quantam voluptatem capiam 4
ex eo quod lassitudo mea sibi ipsa adquiescit: non unctores,
non balineum, non ullum aliud remedium quam temporis
15 quaero. Nam quod labor contraxit quies tollit. Haec qualis-
cumque cena aditiali iucundior erit. †Aliquod enim† ex- 5
perimentum animi sumpsi subito; hoc enim est simplicius et
verius. Nam ubi se praeparavit et indixit sibi patientiam, non
aeque apparet quantum habeat verae firmitatis: illa sunt
20 certissima argumenta quae ex tempore dedit, si non tantum
aequus molestias sed placidus aspexit; si non excanduit, non
litigavit; si quod dari deberet ipse sibi non desiderando sup-
plevit et cogitavit aliquid consuetudini suae, sibi nihil deesse.

1 meus η: meum *rell.*   3 etiam] iam *Haase*   tenerum tibi φ
5 aut *B*: ut φψ   6 malum *om. B*   7 locorum *B man. rec.*:
colorum ω   8–9 ad voluptatem prohibentes (prohibentes *iam* ς) *P.
Thomas*: *alii alia*   13 adquiescit ς: adsuescit (ass- [*Q*]θψ) ω
14 balineum *B*: balneum φ: baltheum ψ   15 quies tollit ψ: qui
extollit *B*[*Q*]: *corruptius rell.*   tollit] solvit *malit Axelson* (*conl. dial.
12. 18. 5*)   16 adiiciali *Eras.*[1] *in marg.*: adiali *BD*ψ: adali [*Q*]: attali
θ   aliquod enim *BD*θψ: aliquo id enim [*Q*]: aliquotiens *Weidner*: adice
quod *P. Thomas*: *secl. Haase*   20–21 tantum equus φ: tum aecus *B*:
tumens ψ: *locus multum vexatus*   21 molestias *Windhaus*: molestia
ψ: modestia *B*φ: molestiam *Eras.*[2]   23 consuetudini suae ψς: -tudine
sua *B*φ

6 Multa quam supervacua essent non intelleximus nisi
deesse coeperunt; utebamur enim illis non quia debebamus
sed quia habebamus. Quam multa autem paramus quia
alii paraverunt, quia apud plerosque sunt! Inter causas
malorum nostrorum est quod vivimus ad exempla, nec 5
ratione componimur sed consuetudine abducimur. Quod si
pauci facerent nollemus imitari, cum plures facere coeperunt,
quasi honestius sit quia frequentius, sequimur; et recti apud
7 nos locum tenet error ubi publicus factus est. Omnes iam
sic peregrinantur ut illos Numidarum praecurrat equitatus, 10
ut agmen cursorum antecedat: turpe est nullos esse qui
occurrentis via deiciant, [ut] qui honestum hominem venire
magno pulvere ostendant. Omnes iam mulos habent qui
crustallina et murrina et caelata magnorum artificum manu
portent: turpe est videri eas te habere sarcinas solas quae tuto 15
concuti possint. Omnium paedagogia oblita facie vehuntur
ne sol, ne frigus teneram cutem laedat: turpe est neminem
esse in comitatu tuo puerorum cuius sana facies medica-
mentum desideret.
8 Horum omnium sermo vitandus est: hi sunt qui vitia 20
tradunt et alio aliunde transferunt. Pessimum genus [horum]
hominum videbatur qui verba gestarent: sunt quidam qui
vitia gestant. Horum sermo multum nocet; nam etiam si non
statim proficit, semina in animo relinquit sequiturque nos
etiam cum ab illis discessimus, resurrecturum postea malum. 25

1 nisi] nisi cum θ*W*, *sed cf. p. 171. 24*   3 paramus *B*: -abamus φψ
5 vivimus] vivimus et [*Q*]*D*   8 recti *TD*: retu *B*: reti *U*: rectum θψ
12 deiciant ς: -tur ω   ut *B*φ: aut ψς *edd. plerique: supervacuum existi-
mavit Pinc.*   13 multos [*Q*]*D*   14 crustallina *Hense*: cristill- *B*: cristall-
*D*θψ: cristal- [*Q*] (*cf. p. 507. 22*)   15 solas *Windhaus*: totas *B*φ: tutas ψ
sarcinas, tuto quae concuti *Haupt*   tuto ς: toto (cito *X*) ω (*cf. p.
332. 18*)   17 sol ne *B*cθ: solvene *B*1[*Q*]*D*: sol vel ψ: sol neve *Schweigh.*
tenera *B*   18 comitatu tuo ψ: comitatuo *B*1: comitatu.o *D*: comitatu
*B*c[*Q*]θ   21 transferunt *Pinc. e quodam cod.*: transeunt ω (*cf. p. 356. 9*)
horum *secl. Mur.*   24 profecit *B*

Quemadmodum qui audierunt synphoniam ferunt secum in 9
auribus modulationem illam ac dulcedinem cantuum, quae
cogitationes inpedit nec ad seria patitur intendi, sic adula-
torum et prava laudantium sermo diutius haeret quam
5 auditur. Nec facile est animo dulcem sonum excutere: prosequitur et durat et ex intervallo recurrit. Ideo cludendae sunt
aures malis vocibus et quidem primis; nam cum initium
fecerunt admissaeque sunt, plus audent. Inde ad haec per- 10
venitur verba: 'virtus et philosophia et iustitia verborum
10 inanium crepitus est; una felicitas est bene vitae facere; esse,
bibere, frui patrimonio, hoc est vivere, hoc est se mortalem
esse meminisse. Fluunt dies et inreparabilis vita decurrit.
Dubitamus? Quid iuvat sapere et aetati non semper voluptates recepturae interim, dum potest, dum poscit, ingerere
15 frugalitatem? †Eo† mortem praecurre et quidquid illa
ablatura est iam sibi †intereret†. Non amicam habes, non
puerum qui amicae moveat invidiam; cottidie sobrius
prodis; sic cenas tamquam ephemeridem patri adprobaturus:
non est istud vivere sed alienae vitae interesse. Quanta de- 11
20 mentia est heredis sui res procurare et sibi negare omnia ut
tibi ex amico inimicum magna faciat hereditas; plus enim
gaudebit tua morte quo plus acceperit. Istos tristes et super-
ciliosos alienae vitae censores, suae hostes, publicos paeda-
gogos assis ne feceris nec dubitaveris bonam vitam quam
25 opinionem bonam malle.' Hae voces non aliter fugiendae 12

2 illam ac B: illa ad φψ   cantuum B: -tum φψ   3 seria
B^cψ: serta B¹[Q]D: certa θ   4 prava TθW: parva BUDX   7 cum
om. B   8 sunt [Q]Dψ: msunt B¹: insunt B^cθ, edd. recc.   11 bibere
B^c: biberere B¹R: bibere e E: libere re UD: libere Tψ   13 dubitamus sapere? quid iuvat [et] aetati Buech.   quid ς: quod ω   14 recepturae B: decep- φ   15 eo B: eo ut D: ut R: et ut E: volo [Q]:
om. (spat. rel. W) ψ: et ς   praecurrere [Q] ς vulg.   16 oblatura φ
interere B: interire [Q]R: sim. rell.: interdicere Eras.²: intercipere Buech.:
alii alia   20 heredes B[Q]   22 tuamor B¹: tua mors [Q]:
tui amor D   supercilioso B¹[Q]   23 alienae E²ψ: aliae Bφ

sunt quam illae quas Ulixes nisi alligatus praetervehi noluit.
Idem possunt: abducunt a patria, a parentibus, ab amicis, a
virtutibus, et †inter spem vitam misera nisi turpis inludunt†.
Quanto satius est rectum sequi limitem et eo se perducere ut
13 ea demum sint tibi iucunda quae honesta! Quod adsequi 5
poterimus si scierimus duo esse genera rerum quae nos aut
invitent aut fugent. Invitant [ut] divitiae, voluptates, forma,
ambitio, cetera blanda et adridentia: fugat labor, mors,
dolor, ignominia, victus adstrictior. Debemus itaque exerceri
ne haec timeamus, ne illa cupiamus. In contrarium pugnemus 10
et ab invitantibus recedamus, adversus petentia concitemur.
14 Non vides quam diversus sit descendentium habitus et
escendentium? qui per pronum eunt resupinant corpora, qui
in arduum, incumbunt. Nam si descendas, pondus suum in
priorem partem dare, si escendas, retro abducere, cum vitio, 15
Lucili, consentire est. In voluptates descenditur, in aspera et
dura subeundum est: hic inpellamus corpora, illic refrenemus.
15   Hoc nunc me existimas dicere, eos tantum perniciosos
esse auribus nostris qui voluptatem laudant, qui doloris
metus, per se formidabiles res, incutiunt? Illos quoque nocere 20
nobis existimo qui nos sub specie Stoicae sectae hortantur ad
vitia. Hoc enim iactant: solum sapientem et doctum esse
amatorem. 'Solus aptus est ad hanc artem; aeque conbibendi
et convivendi sapiens est peritissimus. Quaeramus ad quam
16 usque aetatem iuvenes amandi sint.' Haec Graecae consue- 25

3 inter spem vitam misera nisi turpis inludunt *B*: in turpem vitam
misera nisi turpis illudunt *φ*: in turpem vitam miseramque illidunt (*spat.
rel. post* miseramque) *W*: in turpem vitam miseramque illudunt *X*: *nemo
adhuc feliciter emendavit*   4 semper ducere [*Q*]*θ*   6 scierimus
ς: fecerimus *ω*   7 fugient *B*¹[*Q*]   invitent *φ*   ut *secl. Schweigh.*:
autem *coni. Hense*   8 mors] morbus *Cornelissen*   11 potentiam
[*Q*]*D*   13 escendentium *scripsi*: scen- *B*¹: scin- *T*: ascen- *rell.*
15 escendas *B*¹: asc- *B*ᶜ*φψ*   16 aspera et dura *ψς*: asperas et duras *Bφ*
19 doloris *Pinc.*: -res *ω*   23 aptus est *Rossb.*: apte *ω*   25–*p. 533. 1*
haec Graecae . . . sint *om. B*

tudini data sint, nos ad illa potius aures derigamus: 'nemo
est casu bonus: discenda virtus est. Voluptas humilis res et
pusilla est et in nullo habenda pretio, communis cum mutis
animalibus, ad quam minima et contemptissima advolant.
5 Gloria vanum et volubile quiddam est auraque mobilius.
Paupertas nulli malum est nisi repugnanti. Mors malum non
est: quid ⟨sit⟩ quaeris? sola ius aequum generis humani. Super-
stitio error insanus est: amandos timet, quos colit violat.
Quid enim interest utrum deos neges an infames?' Haec **17**
10 discenda, immo ediscenda sunt: non debet excusationes vitio
philosophia suggerere. Nullam habet spem salutis aeger quem
ad intemperantiam medicus hortatur. Vale.

124   SENECA LVCILIO SVO SALVTEM

Possum multa tibi veterum praecepta referre,   **1**
15   ni refugis tenuisque piget cognoscere curas.

Non refugis autem nec ulla te subtilitas abigit: non est
elegantiae tuae tantum magna sectari, sicut illud probo, quod
omnia ad aliquem profectum redigis et tunc tantum offen-
deris ubi summa subtilitate nihil agitur. Quod ne nunc quidem
20 fieri laborabo.

Quaeritur utrum sensu conprendatur an intellectu bonum;
huic adiunctum est in mutis animalibus et infantibus non
esse. Quicumque voluptatem in summo ponunt sensibile **2**
iudicant bonum, nos contra intellegibile, qui illud animo

14 *Verg. georg. 1. 176–7.*

5 volubile θψ: volve $B^1[Q]$: volatile B man. rec., D: volucre Schweigh.
mobilius DEψ: -libus B: -lis [Q]R   7 sit suppl. ϛ   aecum B
8 insanandus B   10–11 debet . . . philosophia Mur.: debes . . . philosophiae ω   11 aeger [Q]: aeque rell.   17 tantum Pinc.: tam ω
sicut (sicuti B) varie temptatum, sed cf. p. 171. 1   22 mutis [Q]D:
multis rell.

damus. Si de bono sensus iudicarent, nullam voluptatem
reiceremus; nulla enim non invitat, nulla non delectat; et e
contrario nullum dolorem volentes subiremus; nullus enim
:3 non offendit sensum. Praeterea non essent digni reprehen-
sione quibus nimium voluptas placet quibusque summus est 5
doloris timor. Atqui inprobamus gulae ac libidini addictos et
contemnimus illos qui nihil viriliter ausuri sunt doloris metu.
Quid autem peccant si sensibus, id est iudicibus boni ac
mali, parent? his enim tradidistis adpetitionis et fugae
4 arbitrium. Sed videlicet ratio isti rei praeposita est: illa 10
quemadmodum de beata vita, quemadmodum de virtute, de
honesto, sic et de bono maloque constituit. Nam apud istos
vilissimae parti datur de meliore sententia, ut de bono
pronuntiet sensus, obtunsa res et hebes et in homine quam in
5 aliis animalibus tardior. Quid si quis vellet non oculis sed 15
tactu minuta discernere? Subtilior adhoc acies nulla quam
oculorum et intentior daret bonum malumque dinoscere.
Vides in quanta ignorantia veritatis versetur et quam humi
sublimia ac divina proiecerit apud quem de summo, bono
malo, iudicat tactus.   20
6   'Quemadmodum' inquit 'omnis scientia atque ars aliquid
debet habere manifestum sensuque conprehensum ex quo
oriatur et crescat, sic beata vita fundamentum et initium a
manifestis ducit et eo quod sub sensum cadat. Nempe vos a
7 manifestis beatam vitam initium sui capere dicitis.' Dicimus 25
beata esse quae secundum naturam sint; quid autem secun-

2 non (*alterum*) *om. B*   9 adpetitiones (app- *Dθ*) *φ*   10 illa *Haase*:
illi *ω*   11 de beata vita *Madvig*: debeat debita *B¹*[*Q*]*D*: debeat de vita
Bᶜθ: debet debita *ψ*   12 de] inde [*Q*]*θ*   constituit *Haase*: -tui *ω*
14 in (*prius*) *om. B¹*[*Q*]*θ*   15 quid *ς*: quod *ω*   16 adhoc *cf.*
f. 535. 12, dial. 3. 6. 2, nat. 4b. 8   17 daret *BᶜDψ*: deret *B¹U*: de re
T: deberet *θ*: debet *ς*: *locum nondum expeditum esse suspicor*   20 malo
B¹[*Q*]: mali *Bᶜ*: malus *θ*: maloque *B man. rec.*, *Dψ vulg.*   24 manifesti
B¹: -ta [*Q*]   ⟨ab⟩ eo *ς*

dum naturam sit palam et protinus apparet, sicut quid sit integrum. Quod secundum naturam est, quod contigit protinus nato, non dico bonum, sed initium boni. Tu summum bonum, voluptatem, infantiae donas, ut inde incipiat nascens
5 quo consummatus homo pervenit; cacumen radicis loco ponis. Si quis diceret illum in materno utero latentem, sexus **8** quoque incerti, tenerum et inperfectum et informem iam in aliquo bono esse, aperte videretur errare. Atqui quantulum interest inter eum qui cum [que] maxime vitam accipit et
10 illum qui maternorum viscerum latens onus est? Uterque, quantum ad intellectum boni ac mali, aeque maturus est, et non magis infans adhoc boni capax est quam arbor aut mutum aliquod animal. Quare autem bonum in arbore animalique muto non est? quia nec ratio. Ob hoc in infante
15 quoque non est; nam et huic deest. Tunc ad bonum perveniet cum ad rationem pervenerit. Est aliquod inrationale **9** animal, est aliquod nondum rationale, est rationale sed inperfectum: in nullo horum bonum, ratio illud secum adfert. Quid ergo inter ista quae rettuli distat? In eo quod inrationale
20 est numquam erit bonum; in eo quod nondum rationale est tunc esse bonum non potest; ⟨in eo quod rationale est⟩ sed inperfectum iam potest bonum ⟨esse⟩, sed non est. Ita dico, **10** Lucili: bonum non in quolibet corpore, non in qualibet aetate invenitur et tantum abest ab infantia quantum a
25 primo ultimum, quantum ab initio perfectum; ergo nec in tenero, modo coalescente corpusculo est. Quidni non sit? non magis quam in semine. Hoc sic dicas: aliquod arboris ac **11**

---

2 contingit *TE*ψ   7 incerti ψ$: -cepti *B*φ   9 quicumque
ω: *corr. Eras.*[2]   10 onus ψ: unus *B*φ   uterque $: interquae ω
12 quam *om. B*[1][*Q*]   13 multum *B*[*Q*]*R*   16–17 est aliquod in
ratione (*sic*) animal *bis B*: *sim. iterat* [*Q*]   21 in eo quod rationale est
suppl. Schweigh.   22 esse *hic suppl.* $: *v. 21 ante* in eo *Buech.*   24 ab
*D*θ: *om. rell.* (*cf. p. 354. 28*)   27 non *om.* [*Q*]*D*[1]   sic *Rossb.*:
si ω   discas *Kronenberg, fort. recte*

sati bonum novimus: hoc non est in prima fronde quae
emissa cum maxime solum rumpit. Est aliquod bonum tritici:
hoc nondum est in herba lactente nec cum folliculo se exerit
spica mollis, sed cum frumentum aestas et debita maturitas
coxit. Quemadmodum omnis natura bonum suum nisi con- 5
summata non profert, ita hominis bonum non est in homine
12 nisi cum illi ratio perfecta est. Quod autem hoc bonum?
Dicam: liber animus, erectus, alia subiciens sibi, se nulli. Hoc
bonum adeo non recipit infantia ut pueritia non speret,
adulescentia inprobe speret; bene agitur cum senectute si ad 10
illud longo studio intentoque pervenit. Si hoc est bonum, et
intellegibile est.
13   'Dixisti' inquit 'aliquod bonum esse arboris, aliquod
herbae; potest ergo aliquod esse et infantis.' Verum bonum
nec in arboribus nec in mutis animalibus: hoc quod in illis 15
bonum est precario bonum dicitur. 'Quod est?' inquis. Hoc
quod secundum cuiusque naturam est. Bonum quidem
cadere in mutum animal nullo modo potest; felicioris melioris-
que naturae est. Nisi ubi rationi locus est, bonum non est.
14 Quattuor hae naturae sunt, arboris, animalis, hominis, dei: 20
haec duo, quae rationalia sunt, eandem naturam habent, illo
diversa sunt quod alterum inmortale, alterum mortale est.
Ex his ergo unius bonum natura perficit, dei scilicet, alterius
cura, hominis. Cetera tantum in sua natura perfecta sunt,
non vere perfecta, a quibus abest ratio. Hoc enim demum 25
perfectum est quod secundum universam naturam perfectum, universa autem natura rationalis est: cetera possunt
15 in suo genere esse perfecta. In quo non potest beata vita esse

---

3 lactente *B*: lat- φψ   cum *om.* [*Q*]: dum *D*   folliculo se θ: folliculo-
losae *B*: folliculos *rell.*   7 illi *W*: illa *rell.*   11 si *BD*: nisi [*Q*]θ:
ubi ψ   est *Rossb.*: et ω   16 praecatio *B¹U*: praedicatione *D*
17 naturam cuiusque φ   20 dei *DE*ψ: di *B*: dii [*Q*]*R*   21 quae]
quia *Th. Matthias*   illo *Schweigh.*: illa ω   24 tantum ψϛ: tam
*B*φ

nec id potest quo beata vita efficitur; beata autem vita bonis
efficitur. In muto animali non est beata vita ⟨nec id quo
beata vita⟩ efficitur: in muto animali bonum non est. Mutum **16**
animal sensu conprendit praesentia; praeteritorum remini-
5 scitur cum ⟨in⟩ id incidit quo sensus admoneretur, tamquam
equus reminiscitur viae cum ad initium eius admotus est.
In stabulo quidem nulla illi viaest quamvis saepe calcatae
memoria [est]. Tertium vero tempus, id est futurum, ad muta
non pertinet. Quomodo ergo potest eorum videri perfecta **17**
10 natura quibus usus perfecti temporis non est? Tempus enim
tribus partibus constat, praeterito, praesente, venturo. Animalibus tantum quod brevissimum est ⟨et⟩ in transcursu
datum, praesens: praeteriti rara memoria est nec umquam re-
vocatur nisi praesentium occursu. Non potest ergo perfectae **18**
15 naturae bonum in inperfecta esse natura, aut si natura talis
[habet] hoc habet, habent et sata. Nec illud nego, ad ea quae
videntur secundum naturam magnos esse mutis animalibus
impetus et concitatos, sed inordinatos ac turbidos; numquam
autem aut inordinatum est bonum aut turbidum. 'Quid ergo?' **19**
20 inquis 'muta animalia perturbate et indisposite moventur?'
Dicerem illa perturbate et indisposite moveri si natura illorum
ordinem caperet: nunc moventur secundum naturam suam.
Perturbatum enim id est quod esse aliquando et non perturbatum potest; sollicitum est quod potest esse securum. Nulli
25 vitium est nisi cui virtus potest esse: mutis animalibus talis

---

1 quod *B*[*Q*]   2–3 nec . . . vita *suppl.* *ς*   4 praetitorum *B*
5 in *supplendum coni. Hense*   admoneretur *B*[*Q*]*D*: -erentur *θ*: -etur *ψ*
6 equus *ς*: quos *Bφ*: om. *ψ*   reminiscitur *bis ω*   admotus *Eras.*²:
-tum *ω*   7 viaest *B*: viae est *W*: via est *φX*: viae *ς*   8 memoria *ς*: memoria est *B^cD*: memoriae est *B*¹*θψ*: memoria esse [*Q*]
12 gravissimum *B*   et *suppl. Madvig*   in transcursu *ψς*: intra cursum
Bφ   15 natura talis *Buech.*: naturalia *Bψ*: natura *φ*   16 habet hoc
habet *BUθ*: habet hoc *TD*: habet hoc habet arbor *ψ*: *corr. Buech.*
19 aut (*prius*) *secl. Bartsch, sed cf. p. 369.* 12   21 dicere *BR*   moveri
B^cUψ: move *B*¹*T*¹: movere *T*²*Dθ*

20 ex natura sua motus est. Sed ne te diu teneam, erit aliquod
bonum in muto animali, erit aliqua virtus, erit aliquid perfectum, sed nec bonum absolute nec virtus nec perfectum.
Haec enim rationalibus solis contingunt, quibus datum est
scire quare, quatenus, quemadmodum. Ita bonum in nullo 5
est nisi in quo ratio.

21   Quo nunc pertineat ista disputatio quaeris, et quid animo
tuo profutura sit? Dico: et exercet illum et acuit et utique
aliquid acturum occupatione honesta tenet. Prodest autem
etiam quo moratur ad prava properantes. Sed ⟨et⟩ illud dico: 10
nullo modo prodesse possum magis quam si tibi bonum
tuum ostendo, si te a mutis animalibus separo, si cum deo
22 pono. Quid, inquam, vires corporis alis et exerces? pecudibus
istas maiores ferisque natura concessit. Quid excolis formam?
cum omnia feceris, a mutis animalibus decore vinceris. 15
Quid capillum ingenti diligentia comis? cum illum vel effu-
deris more Parthorum vel Germanorum modo vinxeris vel,
ut Scythae solent, sparseris, in quolibet equo densior iacta-
bitur iuba, horrebit in leonum cervice formonsior. Cum te ad
23 velocitatem paraveris, par lepusculo non eris. Vis tu relictis 20
in quibus vinci te necesse est, dum in aliena niteris, ad bonum
reverti tuum? Quod est hoc? animus scilicet emendatus ac
purus, aemulator dei, super humana se extollens, nihil extra se
sui ponens. Rationale animal es. Quod ergo in te bonum est?
perfecta ratio. Hanc tu ad suum finem hinc evoca, ⟨sine⟩ in 25
24 quantum potest plurimum crescere. Tunc beatum esse te

1 aliquod ψϛ: –quando B φ   4 rationabilibus BUR (cf. p. 139.
15)   5 scire] scire si B¹[Q]R   9 honesta tenet BᶜE: honestatem
et B¹R¹: corruptius rell.   10 quod ψϛ   properantes Madvig: –te
B¹[Q]D: –tem θψ   et illud ϛ: illum ω   11 possum R²E: –sunt
B[Q]DR¹: –se ψ   12 multis B   14 istas UR²Eψ: ista rell.
16 eapullum B   effunderis B   19 formonsior B¹: –osior B
man. rec., φψ   24 rationales animales [Q]D: rationalis animalis θ
25 hanc DR²E: an rell.   hinc Axelson: hanc ω   sine suppl. Axelson

iudica cum tibi ex te gaudium omne nascetur, cum visis
quae homines eripiunt, optant, custodiunt, nihil inveneris,
non dico quod malis, sed quod velis. Brevem tibi formulam
dabo qua te metiaris, qua perfectum esse iam sentias: tunc
5 habebis tuum cum intelleges infelicissimos esse felices. Vale.

1 tibi ex te *B man. rec.*, θ: tibi ex *B*¹: tibi et [*Q*]ψ: tibi *B²D*   visis]
in his ϛ: in istis *Haase*   5 *post* Vale *add*. L. ANNAEI SENECAE AD LVCILIVM
EPISTVLAR / EXPLICIT LIBER XX *B*: *sim. E*: *om. rell.*

LIBER VICENSIMVS SECVNDVS

EXCERPTA

2 Mihi de omni eius ingenio deque omni scripto iudicium
censuramque facere non necessum est; sed quod de M.
Cicerone et Q. Ennio et P. Vergilio iudicavit, ea res cuius- 5
3 modi sit, ad considerandum ponemus. In libro enim vicesimo
secundo epistularum moralium quas ad Lucilium composuit
deridiculos versus Q. Ennium de Cethego, antiquo viro,
fecisse hos dicit:

is dictust ollis popularibus olim   10
qui tum vivebant homines atque aevum agitabant,
flos delibatus populi Suadaeque medulla.

4 Ac deinde scripsit de isdem versibus verba haec: 'admiror
eloquentissimos viros et deditos Ennio pro optimis ridicula
laudasse. Cicero certe inter bonos eius versus et hos refert'. 15
5 Atque id etiam de Cicerone dicit: 'non miror' inquit 'fuisse
qui hos versus scriberet, cum fuerit qui laudaret; nisi forte
Cicero, summus orator, agebat causam suam et volebat suos
6 versus videri bonos'. Postea hoc etiam addidit insulsissime:
'apud ipsum quoque' inquit 'Ciceronem invenies etiam in 20
prosa oratione quaedam ex quibus intellegas illum non per-
7 didisse operam quod Ennium legit'. Ponit deinde quae apud
Ciceronem reprehendat quasi Enniana, quod ita scripserit in
libris de republica: 'ut Menelao Laconi quaedam fuit

10 *Enn Ann. 306–8 Vahlen*[2].   15 *Cic. Brut. 58–59.*   24 *Cic.
rep. 5 frg. 9. 11, p. 364 Mueller.*

3 *Gellius 12. 2. 2 sqq.*   eius *scil. Senecae*   10 dictust ollis *J. F.
Gronovius*: dictus tollis *codd. Gell.*: dictus *codd. Cic.*   11 agebant
codd. Cic.   12 Suadaeque *vulg.*: suadai *vel* suadat *codd. Cic.*: suada
codd. Gell.   18 suos *F. Skutsch*: hos *codd.*

suaviloquens iucunditas', et quod alio in loco dixerit 'breviloquentiam in dicendo colat'. Atque ibi homo nugator Cice- 8
ronis errores deprecatur et 'non fuit' inquit 'Ciceronis hoc
vitium sed temporis; necesse erat haec dici, cum illa legeren-
5 tur'. Deinde adscribit Ciceronem haec ipsa interposuisse ad 9
effugiendam infamiam nimis lascivae orationis et nitidae.

De Vergilio quoque eodem in loco verba haec ponit: 10
'Vergilius quoque noster non ex alia causa duros quosdam
versus et enormes et aliquid supra mensuram trahentis inter-
10 posuit quam ut Ennianus populus adgnosceret in novo
carmine aliquid antiquitatis'.

Sed iam verborum Senecae piget; haec tamen inepti et 11
insubidi hominis ioca non praeteribo: 'quidam sunt' inquit
'tam magni sensus Q. Ennii ut, licet scripti sint inter hircosos,
15 possint tamen inter unguentatos placere'. Et cum reprehen-
disset versus quos supra de Cethego posuimus, 'qui huiusce-
modi' inquit 'versus amant, liqueat tibi eosdem admirari et
Soterici lectos'.

Dignus sane Seneca videatur lectione ac studio adulescen- 12
20 tium, qui honorem coloremque veteris orationis Soterici
lectis compararit, quasi minimae scilicet gratiae et relictis
iam contemptisque. Audias tamen commemorari ac referri 13
pauca quaedam quae idem ipse Seneca bene dixerit, quale est
illud quod in hominem avarum et avidum et pecuniae
25 sitientem dixit: 'quid enim refert quantum habeas? multo
illud plus est quod non habes'.

16 huiusmodi *Haase, et sic probabilius Seneca* 17 tibi *J. F. Gronovius*: sibi *codd.*

SCRIPTORVM LOCI

INDEX NOMINVM

INDEX NOMINVM